「記号」と「言語」

アウグスティヌスの聖書解釈学

須藤 英幸

京都大学学術出版会

若い知性が拓く未来

今西錦司が『生物の世界』を著して、すべての生物に社会があると宣言したのは、三九歳のことでした。以来、ヒト以外の生物に社会などあるはずがないという欧米の古い世界観に見られた批判を乗り越えて、今西の生物観は、動物の行動や生態、特に霊長類の研究において、日本が世界をリードする礎になりました。

若手研究者のポスト問題等、様々な課題を抱えつつも、大学院重点化によって多くの優秀な人材を学界に迎えたことで、学術研究は新しい活況を呈しています。これまで資料として注目されなかった非言語の事柄を扱うことで斬新な歴史的視点を拓く研究、あるいは語学的才能を駆使し多言語の資料を比較することで既存の社会観を覆そうとするものなど、これまでの研究には見られなかった溌剌とした視点や方法が、若い人々によってもたらされています。

京都大学では、常にフロンティアに挑戦してきた百有余年の歴史の上に立ち、こうした若手研究者の優れた業績を世に出すための支援制度を設けています。プリミエ・コレクションの各巻は、いずれもこの制度のもとに刊行されるモノグラフです。「プリミエ」とは、初演を意味するフランス語「première」に由来した「初めて主役を演じる」を意味する英語ですが、本コレクションのタイトルには、初々しい若い知性のデビュー作という意味が込められています。

地球規模の大きさ、あるいは生命史・人類史の長さを考慮して解決すべき問題に私たちが直面する今日、若き日の今西錦司が、それまでの自然科学と人文科学の強固な垣根を越えたように、本コレクションでデビューした研究が、我が国のみならず、国際的な学界において新しい学問の形を拓くことを願ってやみません。

第26代　京都大学総長　山極壽一

目次

第Ⅱ部　アウグスティヌスの言語理論

序論

第一節　探求すべき問い

聖アウレリス・アウグスティヌスとは誰か。四世紀の半ばに北アフリカのタガステ（現在のアルジェリア）で生を享け、三七才で司祭となってから、四三〇年に死を迎えるそのときまで北アフリカのヒッポの司教として活躍した聖人、というのが一般的な理解であろう。我々の関心からいえば、アウグスティヌスはラテン語圏の多様な思想に精通した知識人であるばかりでなく、当時の代表的な哲学を柔軟に摂取し、それをもとに自己の思想を展開することができた創造的な思想家でもある。

では、彼が生きた時代から遠く離れた現代に、なぜアウグスティヌスを研究するのか。アウグスティヌスは中世思想の全体を方向づけるほどの感化力をもった思想家の一人であって、彼の言葉は中世のみならず現代思想に影響を及ぼし続ける。たとえば、ハンナ・アーレントの政治思想の土台となった博士論文は『アウグスティヌスの愛の概念』であったし、ウィトゲンシュタインは主著『哲学探究』でアウグスティヌスの

『告白』批判から筆を起こした。およそ一六〇〇年前の思想家であるにもかかわらず、アウグスティヌスは、現実状況から発せられる呻きにも似た煩悶をもつあらゆる層の現代人を惹きつけ、読者の力に応じて、広く豊かな思索の場を差し出してくれる。現代とは異質な古代末期の時代状況の中で考え抜き、意志や自由を強調するある種の近代的視点をもつアウグスティヌスのテキストは、現代人にとって異質性と同質性が織り交ぜられた場であり、この古典的な場を味わいつつ楽しむ読者は、深みの次元へ至る入り口に立っているのである。そこには、神の前で考える人のみが探求を通して深められていく、人間性への洞察が根底に流れており、それを丹念に研究することによって、事柄の本質を見抜く力が少なからず与えられるに違いないのである。

アウグスティヌス自身も他者が著したテキストと対話しつつ思索を深めることを重視した。当然、アウグスティヌスの著作の中に、他者の思想との交流を通して漸次に形成された彼の思想的展開の形跡を確認することができる。時折、研究者が指摘するように、理性的探求が中心であった彼の初期著作群（三八六～三九〇年頃）[1]と心の有様が深く省察され心底から実存的に表現される中期の『告白』*Confessiones*（三九七～四〇一年）との間には、明らかな文学的アプローチの差異性が認められる。[2]直観的に把握されるこの文学表現の差異性は、思想的にどのように説明されるのか。彼を取り巻く環境からいえば、『告白』は、アウグスティヌスが三九一年にヒッポの司祭に叙階されて以来、劇的に変化した「生活の座」の下で行われた一連の聖書研究の直後に忽然と現れる文学作品である。この『告白』へ至る道はどのような神学的土台に支えられるのか。この問いが我々を背後から動かす動機である。

司祭叙階直後のアウグスティヌスにとって急がれた仕事は、説教者として聖書を深く理解することであった。[3]やがて、その努力が聖書解釈の方法の形成へ繋がっていく。司祭として、アウグスティヌスはマニ教やドナテゥス派との論争を繰り広げつつ、聖書注解に勢力を注いだ。三九二年頃から、『詩編注解』*Enarrationes in Psalmos*（三九二年～）や『逐語解釈による創世記，未完本』*De Genesi ad litteram imperfectus liber*（三九三／三九四年）[4]などの旧約聖書の研究に取り組む一方で、三九四年頃から、『ローマ人への手紙諸論題の注解』*Expositio quarumdam propositionum ex Epistola ad Romanos*（三九四／三九五年）、『ガラテヤ人への手紙の注解』*Epistolae ad Galatas expositionis*（三九四／三九五年）、『ローマ人への手紙の未完注解』*Epistolae ad Romanos inchoata expositio*（三九四／三九五年）、『シンプリキアヌスへ答える諸問題』*De diversis quaestionibus ad Simplicianum*（三九六年）[5]とつづくパウロ書簡の研究に集中的に取り組む。[6]

その後、ただちに執筆された『キリスト教の教え』*De doctrina christiana* 第1～3巻（三九六／三九七年）[7]で論じられるのが、聖書解釈の方法、すなわち、聖書解釈学である。聖書解釈学とは、ある種の規則 praecepta が聖書読解の妥当性を担保するという確信の下に、聖書解釈の規則を原理的に提示しようとする学的方法的試みである。キリスト教の誕生以降、文化との関係性を含めた包括的な見地から、聖書解釈学が歴史上はじめて学的総合的に論じられるのが『キリスト教の教え』である。したがって、『キリスト教の教え』でアウグスティヌスは聖書解釈の方向づけや指針となる原理を探求することになる。

言語が記号理論から把握される『キリスト教の教え』では、同様な理解から著される『問答法』*De dialectica*（三八七年）や『教師論』*De magistro*（三八九年）と比較して、多くの点で創造的に展開されたアウグスティヌスの思想を確認することができる。『教師論』の後半部分で「記号によっては何も学ばれない」と主張されるのに対し、[8]『キリスト教の教え』第1巻の冒頭付近では「あらゆる教えは事柄か記号かに属するが、事柄は記号を通して学ばれる」[9]と宣言される。この主張の食い違いはどのように説明されるのか。言い換えれば、記号としての言葉によって知識が伝達されることは可能であるのか否か、という言語媒介の問題が探求すべき直接的な問いである。この探求を為し終えた後、言語の媒介性を基軸として、「解釈と共同体」と「解釈と生」という二つの視点から『キリスト教の教え』の聖書解釈学を再考することによって、その包括的理解を獲得することが我々の最終的な目的地である。

第二節　『キリスト教の教え』の聖書解釈学

『キリスト教の教え』第1〜3巻の聖書解釈学をめぐる問いに答えるためには、前提として『キリスト教の教え』の研究史を把握する必要がある。煩雑で追いにくくなるかもしれないが、正確な研究史の把握をめざして、各領域の研究史を年代順に記述してみたい。ここでは、『キリスト教の教え』の主題、意図される読者、執筆時期、構造、および、用語としての聖書解釈学について概観しよう。

一　主題をめぐる研究史

『キリスト教の教え』の主題は何か。『キリスト教の教え』の主題をめぐる問題は研究者によって長らく議論されてきた。まず、二〇世紀はじめのF・X・エッガースドルファーを挙げることから始めよう。エッガースドルファー（一九〇七年）にとって、『キリスト教の教え』は「聖書解釈学」Hermeneutik の教本であるばかりでなく、聖職者教育のための指導書でもあった。[10] これに対し、H・I・マルーは異なる立場に立つ。『聖アウグスティヌスと古代教養（文化）の終焉』（初版一九三八年）で、マルーは『キリスト教の教え』で規定される教養教科の位置づけ（2.19.29〜2.42.63）に注目し、『キリスト教の教え』が「キリスト教の教養の基本憲章」であると主張する。[12] 一方、E・ヒルはエッガースドルファーに従って、マルーに反対する。ヒル（一九六二年）は『キリスト教の教え』が「キリスト教の教育」Christian education と考えるマルーに反対し、むしろ、「聖職者の訓練において使用される教本か手引書」、すなわち、「キリスト教における教育」education in Christianity であると主張する。[13]

教養の書であるのか専門教育の書であるのかという議論は、次第に乗り越えられていく。E・ケヴァイン（一九六六年）によれば、『キリスト教の教え』は「聖書の取り扱い方法 tractatio Scripturarum に関する案内書」であり、第1～3巻は「発見することについて」de inueniendo、第4巻は「言及することについて」de progerendo が扱われる。[14] さらに、L・M・J・フェルハイエン（一九七四年）は、教養教科の脱線部分（2.19.29～2.42.63）については「キリスト教の教養の基本憲章」と考えるマルーに同意しつつ、全体としての『キリスト教の教え』を「聖書解釈学とキリスト教の表現の手引書」と考え、その第1～3巻を「発見することの方法について」de modo inueniendi の議論、第4巻を「表現することの方法について」de modo proferendi の議論と見なす。[15] 他方、G・A・ケネディー（1980年）にとって、多くの中世の著者がそう判断していたように、それは「キリスト教の修辞学」Christian rhetoric として包括される。[16]

最後に、G・A・プレス（一九八一年）によれば、マルーの「キリスト教の文化と教育」、ヒルの「キリスト教を教える教科書」、ケネディーの「キリスト教の修辞学」という各々の主題は『キリスト教の教え』の多様な側面を言い表しており、排他的に選択される必要はない。[17] プレスは、ヒルの「キリスト教の文化」を主題とするマルーに対する批判を支持しつつ、同時に、ヒルの「キリスト教における教育」を主題とする意見にも反対する。[18] こうして、彼はケヴァインに同調し、『キリスト教の教え』の主題を「聖書の取り扱い方法」tractatio scripturarum、具体的には、「聖書を理解し説明する方法」とし、「聖書解釈学とキリスト教の表現の手引書」と考えるフェルハイエンに基本的に同意する。[19] プレスの研究によって、『キリスト教の教え』の主題をめぐる論争はひとまず解決されたことが見込まれる。[20]

その一方で、'doctrina' の意味の探求を通して、*De doctrina christiana* の主題を間接的に捉えようとする試みが行われた。エッガースドルファー（一九〇七年）は 'doctrina' を積極的な意味における「教育」と見なし、*De doctrina christiana* を『キリスト教の教え』ではなく、『キリスト教の教育』Über die christliche Bildung と捉える。[21] C・S・ボールドウィン（一九二八年）は 'doctrina' を「注解」exposition と考えた。[22] これに対し、マルー（一九三八年）によれば、'doctrina' は「文化」であり、*De doctrina christiana* は『キリスト教の文化』とされる。[23] 加えて、ケヴァイン（一九六六、一九七〇年）は 'doctrina' をギリシャ人が 'παιδεία' と呼んだ「教育」であると捉え、*De doctrina christiana* を『キリスト教の教育』Christian paideia と考える。[24] 他方、フェルハイエン（一九七四年）によれば、'doctrina' は「教義」doctrine と「教育」enseignement の両者の意味を含むものである。[25] 最後に、プレス（一九八〇年）はフェルハイエンに同調するものの、'doctrina' そのものの意味を探求する方法は有益でないと結論づけ、[26] それ以降、この方法はほとんど採用されない。近年、*De doctrina christiana* の英語翻訳を出版したR・P・H・グリーン（一九九五年）は、'doctrina' に関する翻訳問題から、タイトルとして *Augustine:* De Doctrina Christiana を採用した経緯をその序文で述べている。[27] 本書では、プレス等と共に『キリスト教の教え』の主題を「聖書を理解し説明する方法」と理解し、'docere' の意味を基礎に 'doctrina' を「教え」と翻訳する加藤武に従う。[28]

二　意図される読者をめぐる研究史

『キリスト教の教え』の読者とは誰か。意図される読者をめぐる問題も長らく議論されてきた。まず、エッガースドルファー（一九〇七年）から見よう。『キリスト教の教え』が「聖職者の教え」であって「聖職者の育成」のために書かれたという彼の考えが報告されるので[29]、エッガースドルファーによれば、意図される読者は聖職者と聖職者をめざす訓練生となろう。マルー（一九三八年）によれば、『キリスト教の教え』は「キリスト教文化の一般理論」であり[30]、「新しい文化の教科」であるので[31]、意図される読者に「学問」に取り組む聖職者以外の一般学生が含まれるだろう[32]。さらに、ケヴァイン（一九六六年）によれば、『キリスト教の教え』は聖職者に向けられたものだけでなく、信徒全体に向けられる教育制度でもあるので、意図される読者は「全体としての神の人々」となる[33]。これに対し、ヒル（一九六二年）はマルーに反対し、『キリスト教の教え』がカルタゴの司教アウレリウスの要求に答えた著作であることを根拠に、「聖職者」や「神学校」の学生が意図される読者として主張される[34]。

フェルハイエン（一九七四年）は意図される読者をめぐる二つの立場を総括しつつ、『キリスト教の教え』そのものに含まれる表現「聖書に熱心な者」diuinarum scripturarum studiosus（2.41.62）に注目し、『キリスト教の教え』を「聖書に熱心な人々に向けられた教え」と捉え、それをキリスト教の文化教養のプログラムと考える立場を排除しない[35]。我々は、加藤（一九八八年）等と共に、アウグスティヌスにとって聖職者と信徒全体という「二通りの読者」がはじめから抱えられていたと考えたい[36]。

意図される読者をめぐり、論争相手という角度からも議論される。『キリスト教の教え』序論 prooemium（以降、pro. と略す）で提示される「ある種の聖書解釈の規則」praecepta quaedam tractandarum scripturarum（pro. 1）に非難の目を向けることが想定される三つのグループの人々に対して（pro. 2）、アウグスティヌスはあらかじめ反論を加えている。第一のグループは規則を理解できない人々で、第二のグループは規則を理解するものの聖書解釈に適用できない人々である。問題となるのは、自らの能力不足のためでなく、聖書解釈の規則の必要性に対して意志的に反論する第三のグループである（pro. 4〜9）。したがって、上述の意図された読者が学習の場における読者であるとすれば、この第三グループに属する読者は論争相手としての読者であることになる。

マルー（一九三八年）によれば、第三の人々は「霊感主義者」des illuministes として「古代文化」と接触することを恐れる「臆病なキリスト者」と考えられるので[37]、彼らはキリスト教文化の有意義性を受け入れない人々となる。P・ブルンナー（一九六三年）によれば、第三の人々は聖書の不明瞭箇所の解釈過程で「神によって付与された霊的賜物」のみを信頼する「カリスマ的」charismatisch な人々である[38]。U・ドゥフロウ（一九六三年）は、「祈りと内的悟りと霊感を通して」不明瞭な聖書箇所の理解を勝ち取ったとされるヨハネス・カッシアヌス（三六〇頃〜四三五年）[39]を、ブルンナーが主張する「カリスマ主義者」charismatiker と結びつける[40]。さらに、C・マイヤー（一九七四年）によれば、第三の人々は「規則なしで」、すなわち、「人間的な手引書なしで」、「内的に手ほどきする神を通して」聖書を理解することを欲する「カリスマ主義者」である[41]。一方、ケヴァイン（一九七〇年）によれば、第三の人々は「カリスマ的な過程」を重んじ、人間的文化に関連づけられた教育としての paideia から離れる傾向が読み取れるので[42]、彼らは paideia としての教育を受け入れない人々となる。

他方、C・カンネンギーサー（一九九五年）によれば、第三の人々はケヴァインが主張する反教育的な人々ではなく、自分たちの解釈学的伝統に従う「経験を積んだ聖書注解者」であり、『規則の書』*Liber Regularum* を著したティコニウス（〜三九〇年）[43]もその候補者に挙げられる[44]。最後に、T・トゥーム（二〇〇二年）は第三の人々を『教師論』で主張される照明説と結びつけ、彼らを「急進的な照明論」illumination radicalized を奉ずる人々と捉える[45]。いずれにしても、第三の人々は「霊感主義的」で「カリスマ的」な要素を備え、聖書解釈において人間的な教育過程の必要性を軽視し、不明瞭な聖書箇所をめぐり直接的な啓示を望む人々ということになろう。

三　執筆時期とレニングラード写本

『キリスト教の教え』は、いつ書かれたのか。アウグスティヌス自身の証言によれば、[46]『キリスト教の教え』は、アウグスティヌスの司教叙階後に執筆された『シンプリキアヌスへ』*Ad Simplicianum*、『基本書と呼ばれるマニ書簡への駁論』*Contra Epistulam Manichaei quam uocant fundamenti*、『キリスト者の戦い』*De agone christiano* に引き続き、第三巻途中までが三九六／三九七年に書かれた。[47] しかし、その完成は『再考録』*Retractationes* 執筆中の四二六／四二七年まで待たなければならない。『再考録』（2.4）によれば、第3巻の途中（3.25.35）までがはじめに書かれ、『再考録』の執筆中に『キリスト教の教え』の未完成が思い出され、実に中断後三〇年の年月が経過した後、第3巻の残り部分と第四巻が書き上げられた。

執筆の中断理由を特定することは『キリスト教の教え』の理解の助けとなることが予想され、研究者によって様々な原因が推測されている。ヒル（一九六二年）は中断の原因が『キリスト教の教え』第四巻で引用されるティコニウスの『規則の書』*Liber regularum* であると考える。七つの規則から構成される『規則の書』[48]は、聖書解釈の方法がラテン語圏ではじめて本格的に扱われた著書と考えられるが、著者がドナトゥス派の人間であったという理由で、アウグスティヌスは『規則の書』を引用するに当たり当惑した可能性がある。司教に叙階されて間もないアウグスティヌスからカルタゴの司教アウレリウス（アフリカの大主教）へ送られた『書簡』41では、ティコニウスの七つの規則をめぐるアウレリウスの意見が催促されている（*Epistola* 41.2）。ヒルは、アウグスティヌスが『規則の書』をアフリカの大主教アウレリウスの合意なしで引用することを躊躇したことに、『キリスト教の教え』の執筆中断の原因を見る。[49]

一方、E・テセールは、『告白』を書き始め『三位一体論』*De trinitate* を企画し始めたことによるアウグスティヌスの多忙さが執筆中断の原因であると推測する。[50] 他方、カンネンギーサー（一九九五年）は多忙説を否定し、基本的にヒルの意見に追随する。[51] これに対し、シュタインハウザー（一九九五年）は三九七年に書かれたと考えられる『書簡』38[52]に注目し、病気説を主張する。『書簡』38では「というのは、私は歩くことも立つことも座ることもできない」[53]（38.1）と彼の劣悪な健康状態が報告されており、シュタインハウザーはこの手紙が『キリスト教の教え』の執筆中に書かれたと想定し、アウグスティヌスの病気が執筆中断の主な原因であると考える。[54] このように、研究者の意見は一致に至らず、『キリスト教の教え』の執筆中断の理由は確定されていない。

『キリスト教の教え』の執筆時期をめぐって残される問題は、序論の執筆時期についてである。『キリスト教の教え』序論にはアウグスティヌスの重要な思想が表明されており、その執筆時期の特定は『キリスト教の教え』の聖書解釈学の理解に大きく影響する。ドゥフロウ（一九六三年）は、序論で述べられる第三の人々がヨハネス・カッシアヌス（三六〇頃～四三五年）と関係づけられることと、序論と第一巻との共感性が些少であることから、『キリスト教の教え』序論はこの著作がはじめに公開された三九六／三九七年に書かれたものではなく、『キリスト教の教え』が完成された四二六／四二七年に書かれたと推論する。[55]

これに対し、ケヴァイン（一九七〇年）は序論と第1～2巻における思想内容の実際的関連性を積極的に認め、ドゥフロウの後期執筆説を退ける。[56] さらに、マイヤー（一九七四年）はレニングラードに保管される写本 Codex Leningradensis Q v. I. 3との関連性に注目する。マイヤーによれば、Q v. I. 3は「レニングラード写本」Leningrad Codex と呼ばれ、W・M・グリーンによってはじめて詳細に研究された写本である。[57] レニングラード写本には、司教叙階以降に書かれたアウグスティヌスの四つの著作、すなわち、『シンプリキアヌスへ』、『基本書と呼ばれるマニ書簡への駁論』、『キリスト者の戦い』、『キリスト教の教え』序論と第1〜2巻が含まれ、『キリスト教の教え』第3〜4巻が欠落していることから、Leningrad Codex は三九六年以降四二六年以前に作成されたと考えられている。[58] シュタインハウザーの仮説によれば、レニングラード写本はアウグスティヌスが自身の司教叙階を記念して、長年の友人でもあり良き師でもあったミラノの司教、シンプリキアヌスへ贈った「記念論文集」Festschrift であり、[59] シンプリキアヌスから受けた問いに苦心して答えた、司教としての最初の著作『シンプリキアヌスへ』で始まっており、また、司教叙階の祝福としてシンプリキアヌスから受けた「良き喜びに満ちた手紙」Plenae bonorum gaudiorum litterae（*Epistola* 37.1）に答えた、『書簡』37が写本全体のまえがき的な位置づけとして添付されていたと考えられている。[60] このレニングラード写本をめぐる研究に基づき、マイヤーは「序論は著作を公表するときに書かれる」という一般的な慣習を考慮しつつ、『キリスト教の教え』序論は第一〜二巻の公開が決定されたときに書かれたと考え、ドゥフロウの後期執筆説を退ける。[61] 最近では、トゥームが序論の前期執筆説を支持する。[62]『キリスト教の教え』序論の執筆時期をめぐる議論はほぼ決着したと思われるので、本書では序論の前期執筆説を採用する。

四　内容と構造

『キリスト教の教え』はどのように構成されるのか。プレスによれば、「全体的で明快な構造」は『キリスト教の教え』の内容的構造をめぐる彼の論文が公表される一九八〇年まで発表されなかった。[63] プレスによる『キリスト教の教え』の主題と構造を参照することは有益であるので、以下に示したい（表1）。

プレスが提示する構造を要約すると、全体が「理解されるべきことを発見すること」（第1〜3巻）と「理

表1．プレスによる『キリスト教の教え』の主題と構造

主題と目的：

著作は聖書を取り扱うためのある種の規則を教えることが意図される。聖書の取り扱いは理解されるべきことを発見することと、理解されたことを表明することから構成される。

全体の構造：

Ⅰ．　理解されるべきことを発見すること【第1～3巻】

A．理解されるべき事柄（リアリティー、真理、教え）――キリスト教の基本的な神学的倫理的教え、その要約は神と隣人への愛【第1巻】

B．未知記号と多義記号（言葉と表現）とのための事柄に対する誤読を避ける方法、言葉は原義的か転義的かである【第2～3巻】

1．未知記号のための救済策【第2巻】

a．原義的な未知記号のため――原語、テキスト批判、校訂の規則等の知識【2.11.16–2.15.23】

b．転義的な未知記号のため――有益で迷信的でない異教徒の教養の知得【2.16.23–2.42.63】

2．多義記号のための救済策【第3巻】

a．原義的な多義記号のため――正しい句読と発音【3.2.2–3.4.8】

b．転義的な多義記号のため――はじめに、比喩的記号と字義的記号とを注意深く区別し、その後、ある種の一般的な規則（ティコニウスの規則が良い手本となる）によって、第1巻における教えと一致するような解釈を見いだす【3.5.9–3.37.56】

Ⅱ．理解されたことを表現すること【第4巻】

解されたことを表現すること」（第4巻）に分割され、さらに、「理解されるべきことを発見すること」が第1巻の「理解されるべき事柄」（I.A）と第2～3巻の「未知記号と多義記号」（I.B）に分割される。

プレスの提示する構造は俯瞰的に把握することができる点で優れているが、重要な箇所の構造はより詳細に分析される必要がある。第1巻（I.A、表1での二重線部分）、第2～3巻の序論的な役割を担う第2巻の冒頭部分（プレスの構造では見落とされている2.1.1–2.8.13の部分、I.B.0）、第3巻の転移的な多義記号の部分（I.B.2.b、表1での二重線部分）は特に重要であるので、以下に補足したい。

第1巻の構造（表2）では、「あらゆる教えは事柄か記号かに属するが、事柄は記号を通して学ばれる」（1.2.2）という原則に従って、「理解の方法」が「事柄」res の第1巻と「記号」signa の第2～3巻に分割され（A.1）、第1巻の残りの内容は「事柄に関する教え」に当てられる。第一に、享受の唯一の対象として神が論じられ（A.2）、次いで、祖国である方が道となられたことがキリストの受肉として捉えられ（A.3）、愛と神の善について吟味された後（A.4-5）、聖書解釈という視点から神と隣人への愛が生活の準拠として述べられる（A.6）。

第2巻の冒頭部分の構造（表3）には、「聖書の記号理論的アプローチ」と「神へ至る七段階」が含まれる。前者では、言葉が意志的記号として分析された後（B.0.a-d）、聖書が人間意志を癒やす働きとして（B.0.e）、また、聖書に含まれる不明瞭性と多義性が人間の傲慢を矯正し知性を回復する働きとして論じられる（B.0.f）。後者では、第一段階の神への恐れから第三段階の知識 scientia を経て最高段階の知恵 sapientia へ至る上昇の七段階が分析された後（B.0.g）、正典に関するアウグスティヌスの所見が述べられる（B.0.h）。

第3巻の転義的な多義記号の構造（表4）では、比喩的記号を字義的記号と見なしてはならないこと（B.2.b.i）、同時に、字義的記号を比喩的記号と見なしてはならないこと（B.2.b.v）、倫理に反する記述には隠され

表2．第1巻の構造

第1巻の構造：

A．理解されるべき事柄（リアリティー、真理、教え）

1．聖書解釈と教え

a．聖書解釈の二つの方法――理解の方法（第1～3巻）と表現の方法（第4巻）【1章】

b．二種類の教え――事柄に関する教え（第1巻）と記号に関する教え（第2～3巻）【2章】

2．神と享受

a．享受と使用――人間を幸福にする享受の対象【3～4章】

b．享受の対象――父と子と聖霊の三位一体なる神【5章】

c．神の性質――命をもつ不変的な知恵／真理としての神【6～9章】

3．受肉と希望

a．精神の浄化の必要性――精神の浄化は祖国への航行【10章】

b．受肉と神の言葉――祖国への道は祖国である知恵ご自身【11～13章】

c．神の療法――同種異種療法により自らを差し出す神の知恵【14章】

d．復活と昇天――より優れた身体への復活を信じる終末論的希望【15～21章】

4．愛の規則と人間論【22～28章】

5．愛の秩序と隣人／神の善【29～34章】

6．解釈者の生活の準拠

a．聖書の目的――神への愛と隣人への愛【35章】

b．道徳的準拠――神への愛と隣人への愛の実践【36章】

c．信仰的準拠――権威としての聖書の了解と信仰・希望・愛【37章】

d．超時間的準拠――永遠的なものに対する愛【38章】

e．終末的準拠――終末的愛へ至るまでの聖書の必要性【39章】

f．秩序的準拠――愛すべきもの対する愛【40章】

表3．第2巻の冒頭部分（2. 1. 1–2. 8. 13）の構造

第2巻の冒頭部分（2. 1. 1-2. 8. 13）の構造：

B．未知記号と多義記号とのための事柄に対する誤読を避ける方法【第2～3巻】

0．聖書の記号理論的アプローチと神へ至る七段階

a．記号の定義と分類――無意志的記号と意志的記号【1章】

b．意志的記号の分類――意志的記号に含まれる動物の記号と人間の記号【2章】

c．記号としての言葉の優位性――すべての記号は言葉によって表現可能【3章】

d．文字による言葉の記号――長く維持され目に見える文字としての記号【4章】

e．聖書と人間意志――人間意志の重い病を癒す薬としての聖書【5章】

f．不明瞭性と多義性――探求の労苦により傲慢が矯正され、知性が回復される【6章】

g．信仰生活における神へ至る七段階――神への畏れ、敬虔による柔和、知識 scientia、正義への飢え渇き（神への愛）、憐れみの勧め（隣人への愛）、心の目の浄化（敵への愛）、知恵 sapientia

h．聖書の正典性――正典文書群に関するアウグスティヌスの見解

表4．第3巻の転義的な多義記号（3. 5. 9–3. 37. 56）の構造

第3巻の転義的な多義記号（3. 5. 9-3. 37. 56）の構造：

B.2．多義記号のための救済策【第3巻】

b．転義的な多義記号のため

i．比喩的表現――比喩的表現を字義的表現と見なしてはならない【5章】

ii．ユダヤ教徒と記号――記号に縛られるユダヤ教徒【6章】

iii．異教徒と記号――彫像としての記号を事柄として追求する異教徒

【7章】
iv. キリスト教の自由――記号を解釈することで指示対象へ開放される【8～9章】
v. 字義的表現――字義的表現を比喩的表現と見なしてはならない【10章】
vi. 比喩的表現の適用――恥ずべき表現は比喩的であり、隠された意味がある【11～12章】
vii. 文化の相違――慣習的文化的相違に関する理解が表現選別に要請される【13～14章】
viii. 比喩的表現の有益性――比喩的表現の解釈が愛の支配へ至らしめる【15章】
ix. 教訓的表現――悪念や悪行を禁じる教訓的表現は字義的表現【16～17章】
x. 時代的状況――時代的状況の考慮が表現選別に要請される【18～21章】
xi. 旧約の予型――旧約の行為は字義的だけでなく比喩的にも解釈可能【22～23章】
xii. 信仰の規則――表現選別の基準性は信仰の規則に依存する【24章】
xiii. 類似性と近接性――比喩的表現の類似性と近接性（3. 25. 35にて執筆中断）【25章】
xiv. 不明瞭な箇所の解釈――不明瞭な聖書箇所はいっそう明瞭な聖書箇所から学ばれる【26章】
xv. 豊かな解釈――真理と判断される、聖書記者と異なる意図は豊かな解釈を生む【27章】
xvi. 理性的判断――不明瞭な箇所を理性に照らして解釈する習慣は危険【28章】
xvii. 転義の分類――アレゴリア、エニグマ、パラボラ、メタフォラ、カタクレシス、イロニアなど【29章】
xviii. ティコニウスの『規則の書』の概略【30～37章】

た意味があること（B.2.b.vi）、悪念や悪行を禁じる表現は字義的に理解すべきこと（B.2.b.vii）、比喩的表現の解釈の方向性（B.2.b.viii）、字義表現と比喩表現の選別性（B.2.b.xii）、比喩表現の類似性と近接性が述べらたところで執筆が中断される（B.2.b.xiii）。中断後の部分には、ティコニウスの『規則の書』の概略（B.2.b.viii）などが含まれる。

五　用語としての聖書解釈学

本書は、三九六／三九七年に執筆された『キリスト教の教え』の序論と第1～3巻（3.25.35まで）に注目し、そこに表出されるアウグスティヌスの思想を彼の発展性という観点から探求する試みである。そこで、序論と第1～3巻（3.25.35まで）を含む著作部分の、『キリスト教の教え』全体から捉えられる位置づけを明確にする必要がある。プレスが提示した構造から明らかなように、第1～3巻では「理解されるべきことを発見する方法」modus inueniendi, quae intellegenda sunt が、第4巻では「理解されたことを表現する方法」modus proferendi, quae intellect sunt がそれぞれ探求される（1.1.1）。さらに、第1巻では「理解されるべき事柄」が「信仰の規則」regula fidei の視点から述べられ、第2～3巻では未知記号と多義記号の解釈方法が扱われる。

では、三九六／三九七年に執筆された『キリスト教の教え』第1～3巻（3.25.35まで）は「発見の方法」の必要条件を満たしているのか。問題となるのは、四二六／四二七年に追加執筆された第3巻の残り部分（25～37章）である。第3巻の25～37章には、比喩的表現の類似性と近接性（25章）、不明瞭箇所は明瞭箇所に基づいて解釈されるべきこと（26章）、聖書記者の意図を越えた真理と判断される豊かな解釈（27章）、理性の照らしによる不明瞭箇所の解釈の危険性（28章）、転義の分類（29章）、ティコニウスの『規則の書』の概略（30～37章）が含まれるが、問題はこの第3巻の残り部分に「理解されるべきことを発見する方法」の本質的要素を構成する重要な部分が含まれるのか否かである。J・J・オドネルによれば、「実際にドナトゥス主義者ティコニウスの七つの解釈的規則を列挙することで付け加えられた第3巻の後半部分が、図式的で機械的であるように見えるのは事実である」[64]。上述された第3巻の構造からも判断されるように、転義的な多義記号の解釈方法を構成する主要部分、すなわち、字義的解釈と比喩的解釈の選別基準性や比喩的表現の解釈方向性などは第3巻の1～25章に含まれるため、もし第3巻の25～37章が省かれたとしても「理解されるべきことを発見する方法」の本質的要素が見失われることはありそうにない。したがって、三九六／三九七年に執筆された第1巻から第3巻第25章第35節までを分析することによって、「理解されるべきことを発見する方法」の中心点を把握することができる、と考えられる。

　最後に、「聖書解釈学」という用語について言及したい。果たして、『キリスト教の教え』第1～3巻の「理解されるべきことを発見する方法」は「聖書解釈学」hermeneutics という現代語によって代替可能なのか。H・G・ガダマーによれば、「テキストを理解するための技法と関連する古代の学問分野が（聖書）解釈学 Hermeneutik である」[65]。「聖書解釈学」を意味する現代語、すなわち、'hermeneutics,' 'Hermeneutik,' 'herméneutique' の語源は「解釈する」を意味するギリシャ語 'ἑρμηνεύειν' であるが、多くの現代の学者による使用方法はダガマーの定義に矛盾しておらず、「聖書解釈学」という用語はラテン教父にも適用される[66]。具体的には、『キリスト教の教え』の主題に関する研究史でも確認されたように、フェルハイエンは『キリスト教の教え』の主題を「聖書解釈学とキリスト教的表現の手引書」un manuel d'herméneutique et d'expression chrétienne と捉える。最近では、トゥームが『キリスト教の教え』の序論と第1～3巻が扱われる研究書の副題に、"*Augustine's Christological Hermeneutics in* De doctrina Christiana" と附する。したがって、アウグスティヌスの「理解されるべきことを発見する方法」を聖書解釈学と呼ぶことは可能であり、三九六／三九七年に執筆された『キリスト教の教え』の序論と第1～3巻（3.25.35まで）を「アウグスティヌスの聖書解釈学」と便宜的に呼ぶことも許されよう。

第三節　言語の媒介性と本書の目的と方法

本書の直接的な問いは、『教師論』の主題の一つである「記号によっては何も学ばれない」と『キリスト教の教え』で宣言される「事柄は記号を通して学ばれる」との関係がどのように説明されるのか、という言語的記号の媒介性をめぐる問題である。この問題に対処する具体的な方法が次に述べられなければならないが、その前に、記号／言葉の媒介性をめぐる包括的な研究史を把握する必要がある。煩わしい記述になることは避けられそうにないが、正確な把握を獲得するために研究史を年代順に追求してみたい。ここでは、言語の媒介性をめぐる研究史を概観した後、本書の目的と方法を述べたい。

一　言語の媒介性をめぐる研究史Ⅰ（一九八〇年以前）

はじめに、１９５０年代から１９８０年までの、ブルンナーからマイヤーへ至る記号／言葉の媒介性をめぐる研究史を見よう。

（1）ブルンナー（１９５５年）は『キリスト教の教え』の序論を分析することによって、記号／言語の媒介性問題をめぐり重要な示唆を与える。上述したように、ブルンナーは、ある種の規則に従う「方法論的」

な聖書解釈に対して、「霊的賜物」Charisma のみに信頼する方法を「カリスマ的」charismatisch な聖書解釈と規定し、序論に登場する第三の人々を「カリスマ主義者」Charismatiker と捉え、その特徴を「規則なしに」、あるいは、「人間なしに」と理解する。[67] 問題となるのは、「救済の知識」の把握方法が方法論的手段によるのか、あるいは、カリスマ的手段によるのか、である。ブルンナーによれば、「徹底した聖霊主義」はパウロに見受けられる特徴であり、それをめぐって、彼は一つの仮説を立てる。[68] ブルンナーの仮説によれば、聖霊主義者が追求するカリスマ的手段による救済の知識把握、すなわち、「人間の根本的な孤立化」を通した知識把握は、人間が「秘跡」Sakrament を通して「教会」Ekklesia としての「共同体」と結ばれることによって終焉し、代替として、「人間を通して人間に」神の言葉が差し出されるようになる。[69] しかし、ブルンナーは、「人間の働きを通して」聖書解釈的な助けが獲得された結果、「神の直接的な働き」が排除されるという自らの仮説に対して、「何という冒瀆！」と述べて否定する。[70]

ブルンナーによれば、方法論的手段がカリスマ的手段を排除するどころか、むしろ、それを保証する。方法論的手段の役割はカリスマ的手段の自立的実行のための「批判的制限」として理解されるからに他ならない。[71] したがって、『キリスト教の教え』でも、カリスマ的手段と親和性がある新プラトン主義の魂の上昇構造が堅持されており、「人間を通して人間に」与えられる「神の言葉」は、「救済の知識」をもたらしはするものの、「救済の泉」ではなく、救済の「補助手段」にすぎないと主張される。[72] そうだとしても、ブルンナーによれば、完全性に至るとき「救済の知識と個人間コミュニケーションとの結び付き」は再び解体されるものの、[73] 不完全な人間の生において「救済の知識」と関連づけられる言葉の媒介的役割がアウグスティヌスにおいて否定されているわけではない。

（2）一方、ドゥフロウは『教師論』と『キリスト教の教え』序論との間に想定される言語媒介の差異性を主張する。ドゥフロウ（一九六一年）による『教師論』の結論は、「言葉を通して何も学ばず、事柄そのものに気づかされるにすぎない」が、他方で、事柄は「感覚的か霊的な直視だけを通して認識される」というものである。[74]「勧める記号」を通して教える唯一の教師は真理として内的に宿るキリストであり、この点で、アウグスティヌスの言葉はエピクロス派の「想起させる記号」σημεῖα ὑπ[ο]μνηστικά と同様なものと見なされる。[75] ドゥフロウによれば、記号を媒介としない堕落以前の「直接的な認識」が人間に禁じられる理由は人間の「原罪」と「傲慢」superbia であり、この点から、言葉は否定的に評価され「言葉への敵意」が保持される、というのが『教師論』の特徴である。[76]

　ドゥフロウ（一九六五年）は、『教師論』で規定された「言葉への敵意」が『キリスト教の教え』で覆されると説明する。ドゥフロウによれば、『キリスト教の教え』序論では、「真理の賜物的特性」が言語を通して理解可能であると見なされており、真理をめぐり「受け取ること」と「伝達すること」が密接に結びつけられ、この視点から、言葉の「意思伝達的な価値」が見いだされる。[77] このように、『教師論』と『キリスト教の教え』との間に言語理論の差異性が認められ、『キリスト教の教え』の序論では、『教師論』の視点、すなわち、「神の直接的介入を通した真理の賜物的特性を守るために、言葉が恣意的な記号に格下げられた」[78]という観点が完全に否定されたわけではないが、言葉は記号からではなく、「真理の伝授」における媒介として、「受け取ること」accipere と「伝達すること」tradere という視点から捉え直されている、と主張される。[79]

　（3）テセール（一九七〇年）によれば、アウグスティヌスの重大な思想的変化が三九六年か三九七年に生じ、そこで、アウグスティヌスは恩恵と罪の束縛をめぐる十分にパウロ的な理解に到達した。[80] この時期に、アウグスティヌスは『キリスト教の教え』を中断し、『告白』を書き始め、『三位一体論』の構想に取りかかっている。『キリスト教の教え』では、聖書解釈学と古代文化が同時に取り扱われ、古代文化が聖書解釈学の補助手段として規定し直されており、この点で、『キリスト教の教え』は重要である、と主張される。[81]また、創造された事柄の知識 scientia と永遠の事柄の観想的知恵 sapientia との関係が展開され始めるのもこの時期であることが指摘される。[82]

（4）D・W・ジョンソンの意見はドゥフロウに近い。ジョンソン（一九七二年）は、『告白』における新プラトン主義とキリスト教的要素との関係性をめぐる興味から、三八六〜三九七年間に書かれたアウグスティヌスの著作に登場する「言葉」uerbum の使用方法を研究する。ジョンソンによれば、一九五〇年に公にされたP・クルーセルの研究[83]以来、『告白』において新プラトン主義とキリスト教的要素との共存性が一般に認められるが、その関係性がどのようにしてどこで形成されたのか、は依然として解決されない問題である。[84]また、ガダマーが主張するように、[85]アウグスティヌスの著作では Verbum が神と同質的な口述表現として使用され、この点で、典型的な西方的伝統である思考と口述表現との二元論的な分離傾向に対して、アウグスティヌスはそれを克服するような積極的な影響を与えることができた、とジョンソンは考える。[86]『教師論』（三八九年）を含む三八九年以前のアウグスティヌスの著作では、受肉としての uerbum が滅多に用いられないばかりか、代名詞としての使用例も見当たらず、その使用方法は、内的で霊的なリアリティーと身体的な指示作用とが相違することと、内的な理解によって外的な言葉が克服されることを前提とする。[87]これに対し、三八九年以降の著作では、uerbum の使用頻度が増大し、Verbum と受肉との類似性が明らかに認められるようになり、言葉の音声とキリストの肉体との類似性が『キリスト教の教え』（1.2.2）で明示的に言及される。[88]ジョンソンによれば、三八九年以降、アウグスティヌスの受肉概念が徐々に変化し、『キリスト教の教え』でその変化が最も明示的に表現されるに至る。

魂の上昇や帰還としての照明概念はアウグスティヌスの著作を通して貫かれる思想であるが、問題となるのは、照明過程における Verbum の役割である。[89]『教師論』を含む三八九年以前の著作で、uerbum の役割はほとんど機能しておらず、多くの場合、「知恵」「真理」「内的教師」等に置き換えられており、したがって、uerbum が適切に使用されるのは「流出説的視点」に立脚した「照明」illumination という文脈においてではなく、キリスト教教義の「創造」creation に基礎づけられた「神の語り」という文脈においてであることになる。[90] 加えて、特に中期以降のアウグスティヌスに見受けられる Verbum と Sapientia との緊張関係は、新プラトン主義的な流出と帰還との、すなわち、下降と上昇との関係性にではなく、「無からの創造」creatio ex nihilo と上昇との関係性に関連づけられるものであり、新プラトン主義的な要素は上昇としてのみ保持されることになる。[91]

（5）これに対し、マイヤー（一九七四年）は、『キリスト教の教え』序論で見受けられる新プラトン主義的な傾向を土台として、ドゥフロウを批判する。マイヤーは『キリスト教の教え』の主題が存在論からの認識論的原理、すなわち、「記号を通した事柄」res per signa であることを認めるものの、『教師論』以来の記号理論に何の変化も生じていないと主張する。[92] マイヤーによれば、アウグスティヌスが用いる記号や言葉の意義は小さなものではなく、『教師論』で言及される「言葉の有用性」utilitas uerborum は『キリスト教の教え』で表明される「言葉の力」uis uerbi と関連づけられ、アウグスティヌスの認識論的原理である res per signa は『教師論』の執筆時期頃から現れ始める思想である。[93] さらに、『キリスト教の教え』序論で言及される規則なしの理解を主張する第三の人々が「なしで」sine によって特徴づけられるのに対し、アウグスティヌスは「人間的状況」に適合される「通して」per によって特徴づけられる。[94]

しかし、真理は人間によらず、あくまで神によって与えられることをアウグスティヌスが保持することから、マイヤーはアウグスティヌスの立場を「穏健なカリスマ主義的な聖書解釈」と考え、『キリスト教の教え』の目的を「規則」praecepta の助けを通した不明瞭な聖書箇所の自立的理解と捉える。[95] その上で、マイヤーはドゥフロウの意見、すなわち、『キリスト教の教え』序論では言葉をめぐる逸脱が観察され、それゆえ、『教師論』と比較されなければならないという意見に反対し、両著作を通した言葉をめぐるアウグスティヌスの連続性を主張する。[96] さらに、『教師論』の学び過程が「記号によっては何も学ばない」という、いわば、熟慮を経た学び概念とでも見なされる超越論的原理に基づくように、『キリスト教の教え』序論もまた新プラトン主義的な超越的哲学によって理解されなければならない、と主張される。[97]

二　言語の媒介性をめぐる研究史Ⅱ（一九八〇年以降）

一九八〇年代になると、記号／言葉の媒介性問題をめぐって研究者によって注目されるテキストが、『キリスト教の教え』序論から『キリスト教の教え』第1～3巻に移されるようになる。ここでは、一九八〇年以降のジョーダンからフェレッターへ至る、記号／言葉の媒介性をめぐる研究史を見よう。

（1）M・D・ジョーダン（一九八〇年）は、神の啓示活動という点で、『教師論』と『キリスト教の教え』の議論の土台は異ならないとしながら、[98] 言語媒介をめぐる両著作の差異性を認める。『教師論』の記号は「照明の手段」にすぎないが、[99]『キリスト教の教え』において「聖書の意味が人間的局面から神の永遠性に移行される」ことがテキストの媒介性に結びつけられる。[100] ジョーダンによれば、言語媒介はキリストの受肉に依存する。「聖書的言葉の意味は、（神の）言葉が肉体を受け取って人間に接近することに基礎づけられ」[101]、この受肉は『キリスト教の教え』で「表現的記号」expressive signs が表現されるための基礎づけとなる。[102] このようにして、『教師論』で破壊された「記号と事柄との循環性」が『キリスト教の教え』で回復される。[103]

換言すれば、『教師論』の「直観的」intuitive な方法は永遠的真理の把握を含む直接的照明に依存するのに対し、『キリスト教の教え』の言葉を媒介とする「言説的」discursive な方法にこそ、時間的世界における「意味の可能性」が見いだされる[104]。

（2）他方、G・ワトソン（一九八二年）はウィトゲンシュタインのアウグスティヌス批判を念頭に議論する。ワトソンによれば、『教師論』で展開される「対象に拘束された素朴な意味理論」をアウグスティヌスの言語理論と見なすことはできない[105]。ワトソンは、『キリスト教の教え』序論で「人間が人間に自らの言葉を与える」ことを通して神は「人間の状況」を尊重すると述べられることと、第1巻で「事柄は記号を通して学ばれる」と述べられることに注目し、伝達内容としての「意図」intention の重要性を強調する[106]。結果として、正しい魂を保持するパウロのような人間を理解するためには、「愛によって浄化された知識の水準」に到達することが要請されることになる[107]。

（3）A・ルース（一九八九年）は、『教師論』の「記号によって何も学ばない」と『キリスト教の教え』の「事柄は記号を通して学ばれる」との間に認められる差異性に注目する[108]。ルースによれば、『教師論』では、人間の心にあるものを表現するはずの記号に対してその解釈方法が確立されていないため、他者の心へ接近する方法が確保されていない[109]。ルースは、この人間的状況を相互に閉ざされた「孤独のモナド」solitary monads と呼ぶ[110]。これに対し、『キリスト教の教え』序論では、アウグスティヌスの批判が学ぶことの必要性を否定するような解釈者に向けられ、規則の学びも含めた愛による魂の交流の重要性が強調される[111]。結果として、『教師論』の「言葉への懐疑」から『キリスト教の教え』の「救済の手段」としての言語理解へ移行する、と主張される[112]。

（4）加藤武（一九八五年）は、『魂の偉大性』*De quantitate animae*（三八八年）と『山上の主の説教』*De sermone Domini in monte*（三九三～三九六年）と『キリスト教の教え』（三八六／三八七年）に見いだされる「超越的登高の階梯」の七段階を比較することで、言語媒介の問題をめぐって意見を述べる。加藤が注目することは、『山上の主の説教』と『キリスト教の教え』で追加された「解釈の道」という第一の迂回と「隣人愛の段階」という第二の迂回である。[113] 加藤によれば、これらの迂回の道が『魂の偉大性』では見いだされないため、『魂の偉大性』と『山上の主の説教』および『キリスト教の教え』との間に「決定的な相違」が認められ、「二つの回転」が『魂の偉大性』の後に生じたことになる。[114] これらの迂回の道は「直線的・垂直的登高」ではなく、「dialogisch な思索」を含み、この点で、「テキストへの迂回」は記号をあえて媒介することによる「間接的な照明」である、と理解される。[115]

（5）一方、C・カーワン（一九八九年）は、アウグスティヌスの言語的記号をめぐって重要な示唆を与える。カーワンによれば、アウグスティヌスの言語理論における重大な問題は、言葉の指示対象が「思考」か「事柄」か、ということである。[116] 言語的記号の指示対象が「事柄」と考えられる場合、記号群は「名称群」names としての「言葉群」words と見なされ、「思考」と考えられる場合、記号群が「文章群」sentences と見なされる。[117]『教師論』で描写されるアウグスティヌスの説明から、各々の単語が記号であると考えられるが、[118]『キリスト教の教え』では、第一に、言語的記号がそれ以外の何かを聞き手に与えるためのもの、第二に、所与記号が語り手の心にあるものを聞き手の心に移すためのものと考えられている。[119] 前者が解釈過程の記号であり、後者が表現過程の記号であると考えられ、前者のいわば受信型記号はアウグスティヌスの本来的な「記号」sign であり、後者のいわば発信型記号はアリストテレスが「話し言葉は魂における受動様態 affections のしるし」（『命題論』*De interpretatione* 1.16a）と述べるところの「しるし」symbol であると見なされるのである。アウグスティヌスは前者の事柄の記号と後者の思考のしるしを区別せず、両者とも「記号」として使用している、というのが難解な議論によってカーワンが提示する内容であろう。[120]

さらに、カーワンは新しい問いを提出する。語り手が彼らの心の衝動を表現し、彼らの意志の記号を与えることに成功する場合、それはどのような方法によるのか。[121] 彼の答えによれば、「魔術のようではあるが決して魔術ではない」言語使用の方法による。[122] 語り手の「心の露呈」が口述表現によって成功するために要請されるものは、第一に、聞き手が魂の露呈を欲する語り手の意志を信じることであり、第二に、聞き手が語り手の口述表現を理解すること、あるいは、語り手が聞き手に理解がもたらされる適切な表現方法を選択すること、と考えられている。[123]

（6）次に、一九九二年にローマで出版された『聖アウグスティヌス全集――キリスト教の教え』の序文で、L・アリーチは「言葉の媒介的役割」la funzione mediatrice del linguaggio が『教師論』と『キリスト教の教え』との間で相違することを主張する。[124]『教師論』では、キリストの内的教師としての概念が十分に展開され、意味の伝達能力の所在は「記号」にあるのではなく、「事柄」に、より正確にいえば、「真理」にあると考えられており、「真理の内面性」という教義に対応する「キリスト論的な土台」が発見されている。[125] これに対し、『キリスト教の教え』では、「言葉の媒介的役割」が修復され、言葉が「すべての被造物について確実な意図の投射」と考えられるようになる。[126]「知恵への前進」が「歴史的に限定され」、「弱さと罪とに道徳的に曝された」人間の状況において追求されるという概念が、『キリスト教の教え』の哲学的土台を形成する。[127]

アリーチは、『教師論』で「記号理論」teoria dei segni と「言語理論」teoria del linguaggio とが最終的に接合されると考えるU・エーコ[128]に同意しながら、記号理論と言語理論と呼ばれる古代の異なる系譜をアウグスティヌスが統一したことを暗示する。[129] 確かに、エーコが述べるように、アウグスティヌスの記号は「言語的記号」i segni linguistici として考えられるが[130]、『キリスト教の教え』では、この「言語的記号」そのものの記号的側面と言語的側面とが問題となろう。さらに、アリーチは、「言語的記号」の主要な能力がすべてを言及することができることと考えるR・シモーネに同意しながら[131]、言語的記号の卓越性を強調する[132]。そして、彼は、キリスト論の個性化にともなって Verbum の使用例の増加がアウグスティヌスの著作に見受けられるとするジョンソンの見解に注目しつつ、『キリスト教の教え』で見いだされる受肉理論の決定的な重要性を強調し、意味論的な可能性をもつ言葉の媒介的役割を主張する[133]。

（7）一方、一九九五年に出版された『De doctrina christiana : 西洋文化の古典』に収録される論文で、J・P・バーンズは『キリスト教の教え』（三九六／三九七年）と『シンプリキアヌスへ』（三九六年）との関連性を指摘する。バーンズによれば、『教師論』の執筆時期を含む回心後の一〇年間のアウグスティヌスは、「自由学芸」を通して「知恵」wisdom に至り、「神の内的現れ」the vision of God を享受するという霊的真理の探究に集中する[134]。しかし、三九一年に司祭に叙階されて以降はじめられたパウロ書簡の研究を通して、アウグスティヌスは「肉的な欲望」と「社会的な野心」を救済に対する障害と認めるに至り、福音説教が受容され回心に至るためには、「個人的気質」に対する「神の包括的な知識の効力性」が必要である、と長い間の解釈的努力の末に認めるようになった[135]。その結果、明白な真理が人間の心を動かすとするプラトン的思想に代わり、「真実で有効な愛」が人間の心を動かし、しかも、この愛は知識に自動的に後続するわけではなく、報酬でない神の賜物である、と考えられるようになる[136]。

バーンズによれば、『シンプリキアヌスへ』第1部第2問は『キリスト教の教え』第2巻に関連づけられる。すなわち、前者の、福音説教が聞き手の心的気質に相応しく与えられることを通して、神は人間の選択意志を、すなわち、神の呼びかけに向けられた応答を統制するという主張が、後者の、不明瞭な聖書箇所の解釈による心的苦闘が読者に与えられることを通して、神は人間の傲慢を矯正するという主張に関連づけられるのである。[137] したがって、「神の恩恵」は観察可能な人間的過程を通して働くことが前提とされる点で、『シンプリキアヌスへ』の「相応しい呼びかけ」と『キリスト教の教え』の「比喩的解釈」の議論は同一の土台を共有しており、[138] それゆえ、『シンプリキアヌスへ』が『キリスト教の教え』に適応された、というのがバーンズの主張である。[139]

（8）これに対し、G・マデック（一九九六年）はアウグスティヌスの一貫性を主張する。マデックによれば、『教師論』でアウグスティヌスは記号の「意味論的機能」と「言葉の直接性」を否定し、意思伝達と認識の可能性を「言語的秩序」にではなく、「形而上学的秩序」に、すなわち、「真理との統一」union à la Vérité に関連づける。[140] したがって、『教師論』で展開されるのは、知性的認識が内的真理への「分有」participation に依存するという「照明」illumination の認識理論である。[141] さらに、マデックは言葉の存在形式が「傲慢」superbia の結果であると考えるドゥフロウを批判し、「言葉の外在化」l'extériorisation de la parole ということにアウグスティヌスの主張を見て取る。[142]

マデックはマイヤーとは異なり、『キリスト教の教え』第1巻で要約される「事柄」res は「プラトン主義的な意味での超越の事柄」ではなく、「神と隣人への愛」であると捉えるH・J・ジーベンに従いつつ、[143]「神と隣人への愛」を聖書の事柄としてキリスト教的な教えと見なす。[144] しかし、マデックは、アウグスティヌスの統一された思想が「永遠的言葉」Verbe éternel と「肉となられた言葉」Verbe fait chair の二重性を含む「キリストの人格」に基礎づけられていると考え、その一貫性を主張しつつ、[145]『教師論』と『キリスト教の教え』との間に言語媒介の差異性を認めない。さらに、マデックによれば、「知識を通して知恵へ」という『キリスト教の教え』の浄化構造は「キリスト教におけるプラトン主義の実現」と見なされる。[146]

（9）最後に、L・フェレッター（一九九八年）は、言葉による知識の非媒介性とその媒介性との衝突が『問答法』（三八七年）で生じ、『教師論』（三八九年）で継続され、『三位一体論』（四〇〇～四一七年）で最終的に解決されたと主張する。[147] フェレッターによれば、『問答法』では、記号がストア学派の命題から単語レベルへ移行され、その結果、単語の多義性が真理認識を妨害するようになる。[148]『教師論』では、言葉は可感的可知的知識に対して媒介となることができず、知識は専ら内的真理に由来するものと考えられており、しかも、内的照明は言葉によって達成されない。[149] フェレッターによれば、「語り手の語り」と「聞き手の学び」とは異なる過程であり、さらに、言葉は語り手の事柄の概念を自動的に表明するものではないため、「聞き手の学び」は自らの指示関係の枠組みの中で語り手の言葉を解釈する行為となる。[150]『三位一体論』では、『キリスト教の教え』と同様に、「語り手の語り」が「受肉」と関連づけられ、[151] 記号と捉えられる言葉というそれまでの理解に対して、受肉に喩えられる言葉という理解によって、記号よりも優先され、記号によって影響されない意味が新たに言葉に付け加えられた。[152] さらに、コミュニケーションで機能する「共感の力」は大きく、適切な意思伝達が確立される最善の手段は、語り手と聞き手とで形成される「愛の絆」the bond of love であると説明される。[153]

以上、記号／言葉の媒介性という問題をめぐる研究史を年代順に見てきた。各研究者の立場を総括すれば、『教師論』と『キリスト教の教え』との間で言語的記号の媒介的役割に差異性を認めない研究者は、ブルンナー、マイヤー、マデックであり、一方、差異性を認める研究者は、ドゥフロウ、ジョンソン、ジョーダン、ルース、加藤、アリーチ、バーンズ、フェレッターであることになる。

三　本書の目的と方法

本書の目的は、『教師論』の「記号によっては何も学ばれない」と『キリスト教の教え』の「事柄は記号を通して学ばれる」との間に言語媒介の差異性が想定されるという立場に立ち、言語の媒介性という問題の探求を通して、アウグスティヌスの聖書解釈学における記号理論と言語理論[154]、および、『キリスト教の教え』の聖書解釈学をめぐる学問的な理解をいっそう前進させることにある。結果として、ジョンソンが述べる未解決の問題[155]、すなわち、『告白』で確認される新プラトン主義的要素とキリスト教的要素との共存性がどこでどのようにして形成されたのか、という問いに対して、一定の所見が獲得されるものと期待される。

本書の方法は、アウグスティヌスの記号と言語をめぐる研究において徐々に明らかにされた二つの特徴に立脚する。すなわち、アウグスティヌスによる言語的記号の議論では、記号理論的な側面と言語理論的な側面が見いだされること、および、聞き手が受け取る構造の受信型記号と語り手が口述表現する構造の発信型記号とでは記号的特徴が相違することである。

本書の方法と関連する重要な諸概念を、上述した研究史をもとに総括すれば、『教師論』と『キリスト教の教え』との両者における記号と言語をめぐり、マイヤーはアウグスティヌスの「記号理論」に変化は見られないと述べ、ドゥフロウは「言語理論」の発展的差異性を主張し、フェレッターは記号理論を凌駕する言語理論を『三位一体論』で見いだし、それが『キリスト教の教え』にも萌芽的に含まれることを暗示する。一方で、ドゥフロウは言語理論が「受信すること」と「伝達すること」から理解される可能性を述べ、ジョーダンは受肉に基礎づけられた「表現的記号」に注目し、フェレッターは「語り手の語り」と「聞き手の学び」とが異なる過程であることを主張する。さらに、カーワンは〈記号—事柄〉関係の視点から記号群を「単語群」と捉え、〈記号—思考〉関係の視点から記号群を「文章群」と理解する。

以上の断片的な諸研究を基礎に、本書では、アウグスティヌスの指示関係〈記号―事柄〉に基づき、単語単位が問題とされる言語的記号の分野を「記号理論」と規定し、さらに、彼の表現関係〈思考―記号〉に基づき、文章単位が問題とされる（記号的）言語の分野を「言語理論」と規定する。

この枠組みの下で、本書の第Ⅰ部では「アウグスティヌスの記号理論」が、第Ⅱ部では「アウグスティヌスの言語理論」がそれぞれ探求される。第Ⅰ部の第一章では『教師論』における認識理論を考察し、第二章では『問答法』で展開されるアウグスティヌスの記号理論がストア学派の記号論と言語論との総合であることを論じ、第三章では『キリスト教の教え』における記号理論の三極構造を探求する。第Ⅰ部の研究を通して、マイヤーが主張するように、アウグスティヌスの記号理論が一貫したものであることを明示したい。

もし『教師論』と『キリスト教の教え』との間に言語媒介の差異性が認められるならば、当然、その原因が問題となる。確かに、司祭叙階によって劇的に変化したアウグスティヌスの「生活の座」がその原因であると説明することができる[156]。しかし、我々の関心はむしろ「生活の座」の変化を起点として生じたアウグスティヌスの思想的あるいは神学的な発展性にある。加藤は、三八八～三九六年の間にアウグスティヌスが思想的な「一つの回転」を経験したであろうと主張する。一方、バーンズは、『キリスト教の教え』の聖書解釈学が『シンプリキアヌスへ』第1部第2問の回心構造の「相応しい呼びかけ」概念に見受けられる思想的転換から影響を受けていると主張する。本書では、『教師論』から『キリスト教の教え』へ至る思想的展開がアウグスティヌスの言語理論に属するものであると捉え、その原因と思われる思想的転換が『シンプリキアヌスへ』の回心構造における「相応しい呼びかけ」概念の発見に見いだされるという立場に立つ。

この仮説的構造の下で、第Ⅱ部では『教師論』から『キリスト教の教え』へ至る言語理論的な発展性が辿られ、『シンプリキアヌスへ』の思想的転換がどのように『キリスト教の教え』に影響しているのか、が探求される。第四章で『教師論』の主題の一つが「記号によっては何も学ばれない」であることを確認し、その『キリスト教の教え』から『三位一体論』へ連なる受肉に基づく言語理論との明確な差異性を明らかにした後、第五章で『シンプリキアヌスへ』の回心構造における恩恵概念の転換を突き止め、その『キリスト教の教え』序論との連続性を探究する。第Ⅱ部の研究を通して、『教師論』と『キリスト教の教え』との間で言語理論が互いに相違し、その原因が『シンプリキアヌスへ』で発見されたアウグスティヌス特有の恩恵概念の影響であることを明示したい。

　加藤は、新プラトン主義的な登高構造が『キリスト教の教え』で保持されるものの、「解釈の道」と「隣人愛の段階」という新たな段階が追加されていることに注目する。『キリスト教の教え』の登高構造のうち「知識」scientia の第三段階は聖書解釈と捉えられ、そこでは、聖書の基軸的内容として「神と隣人への愛」の理解が要請されているので（1.35.39–1.36.40）、加藤の注目する迂回の道は、結局、聖書解釈を通して理解され、かつ、実践される「神と隣人への愛」と内容規定される。

　この構造が参考されつつ、第Ⅲ部では『キリスト教の教え』の聖書解釈学そのものが探求される。第六章では字義的解釈と比喩的解釈の選別基準である解釈のクライテリアとそのキリスト教共同体との関係性を扱う。すなわち、解釈のクライテリアである「神と隣人への愛」および「神と隣人への知」の特性を明らかにし、そのキリスト教共同体との関係性を探る。第七章では「知恵」sapientia の最高段階へ上昇する七段階の生の展開において、「知識」scientia の第三段階に属すると見なされる聖書解釈の役割、すなわち、聖書言語の媒介性が生の展開にどのように作用するのか、という問題を探求する。第Ⅲ部の研究を通して、『キリスト教の教え』の聖書解釈学そのものの特性を明らかにし、聖書言語の解釈行為が共同体と個人の生に作用する効力性を明示したい。

注

（1）アウグスティヌスの初期著作群と呼ばれるものには、次のテキストが含まれる。回心後間もなくして受洗以前に書かれたカッシキアクム対話編（三八六／三八七年）である『アカデミア派駁論』*Contra Academicos*、『幸福な生』*De beata uita*、『秩序論』*De ordine*、『独白』*Soliloquia* に始まり、受洗直後に書かれた『魂の不滅性』*De immortalitate animae*（三八七年）や『魂の偉大性』*De quantitate animae*（三八七／三八八年）を経て、司祭叙階直前に書かれた『教師論』*De magistro*（三八九年）までの著作。

（2）Cf. Gaston Boissier, "La conversion de saint Augustin," *Revue de Deux Mondes* 85 (1888): 43-69 (repr. *La fin du paganism: Étude sur les dernières luttes religieuses en Occident au quatrième siècle* [Paris: Hachette et Cie, 1891], 339-379). Boissier は初期著作群で描き出されるアウグスティヌス像と『告白』で表出される回心者像との差異性を指摘する。ちなみに、A. von Harnack と Boissier との論争を皮切りに、アウグスティヌスの回心論争が生じている（片柳栄一『初期アウグスティヌス哲学の形成』、東京、創文社、一九九五年、4-9参照）。初期著作群と『告白』との間に見受けられる文学表現的な差異性はジャンルの違いという視点のみによっては説明されえないように思われる。金子晴勇は「心」という観点からそれらの差異性を指摘する。「「心」概念がもっている独特な実存的性格は『告白』においてはじめてもっとも意味深い概念として明確に表明されている。これがいかなる原因によるかは不明であるが……」（金子晴勇『アウグスティヌスの人間論』、東京、創文社、一九八二年、229頁）。

（3）C. Kannengiesser によれば、三八八年秋から三九一年春の二年半に及ぶタガステの滞在中に、アウグスティヌスは聖書研究に励んだことが見込まれ、さらに確実なことに、三九一年にヒッポの司祭に叙階された直後、アウグスティヌスはヒッポの司教ヴァレリウスに聖書を研究するための休暇を願い出ている（Charles Kannengiesser, "The Interrupted *De doctrina christiana*," in De doctrina christiana: *A Classic of Western Culture* [ed. D. W. H. Arnold and P. Bright; Notre Dame and London: University of Notre Dame Press, 1995], 3-13, esp. 3）。

（4）以降、斜線（／）を「あるいは」の意味で、波線（～）を年代継続の意味で使用する。

（5）『シンプリキアヌスへ』第1巻の第1問は「ローマ書」7章の解釈であり、第2問は9章の解釈である。

（6）以上の執筆順序は、自らの著作に執筆順に修正を加えた晩年の『再考録』*Retractationes*（四二六／四二七年）に従った。また、著作の執筆時期は、主にFitzgerald等による編集の*Augustine through the Ages*に従った（Allan D. Fitzgerald, et al., ed., *Augustine through the Ages: An Encyclopedia* [Grand Rapids and Cambridge: William B. Eerdmans Publishing Company, 1999], xliii–il）。

（7）『キリスト教の教え』*De doctrina christiana*のうち、多少の年代的誤差はあるものの、第1～3巻途中（25.35）までが三九六／三九七年に、第3巻の残りの部分と第4巻が四二六／四二七年に執筆されたと一般に考えられている。

（8）Cf. *De magistro* 10.33（Corpus Christianorum, Series Latina 29, 192）: quod si diligentius consideremus, fortasse nihil inuenies, quod per sua signa discatur（しかし、もし我々がよりいっそう注意深く調べるならば、おそらく、あなたはその記号を通して学ばれることは何もないことを発見するだろう）. 以降、Corpus Christianorum, Series Latina（Turnhout: Brepols, 1953–）をCCSLと略記し、CCSL巻号の直後にページ数を記載する。『教師論』の翻訳に当たり、Peter King訳、J. H. S. Burleigh訳、Burkhard Mojsisch訳、茂泉昭男訳を参照した。なお、本書における引用文の翻訳は、翻訳者名を特記しない限り、すべて筆者によるものである。

（9）*De doctrina christiana* 1.2.2（CCSL 32, 7）: Omnis doctrina uel rerum est uel signorum, sed res per signa discuntur.『キリスト教の教え』の翻訳に当たり、R. P. H. Green訳、D. W. Robertson訳、Edmund Hill訳、J. F. Shaw訳、Madeleine Moreau訳、Karla Pollmann訳、Vincenzo Tarulli訳、Balbino Martín訳、加藤武訳を参照した。なお、本文中に挿入されるラテン語は、CCSLとの表記的統一を図るため、'v'を'u'として、'j'を'i'として表記する。

（10）本文中に挿入した原語は、原文が強調される場合を除き、名詞を主格形として、形容詞を主格男性形として、動詞を不定形として表示する。

（11）Franz Xaver Eggersdorfer, *Der heilige Augustinus als Pädagoge und seine Bedeutung für die Geschichte der Bildung*（Freiburg im Breisgau: Herdersche Verlagshandlung, 1907）, 145. この著作を直接参照することはで

きなかった。以下の論文を参照されたい。Eugene Kevane, "Augustine's *De doctrina christiana*: A Treatise on Christian Education," *Recherches Augustiniennes* 4 (1966): 97–133, esp. 106.

(12) Henri-Irénée Marrou, *Saint Augustin et la fin de la culture antique* (4th ed; Paris: Éditions E. de Boccard, 1958), 413. 初版は一九三八年に出版された。

(13) E. Hill, "*De doctrina christiana*: A Suggestion," *Studia Patristica* 6 (1962): 443–446, esp. 445–446.

(14) Kevane, "Augustine's *De doctrina christiana*: A Treatise on Christian Education," 102.

(15) L. M. J. Verheijen, "Le De Doctrina Christiana de saint Augustin," *Augustiniana* 24 (1974): 10–20, esp. 12–13.

(16) George A. Kennedy, *Classical Rhetoric and its Christian and Secular Tradition from Ancient to Modern Times* (2nd ed.; Chapel Hill and London: University of North Carolina Press, 1999), 180–182. 初版は一九八〇年に出版された。

(17) Gerald A. Press, "The Content and Argument of Augustine's *De Doctrina Christiana*," *Augustiniana* 31 (1981): 165–182, esp. 167–168, 181.

(18) Ibid.

(19) Ibid., 181–182.

(20) １９９５年に出版されたDe doctrina christiana: *A Classic of Western Culture* に掲載される論文の中で、C. Schäublin は「さらに、学者たちは『キリスト教の教え』が実際何について書かれているのか確証が持てない。結果として、彼らはその意図された読者を決定することもできない」と述べるのであるが、研究史の概観把握のために勧められる文献は依然として Press 論文に留まる。Schäublin は『キリスト教の教え』の主題を「聖書の取り扱い方法に関するある教え」praecepta quaedam tractandarum scripturarum (prooemium 1) と理解し、第1～3巻で「発見方法」inuentio、第４巻で「表現方法」elocutio が扱われると捉え、Kevane や Verheijen や Press に基本的に同意する (Christoph Schäublin, "*De doctrina christina*: A Classic of Western Culture?" in De doctrina christiana: *A Classic of Western Culture* [ed. D. W. H. Arnold and P. Bright; Notre Dame and London: University of Notre Dame Press, 1995], 47–67, esp. 47–48)。

(21) Eggersdorfer, 118; cf. Kevane, "Augustine's *De doctrina christiana*," 123.

(22) Charles Sears Baldwin, *Medieval Rhetoric and Poetic* (*to 1400*) *: Interpreted from Representative Works* (New York: The Macmillan Company, 1928), 72; cf. Gerald A. Press, "The Subject and Structure of Augustine's *De Doctrina Christiana*," *Augustinian Studies* 11 (1980): 99–124, esp. 101 n. 9.

(23) Marrou, 146, 556–557.

(24) Eugene Kevane, "Paideia and Anti-Paideia: The *Prooemium* of St. Augustine's *De doctrina christiana*," *Augustinian Studies* 1 (1970): 153–180, esp. 160; idem, "Augustine's *De doctrina christiana*," 124.

(25) Verheijen, 19.

(26) Press, "The Subject and Structure," 101.

(27) R. P. H. Green, ed. and trans., *Augustine*: De Doctrina Christiana (Oxford: Clarendon Press, 1995), ix–x.

(28) 加藤武は『キリスト教の教え』の補説で表題について次のように述べる。「*De dectrina christiana* を『キリスト教の教え』と訳した。一「キリスト教教育」、二「キリスト教学」(「キリスト教文化」)、三「キリスト教教程」、四「キリスト教教理」など諸訳が考えられる。この中で一はキヴェイン(＝ケヴァイン)が支持し、二はマルー以来支持者がいる。しかし『教え』となぜ訳すのか。それは、doctrina を docere から由来すると考え、アウグスティヌスにおいて docere が単に教えることにつきず、(1) 人を通して神が教えるという二重構造をもつこと、(2) docere はより厳密には伝達することを意味することの理由による。『キリスト教の伝達について』と訳しても差支えないしむしろ原意を表わしている。しかし漠然とするきらいはあるが、日本語の語感もあわせ考慮してここでは『キリスト教の教え』とした。三と四は狭義に限定しすぎるのでとらないし支持者はほとんどない。二は有力であるが、ヴェルヘイエン(＝フェルハイエン)の文献学的研究は、学問の意味で、doctrina が用いられるのは二一回中五回のみで、それも第二巻の第三部の本筋をそれた箇所にのみ集中しているところから斥けた。訳者もこれに従う。一は教えと重なる。教えは教育の意味を加味している」(加藤武訳『アウグスティヌス著作集6　キリスト教の教え』、東京、教文館、一九八八年、425)。

(29) Verheijen, 10.

(30) Kevane, "Augustine's *De doctrina christiana*," 121.

(31) Verheijen, 10.

（32）Marrou, 413.
（33）Kevane, "Augustine's *De doctrina christiana*," 128.
（34）Hill, 444–446.
（35）Verheijen, 10.
（36）加藤『アウグスティヌス著作集6　キリスト教の教え』、282–283.
（37）Marrou, 391 n. 1.
（38）Peter Brunner, "Charismatische und methodische Schriftauslegung nach Augustins Prolog zu De doctrina christiana," *Kerygma und Dogma* 1（1955）: 59–69, 85–103, esp. 85.
（39）ヨハネス・カッシアヌスは反ペラギウス論争をめぐる東方教会の代表者と見なされる人物で、反ペラギウス主義者でありながら、自由意志に対して罪の深刻な影響を主張するアウグスティヌスの主張にも同意しない。
（40）Ulrich Duchrow, "Zum Prolog von Augustins De Doctrina Christiana," *Vigiliae Christianae* 17（1963）: 165–172, esp. 167; cf. idem, *Sprachverständnis und biblisches Hören bei Augustin*（Tübingen: J. C. B. Mohr, 1965）, 206–207.
（41）Cornelius Mayer, "«Res per signa». Der Grundgedanke des Prologs in Augustins Schrift *De doctrina christiana* und das Problem seiner Datierung," *Revue des Études Augustiniennes* 20 1/2（1974）: 100–112, esp. 104.
（42）Kevane, "Paideia and Anti-Paideia," 163.
（43）ティコニウスは四世紀後半の北アフリカに生きた人物で、四世紀から五世紀はじめにかけて北アフリカで勢力を振るったドナトゥス派に属した。しかし、アウグスティヌスが属した主流派との論争では、終始曖昧な態度を貫き、その神学的立場は反ドナトゥス的であるとも思われる（cf. Willam S. Babcock, trans., *Tyconius: The Book of Rules* [Atlanta: Scholars Press, 1989], xi）。
（44）Kannengiesser, "The Interrupted *De doctrina christiana*," 7.
（45）Tarmo Toom, *Thought Clothed With Sound: Augustine's Christological Hermeneutics in* De doctrina Christiana（Bern: Peter Lang, 2002）, 77.
（46）*Retractationes* 2.1–2.4.

（47）『キリスト教の教え』第1～3巻の執筆時期をめぐる研究者の意見は年代順に次のように整理される。M. I. Bogan は三九六／三九七年とし（Mary Inez Bogan, trans., *Saint Augustine, The Retractations* [Washinton, D. C.: The Catholic University of America Press, 1968], 126）、Kevane は三九七年とし（Kevane, "Paideia and Anti-Paideia" [1970], 163）、茂泉は三九七年と結論づけ（茂泉昭男『アウグスティヌス研究』、東京、教文館、1987年、541–543）、P・Grech は三九七年頃と推定し（Prospero Grech, "Introduzione generale IV: Principi ermeneutici di Sant'Agostino nel «*De Doctrina Christiana*»," in *Opere di Sant'Agostino, La doctrina christiana* [Rome: Città Nuova Editrice, 1992], LXI–LXXII, esp. LXI）、Kannengiesser は三九六／三九七年とし（Kannengiesser [1995], 5）、K. B. Steibauser は三九七年の可能性を示唆し（Kenneth B. Steinhauser, "Codex Leningradensis Q. v. I. 3: Some Unresolved Problems," in De doctrina christiana: *A Classic of Western Culture* [Notre Dame and London: University of Notre Dame Press, 1995], 33–43, esp. 38）、Fitzgerald らは三九六年と推定する（Fitzgerald, ed., *Augustine through the Ages* [1999], xliv）。ここでは、『キリスト教の教え』第1～3巻の執筆時期を Bogan 等に従って三九六／三九七年とする。

（48）Kannengiesser によれば、ティコニウスの『規則の書』は、アウグスティヌスがヨーロッパから帰還した三八八年以前のあまり遡らない時期にカルタゴで出版されたと推定される（Kannengiesser, 7）。

（49）Hill, 445.

（50）Eugene TeSelle, *Augustine the Theologian*（London: Burns and Oates, 1970）, 185.

（51）Kannengiesser, 5, 7–8.

（52）R. Teske によれば、『書簡』38は三九七年にヒッポの司祭からキルタの司教となったプロフトゥルスに送られた書簡である（Roland Teske, trans. and notes, *Letters* 1–99 [The Works of Saint Augustine II/1; New York: New City Press, 2001], 145）。

（53）*Epistola* 38.1（PL 33）: Nec ambulare enim, nec stare, nec sedere possum, ...

（54）Steinhauser, "Codex Leningradensis Q. v. I. 3," 38–39.

（55）Duchrow, "Zum Prolog von Augustins De Doctrina Christiana," 169–170; cf. idem, *Sprachverständnis und biblisches Hören bei Augustin*, 206–207.

(56) Kevane, "Paideia and Anti-paideia," 176–177.

(57) Mayer, "«Res per signa»," 108. Mayer は、William M. Green の論文"A Fourth-Century Manuscript of Saint Augustine?" *Revue Bénédictine* 69 (1959): 191–197を引用する。

(58) Mayer, 108; Steinhauser, 33.

(59) Steinhauser, 41. レニングラード写本のタイトルは「シンプリキアヌスの問いに答えて、アウレリウス・アウグスティヌスの［著作集］」*Aurelii Augustini ad interrogata Simpliciani* であると報告される (Steihauser, 40)。

(60) Steinhauser, 34–37.

(61) Mayer, 108.

(62) Toom, 74–75.

(63) Press, "The Subject and Structure," 100–101.

(64) James J. O'Donnell, "*Doctrina christiana, De*," in *Augustine through the Ages: An Encyclopedia* (Grand Rapids and Cambridge: W. B. Eerdmans, 1999), 278–280, esp. 279: It is a fact that the last, added, part of book 3 seems schematic and mechanical, listing as it does the seven interpretative rules of Tyconius the Donatist.

(65) Hans-Georg Gadamer, *Hermeneutik I: Wahrheit und Methode* (7th ed.; Tübingen: Mohr Siebeck, 1960, 2010), 169: Die klassische Disziplin, die es mit der Kunst des Verstehens von Texten zu tun had, ist die Hermeneutik.

(66) Cf. Kathy Eden, *Hermeneutics and the Rhetorical Tradition: Chapters in the Ancient Legacy and Its Humanist Reception* (New Haven and London: Yale University Press, 1997). Eden はラテン教父の聖書解釈の方法を'Patristic Hermeneutics' と表現する (41–63)。

(67) Brunner, "Charismatische und methodische Schriftauslegung," 85.

(68) Ibid., 89–90.

(69) Ibid., 90–91.

(70) Ibid., 99.

(71) Ibid., 101.

(72) Ibid., 102.
(73) Ibid., 103.
(74) Ulrich Duchrow, "" Signum " und " superbia " beim jungen Augustin (386–390)," *Revue des Études Augustiniennes* 7 4/4 (1961): 369–372, esp. 370: dass wir durch körperliche Zeichen, insbesondere durch Worte, nichts lernen, sondern nur auf die Sache selbst aufmerksam gemacht werden, dass dagegen diese res ipsa nur durch sinnliche oder geistige Anschauung erkannt wird.
(75) Ibid., 369–370.
(76) Ibid., 370.
(77) Duchrow, *Sprachverständnis und biblisches Hören bei Augustin*, 211–212.
(78) Ibid., 212: Dort wurde das Wort zum willkürlichen Zeichen degradiert, um den Gabecharakter der Wahrheit durch Direkteingriff Gottes zu sichern, ...
(79) Ibid., 212.
(80) TeSelle, *Augustin the Theologian*, 185.
(81) Ibid., 185.
(82) Ibid., 207. テセールは参照テキストとして *Ad Simplicianum* 2.2.3 を挙げる。
(83) Pierre Courcelle, *Recherches sur les «Confessions» de saint Augustin* (Paris: E. de Boccard, 1950), 138, 168–174, 253 (Johnson による参照箇所).
(84) Douglas W. Johnson, "*Verbum* in the early Augustine (386–397)," *Recherches Augustiniennes* 8 (1972): 25–53, esp. 25.
(85) Cf. Gadamer, *Hermeneutik I: Wahrheit und Methode*, 422–428.
(86) Johnson, 26.
(87) Ibid., 47–48.
(88) Ibid., 48.
(89) Ibid., 52.

(90) Ibid.

(91) Ibid.

(92) Mayer, "«Res per signa»," 100–101.

(93) Ibid., 103.

(94) Ibid., 104.

(95) Ibid., 104, 106.

(96) Ibid., 107.

(97) Ibid., 109, 112.

(98) Mark D. Jordan, "Words and Word: Incarnation and Signification in Augustine's *De Doctrina Christiana,*" *Augustinian Studies* 11 (1980): 177–196, esp. 184.

(99) Ibid., 184.

(100) Ibid., 188, 190.

(101) Ibid., 191: The sense of Scriptural words is grounded in the Word's taking flesh and reaching out to men.

(102) Ibid., 187.

(103) Ibid., 191.

(104) Ibid.

(105) Gerard Watson, "St. Augustine's Theory of Language," *The Maynooth review* 6 (1982): 4–20, esp. 16.

(106) Ibid., 17.

(107) Ibid., 18.

(108) Andrew Louth, "Augustine on Language," *Literature and Theology* 3 2/3 (1989): 151–158, esp. 152.

(109) Ibid., 153.

(110) Ibid.

(111) Ibid., 157–158.

(112) Ibid., 158.

(113) 加藤武「*De Doctrina Christiana*（II, vii, 9–12）における迂路について」、『立教大学研究報告〈人文科学〉』第四四号、一九八五年、26–44、特に32–33頁。上記論文は加藤『アウグスティヌスの言語論』（東京、創文社、一九九一年）の230～250頁に再掲載される。
(114) Ibid., 36, 40.
(115) Ibid., 40–41.
(116) Christopher Kirwan, *Augustine: The Arguments of the Philosophers* (London and New York: Rouledge, 1989, 1991), 40.
(117) Ibid.
(118) Ibid., 37.
(119) Ibid., 40–41.
(120) Ibid., 54.
(121) Ibid., 46.
(122) Ibid.
(123) Ibid.
(124) Luigi Alici, "Introduzione generale II: I segni e il linguaggio," in *Opere di Sant'Agostino, La doctrina christiana* (Rome: Città Nuova Editrice, 1992), XX–XL, esp. XXIX.
(125) Ibid., XXV.
(126) Ibid., XXIX.
(127) Ibid., XXVII.
(128) Umberto Eco, *Semiotica e filosofia del linguaggio* (Trino: Einaudi, 1984, 1996), 32: nel *De magistro*, Agostino opererà definitivamente la saldatura fra teoria dei signi e teoria del linguaggio.
(129) Alici, XXV.
(130) Eco, 32.
(131) Raffaele Simone, "Semiologia Agostiniana," *La Cultura, Rivista trimestrale diretta da Guido Calogero* 7

(1969) : 88–117, esp. 97 : a differenza degli altri segni, quello linguistico ha la capitale capacità di poter dire tutto (*quaecumque*, etc.), ...

(132) Alici, XXXVI–XXXVII.

(133) Ibid., XXIX–XXXI, XXXVI.

(134) J. Patout Burns, "Delighting the Spirit : Augustine's Practice of Figurative Interpretation," in De doctrina christiana : *A Classic of Western Culture* (Notre Dame and London : University of Notre Dame Press, 1995), 182–194, esp. 183.

(135) Ibid., 184.

(136) Ibid.

(137) Ibid., 185.

(138) Ibid., 188.

(139) Ibid., 185.

(140) Goulven Madec, *Saint Augustin et la philosophie* (Paris : Institut d'Études Augustiniennes, 1996), 54–55.

(141) Ibid., 56.

(142) Ibid., 59.

(143) Hermann-Josef Sieben, "Die «res» der Bibel. Eine Analyse von Augustinus, *De doctr. christ.* I–III," *Revue des Études Augustiniennes* 21 (1975) : 72–90, esp. 89.

(144) Madec, 81.

(145) Ibid., 121 ; cf. Goulven Madec, "Christus, scientia et sapientia nostra. Le principe de coherence de la doctrine augustinienne," *Recherches Augustiniennes* 10 (1975) : 77–85, esp. 82.

(146) Madec, *Saint Augustin et la philosophie*, 123–124.

(147) Luke Ferretter, "The Trace of the Trinity : Christ and Difference in Saint Augustine's Theory of Language," *Literature and Theology* 12 3/4 (1998) : 256–267, esp. 256.

(148) Ibid., 257–258.

（149）Ibid., 259.
（150）Ibid., 260.
（151）Ibid., 261.
（152）Ibid., 262.
（153）Ibid., 265.
（154）現代の多くの研究者は、厳密な意味で学問的分析と一般に認められない近代以前の記号と言語をめぐる分析をそれぞれ semiotics（記号論）ではなく the theory of signs と、linguistics（言語学）ではなく the theory of language と表記する。本書では、アウグスティヌスの記号と言語をめぐる分析を専門的学問とは捉えず、前者を「記号理論」、後者を「言語理論」と呼ぶ。これに対し、ストア学派の分析のように、専門的学問と一般に見なされる記号と言語に関する分析をそれぞれ「記号論」semiotics、「言語論」linguistics と呼ぶ。
（155）Johnson, 25.
（156）Cf. Yoshichika Miyatani, "Grundstruktur und Bedeutung der Augustinischen Hermeneutik in *De doctrina christiana*," *Kwansei Gakuin University Annual Studies* 22（1973）: 1–14, esp. 14.

第Ⅰ部　アウグスティヌスの記号理論

アウグスティヌスは自己の著作活動の前期から中期にかけて、記号理論的観点から言語にアプローチし、言語の記号理論ともいうべき手法を打ち立てる。彼は、三八七年の『問答法』*De dialectica* で、それまで主に論理学として扱われてきた記号理論を言語に適用し、三八九年の『教師論』*De magistro* で、「教えること」と「学ぶこと」における言葉の役割を記号理論的観点から検討し、三九六／三九七年の『キリスト教の教え』*De doctrina christiana* では、言語の記号理論を聖書解釈学に適用する。

第Ⅰ部の目的は、アウグスティヌスの記号理論の特性を明らかにすることである。すなわち、『キリスト教の教え』がもつ記号理論の構造を、『問答法』と『教師論』の記号理論の特性を土台に解明することである。この目的を達成するためには、第一に、『教師論』で扱われる照明による内的認識と対比される外的言語の役割を捉え、第二に、『問答法』の記号理論的な独自性を把握し、その上で、第三に、『キリスト教の教え』がもつ記号理論の三極構造を分析する必要がある。

そこで、第一章では、『教師論』の記号理論を『問答法』やアリストテレスの記号論と比較し、前者の特性を探究する。また、内的教師である照明がもつ外的教師の言葉に対する認識論的優位性だけでなく、アウグスティヌスの記号理論がもつ三極構造についても論じる。

第二章では、『問答法』の記号理論をストア学派の論理学、特に、その言語論および記号論と比較することによって、アウグスティヌスの記号理論がもつ独自性を探究する。また、アウグスティヌスの記号理論はストア学派の言語論と記号論を統合した理論であり、意味の担い手が主張文から単語単位に移行されることを論じる。

第三章では、『キリスト教の教え』がもつ記号理論の三極構造を扱い、研究者の諸見解を検討する。また、受信型記号は指示関係〈記号―事柄〉から捉えられるのに対し、発信型記号は表現関係〈思考

―音声〉から説明され、さらに、内的言語（思考）と口述表現の関係性が受肉関係〈神の言葉―キリストの受肉〉から把握されることを論じる。

第Ⅰ部の研究を通して、『キリスト教の教え』において聖書解釈学に適用された記号理論が抱活的に理解されることになろう。アウグスティヌスの記号理論の特性を明らかにすることによって、それが有効に機能する適用範囲が自ずと限定されるはずである。

第一章　『教師論』の記号理論

第一節　問題と方法

アウグスティヌスの記号理論をめぐる包括的な理解を得るためには、『教師論』*De magistro*（以降、*DM*と略す）[1]の研究が極めて重要である。一七世紀以降に、アウグスティヌスの真作性が疑われた『問答法（弁証法）』*De dialectica*（以降、*DD*と略す）[2]を彼の著作と考えるにしても、アウグスティヌスの記号理論の特徴をぬきんでて示すものは、後の『キリスト教の教え』*De doctrina christiana*（以降、*DDC*と略す）を除けば、『教師論』以外にない。アウグスティヌスは『問答法』（三八七年）で自由学芸についての関心から、あるいは、修辞学の専門的な関心から言語に適用される記号理論を論じ、『教師論』（三八九年）では「教えること」docereと「学ぶこと」discere[3]という教育的関心から、神学的見地[4]に立って記号理論を論じる。問題となるのは、第一に、『教師論』ではアウグスティヌスの記号理論の構造がどのように捉えられるのか、であり、第二に、プラトン主義的神学ともいえる照明説の優位性の下で、記号としての言語がどのように位置づけられるのか、である。

これらの問題を解決するために、本章では、第一に、『教師論』を記号理論と照明説を中心に概括し、第二に、『問答法』との対比から、第三に、アリストテレスの『命題論』*De interpretatione*[5]との対比から、『教師論』がもつ記号理論のアウグスティヌス的構造を把握する。その後、事柄中心性を有する照明説と言語的記号との関係性を探求する。

第二節　『教師論』の概略

はじめに、『教師論』を概略的に把握したい。ここでは、記号理論と照明説、言葉と思考の乖離、真の内的教師、および、単語単位としての記号について述べたい。

一　記号理論と照明説

『教師論』の問いは、聞き手が語り手の言葉によって「学ぶ」discereことは可能か否か、というものである。この観点から、〈記号―事柄〉関係を基軸とする記号理論が導入される。では、『教師論』において、記号と言葉はどのように説明されるのか。第一に、「記号」signumとは何か。それは「何かを指示する」significare すべて[6]」と定義される（*DM* 4.9, cf. 2.3）[7]。対象を指示する「指」や「ジェスチャー」も記号に含まれるが（3.5～3.6）、最も有用な記号は「言葉」uerbaである（2.3）[8]。アウグスティヌスの記号理論で一貫する点は、「指示するもの」と「指示されるもの」の関係性から「記号」が捉えられることにある[9]。たとえば、指示されるものとしての「書き言葉」が指示するものとしての「話し言葉」の「記号」であるように（4.8）。では、「言葉」とは何か。それは「文節化された音声 uox articulata によって、何らかの指示内容 significatum をともないながら言及されるすべて」[10]と定義され（4.9）、「記号」の下部範疇に属する（7.20）。

他方、「事柄」res はどのように説明されるのか。それは「記号によって指示される significari ことができ、しかも記号でないもの」[11]であり（4.8）、「指示可能なもの」significabilia とも表現される（4.8）。たとえば、「名詞」nomen が「可聴的記号の可聴的記号」audibile signum signorum audibilium と呼ばれるのに対し、「川」fluuius が「可視的事柄の可聴的記号」audibile signum rerum uisibilium と「徳」uirtus が「可知的事柄の可聴的記号」audibile signum rerum intellegibilium と呼ばれる（4.8）。すなわち、「事柄」とは可感的、および、可知的なリアリティーと考えることができる。したがって、「（すべての）言葉が記号である」（2.3, 7.19）[12]と表現されることが言葉と記号の関係を規定し、リアリティーとしての「事柄」が「記号によって指示されることができ、しかも記号でないもの」（4.8）と説明されることが記号と事柄の関係を規定する。

では、『教師論』において、記号理論はどのように扱われるのか。次の三つの範疇に分類して議論される。すなわち、第一に、記号が記号によって指示される場合、第二に、事柄が行為によって指示される場合、第三に、事柄が記号によって指示される場合である（4.7）[13]。『教師論』で記号そのものがはじめに取り上げられる理由は、アウグスティヌスの関心が理解する過程における言葉の役割にあるからであろう（cf. 8.21）。アウグスティヌスが認めるように（8.21）、第一の議論はパズルのような言葉遊びに終始し、第二の議論では第三の議論の準備として「見ること」による事柄の理解が確保されているにすぎない[14]。記号理論の観点から特に重要であるのは、言葉を通して学ぶことの可能性が論じられる第三の議論、すなわち、「事柄」が「記号」によって指示される場合が扱われるアウグスティヌスの独白部分（10.32〜14.46）である。

アウグスティヌスは「彼らのサラバラエは変わらなかった」et sarabarae eorum non sunt commutatae というダニエル書を引用し、[15] 難語である「サラバラエ」sarabarae が聞き手によってどのように聞かれるのか、という問題を分析する（10.33）。「サラバラエ」が未知の場合、未知の記号自体に指示物を教示する力はない。他方、「サラバラエ」が既知の場合、この言葉の指示物をめぐる「知」notitia はそれらが「見られた」uiderentur がゆえに形成されたと説明される。すなわち、「学ぶ」discere という出来事は、指示する働きをする「記号」によって生じるのではなく、指示物が「見られること」aspectus によって生じると考えられている。換言すれば、「記号が学ばれる」のは「記号が与えられる」ときではなく、「事柄が知られる」ときである。また、言語的記号によって「音声」sonus と「指示内容」significatio という二つの要素が聞き手に伝達されるのであるが、「音声」が知覚されるのはそれが「耳を打つ」ことによってであり、「指示内容」が伝達されるのはそれが「見られる」ことによって既に知覚されているからである（10.34）。したがって、聞き手が事柄を学ぶときに信頼するものは、語り手の言葉ではなく、自分自身の目であると理解される（10.35）。

事柄の対象は「可感的なもの」sensibilis と「可知的なもの」intellegibilis とに分類される（12.39）。対象が可感的なものの場合、事柄は「目」oculus や「身体的感覚」corporis sensus によって知覚され（11.36）、対象が可知的なものの場合、「理性」ratio によって「内的真理」interior ueritas[16] の助言を通して理解される（12.39）。したがって、これが「知」cognitio/notitia の獲得過程ということになる。

では、言葉の役割とは何か。既知の言葉が話される場合、指示内容としての事柄が聞き手に思い起こされ、未知の言葉が話される場合、その指示対象への探求が聞き手に勧められる（11.36）。すなわち、言葉の役割は「教える」ことにあるのではなく、聞き手に思い起こさせることと聞き手に探求を勧めることにある。アウグスティヌスの理論によれば、「言葉の知」uerborum cognitio が獲得されるのは、身体的感覚や理性を通して認識された事柄の理解を基礎に、言葉とその指示内容との関係性、すなわち、〈記号―事柄〉関係が内的に成立するときである（11.36）。したがって、言葉の把握は〈記号―事柄〉関係の内的把握に基礎づけられることになる。[17]

一方で、既知の言葉が話される場合、聞き手は自らの記憶の内に蓄えられた「イメージ」imago から学ぶ（12.39）。すなわち、事柄が見られることで「記憶」memoria に「印象づけられる」impressus ことによって蓄積されたイメージを「記憶の奥の間」memoriae penetralis にもつ聞き手が、聞かれた既知の言葉を契機にその言葉に対応するイメージを記憶から思い起こすことで学ぶ。

他方で、未知の言葉が話される場合、語り手の言葉を信じる聞き手は何かに助言を求めるように動かされる（12.39）。対象の事柄が可感的なものの場合、聞き手は「身体的知覚」を通して「光」lux や「この世界の要素」elementa huius mundi に助言を求め、対象の事柄が可知的なものの場合、聞き手は「理性」ratio を通して「内的真理」interior ueritas に助言を求める。したがって、対象が可感的に見られる事柄である場合、目によって見られることが端的に要請され、この場合、可感的事柄を教えるものは外的な光である。これに対し、可知的事柄を真に教える方は「内的人間に住まわれる方」qui in interiore homine habitare、すなわち、「キリスト」Christus と呼ばれる「不変な神の力」incommutabilis dei uirtus なる方であり「永遠の知恵」sempiterna sapientia なる方である（11.38）。換言すれば、可知的対象は「真理の内的光」interior lux ueritatis の下で「内密で純粋な目」secretus ac simplex oculus によって見られる事柄である。[18] このように、「精神」mens において、すなわち、「知性」intellectus や「理性」ratio を通して、所謂「内的人間」homo interior が「照らされ」illustrari、この「観想」contemplatio の結果、喜びをともなった可知的対象の理解に至るものと説明される（12.40）。[19]

これが所謂アウグスティヌスの「照明説」である。[20]『幸福な生』（三八六／三八七年）の「かの隠された太陽」sol ille secretus[21]や『独白』（三八六／三八七年）の「〔学問的論証〕[22]の太陽のような何か」alius quasi suus sol[23]などの表現に見受けられるように、精神を照らす「内的光」が神の働きとして捉えられるというアウグスティヌスの着想は、プラトンの認識論、特に、『国家』の太陽の比喩[24]や『メノン』の想起説[25]に由来するものと考えられる。

二　言葉と思考との乖離

『教師論』で「言葉」に割り当てられるのは、語り手の精神を開示するための最小限の機能でしかない。まず、聞き手側からの二つの状況が言葉の役割を制限する要因として挙げられる（13.42）。すなわち、第一に、語り手が自らが述べる真理を理解しているのか否かが聞き手に不明である場合、第二に、語り手が嘘をつく場合であるが、後者の場合は、言葉によって語り手の精神が聞き手に開示されず、むしろ、隠されることになる。

『教師論』では、〈記号―事柄〉関係が生来的に所持された把握内容であるとは認められない。すなわち、アウグスティヌスは、言葉の自然的成立を全面的に認めることはない。そこで、人間は慣習に基づく〈記号―事柄〉関係の把握を自らの体験によって獲得しなければならず、この把握の獲得を教師に求めることはできない。しかも、語り手が真理を語りつつそれを理解しているにしても、実際の教育的対話では、語り手の言葉が語り手の魂の状態を正確に伝えるという保証が確立されているわけではない。さらに、言葉による伝達過程において、言葉と思考との乖離を引き起こす要因が語り手側から分析される（13.42~13.43）。すなわち、第一に、語り手が何かあることを考えながら記憶に託された他のことを話す場合、第二に、語り手が意志に反して失言する場合、第三に、聞き手がある言葉で呼ぶ事柄を語り手が他の言葉で呼ぶ場合である。これらの問題を一挙に解決する方法は、語り手の「思考」cogitatio を直接透視的に「見る」inspicere ことである（13.43）。しかし、この直視はもちろん不可能であり、しかも、聞き手はこれらの要因を取り除くこともできないため、言葉と思考との乖離という状況が実際の教育的対話にともなうことは必然であるもの、とアウグスティヌスは考えている。

三　真の内的教師

『教師論』では、内的教師という概念が中心的テーマである。「話すこと」を通して教師が伝授しようとすることは、知覚され把握された教師の「思考」cogitatum ではなく、教師が受けた「教育的知識」disciplina そのものであり、他方、生徒の立場にある者に求められることは、教師によって真理が述べられているのか否かを自らの内で「考察する」considerare ことである（14.45）。その際、聞き手は自身の「力」uis に従って、自らの内で「内的真理」interior ueritas を「見る」intuere ことによって、教師が語る言葉の真正性を吟味する（14.45）。別の箇所では、聞き手の把握能力が「自らの意志 uoluntas の善し悪しによって」増減することが述べられる（11.38）[26]。このように、照明による理解は聞き手の倫理性と密接に関連している。ただし、ここで問われている倫理性とは、聖書で主張される神と隣人への愛に基づくものではなく、内的光との間で成立するプラトン的な真理を欲する意志である。

「我々が、人間を通して per homines、記号によって外側から勧められる admoneri」のは、命題の真偽判断をめぐり「我々が［真の教師］に内的に転向すること conuertere を教示されるため」である（14.46）[27]。このように、命題の真偽判断において助言が求められるのは、「天におられる」（マタイ23：8～10）と呼ばれる唯一の教師（14.46）、すなわち、真の内的教師である。未知の事柄に関して助言が求められるものは、色については「光」であり、身体的知覚の対象については「この世界の要素」であり、可知的対象については「内的真理」であった（12.39）。この際、認識者が全幅的に依存するものは、「話される言葉」ではなく、外的光に照らされて機能する「身体的な目」（10.35）であり、「真理の内的光」に照らされて機能する「内密で純粋な目」（12.40）である。アウグスティヌスの認識論は理性的知覚が身体的知覚を判断する構造であるため、「キリスト」と呼ばれる「内的真理」、すなわち、「不変な神の力」であり「永遠の知恵」である方（11.38）が可感的対象と可知的対象の両者の上に立つ「真の教師」ということになる。アウグスティヌスによれば、時折、言葉によって教えようとする外的な教師が「真の教師」と思い込まれてしまうのであるが、その原因は語り手の「述べる瞬間」tempus locutionis と聞き手の「把握の瞬間」tempus cognitionis との間に極めて小さな時間的なずれしか認められないためであり、十分に理性的な聞き手は語り手の「勧め」admonitio の後に「速やかに内的に学ぶ」cito intus discere ことができるからである（14.45）。

結果として、内的教師へのアプローチには二面性があることになる。一方で、未知の可知的対象については「内的真理」に助言が求められ、他方で、教師の言葉の真正性については、すなわち、命題の真偽判断については「内的真理」が見られるのである。したがって、可知的事柄に対応する単語的記号の理解と命題に対応する文章単位の真偽判断との両者が内的教師に依存することになる。

四　単語単位としての記号

アウグスティヌスが「言葉」uerbum を「記号」signum と考える場合、記号単位は単語単位の言葉なのか、あるいは、命題単位の言葉なのかは重大な問題である。『教師論』ではいくつかの例文が引用されて記号理論の分析が実践されるのであるが、第一に、ウェルギリウスの『アエネーイス』第2巻（2.659）の'Si nihil ex tanta superis placet urbe relinqui'（もしかの偉大な都市から何も残されないことが喜ばしいことならば）が引用され、これが「八つの記号」octo signa から構成される文章として説明される（2.3）[28]。したがって、文章の構成単位である個々の単語が一義的に記号単位と理解される[29]。

ところで、「ダニエル」3章の物語が引用される箇所では、'tres pueri'（三人の少年）や 'illaesi ad igne'（火によって害を受けないこと）という句が言及されるのであるが（11.37）、これらの句では、第一に、複数の記号によってその同数の事柄が指示される。しかし、同時に、句全体が一つの意味的事柄を指示するようになると考えることもできる。また、可知的判断が要求される場合として、「私は飛ぶ人を見た」hominem uolantem［uidi］と「賢者は愚者に勝る」sapientes homines stultis［sunt］meliores という二つの命題が引用されるのであるが（12.40）、先の引用文の説明から判断すれば、第一に、二つの命題はそれぞれ三つと五つの「記号」から構成される。しかし、同時に、各命題全体は一つの意味的事柄、すなわち、一つの命題の意味が指示されていると理解されるべきかもしれない。したがって、各々の命題自体は一つの意味的事柄を指示するようになる、と考えられるかもしれない。

しかし、『アエネーイス』の例文では、「かの偉大な都市」という句や「かの偉大な都市から何も残されないことが喜ばしい」という命題がそれぞれ記号単位と捉えられるならば、条件文の前件である上述の文には八つの記号だけでなく、少なくとも一〇個の記号が含まれることになろう。しかも、句や命題が記号単位として考えられているようなテキストは、少なくても『教師論』には見当たらない。すなわち、『教師論』では、命題全体が一つの記号とは理解されておらず、また、句や命題の意味的事柄が端的に一つの事柄とも捉えられていない。換言すれば、複数の記号群から構成される命題は、そこで、一つの意味的事柄が形成されるにしても、厳密には、複数の事柄群を指示しているのである。

以上より、複数個の単語によって句が構成され命題が形成されるに従って、句や命題に対応する意味的事柄が形成されると考えることも可能であろうが、『教師論』の言語的記号の単位は複数個の集合体ではなく、個々の「単語」として理解される。ゆえに、〈記号―事柄〉関係は一義的に〈単語―事柄〉関係と見なすことができる。

他方、教育的対話では、聞き手の「認識能力の弱さ」imbecillitas cernentis のゆえに、はじめに、「全体」を構成する「部分」について質問されなければならなかったのであり、この場合、聞き手が自らの能力に応じて内的に学ぶようになる仕方で聞き手に質問をすることが、教師の言葉の役割と見なされる（12.40）。このような部分から全体へという考え方は、次に考察する「問答法」の手法とも共通する。

第三節　『問答法』との対比

『問答法』（三八七年）[30]は、そのアウグスティヌスの真作性が長く疑われた歴史をもつ。しかし、『問答法』とアウグスティヌスの著作群との間に語彙使用の著しい統計的類似性を見いだしたB・D・ジャクソンの研究[31]以来、現在ではアウグスティヌスの真作性を支持する学者が優勢である[32]。本章では、『問答法』がアウグスティヌスの著作であることを受け入れ、その前提の下に議論を進める。ここでは、言葉の分類、理性的判断と内的真理、記号と事柄の関係性の内的把握、および、言葉の分類と口述可能なものについて述べたい。

一　言葉の分類

『問答法』では、言葉が文法学的に分類される。「上手く議論するための学」bene disputandi scientia と定義される「問答法」dialectica において、「言葉」uerbum は「単語／単純言語」uerbum simplex と「複合語／複合言語」uerbum coniunctum とに分類され（*DD* 1）、「複合語」がさらに「完成文」implenda sententia と「未完成文」non implenda sententia とに、「完成文」がさらに真偽が問われる「命題」（狭義の sententia）と真偽が問われない「命令文」や「感嘆文」などに分類される（*DD* 2）。「何か一つのこと」unum quiddam を指示する言葉が「単語」であり（*DD* 1）、「多くの事柄」res plures を指示する言葉が「複合語」である（*DD* 2）。たとえば、「人」homo や「議論する」disputat が「単語」であり、「私が話す」loquor[33] や「人が歩く」homo ambulat は「複合語」である。また、「人が山に向かい急ぎ歩く」homo festinans in montem ambulat が「完成文」であり、「山に向かい急ぐ人」homo festinans in montem は「未完成文」である（*DD* 2）。さらに、「すべての人が歩く」omnis homo ambulat や「すべての人が歩かない」omnis homo non ambulat が「命題」となる（*DD* 2）。

『教師論』を『問答法』が提示する言葉の分類から考察すれば、『教師論』における「三人の少年」tres pueri などの句や「私は飛ぶ人を見た」hominem uolantem uidi などの命題は「多くの事柄」を指示する言葉、すなわち、「複合語」ということになる。先に、句や命題が一つの意味的事柄を指示する可能性に触れたが、複合語はあくまでも「多くの事柄」を指示する記号群としての集合体と考えられている。したがって、アウグスティヌスの記号理論では、命題の意味的事柄は端的に意味として考えられるべきであり、命題の意味は複数の記号群によって指示される複数の事柄群から形成される、と見なさなければならない。このようにして、アウグスティヌスの記号単位は、端的に、一つの事柄を指示する単語であることが確認される。

さて、「文」sententia は「単文／単純命題」sententia simplex と「複文／複合命題」sententia coniuncta とに分類される（*DD* 3）。「すべての人が歩く」omnis homo ambulat のように他の文と直接的に関連しない文が「単純命題」であり、「もし彼が歩けば、彼は動く」si ambulat, mouetur のように他の文との関連性の下で判断される文が「複合命題」である。後者の複文が真であるためには、「彼が歩く」かつその結果「彼は動く」か、あるいは、「彼が動かない」かつその結果「彼は歩かない」か、である必要がある。別の見方をすれば、複合命題では、たとえば、「彼が歩く」と「彼が動く」という二つの命題が「もし」という接続詞によって連結されるその論理性は、アリストテレスの三段論法に基礎づけられている。換言すれば、それは、小前提である「その人が歩く」homo iste ambulat と大前提である「誰であれ歩く人は動く」quisquis autem ambulat mouetur から結論の「ゆえに、その人は動く」homo iste igitur mouetur が論理的帰結として得られる、という演繹的論証に基礎づけられる。『問答法』がストア学派の論理学に強く影響されると時折論じられるが[34]、同時に、それはオルガノンのアリストテレス的論理学に基礎づけられることを見落としてはならない。

二　理性的判断と内的真理

では、『教師論』において、命題の理性的判断と内的真理はどのように関係するのか。『教師論』で「内的真理」を見ることが要請されるのはこの種の理性的判断についてであり、論理的命題の真偽性は「真理の内的光」に照らされて理性的に判断する必要がある、というのがアウグスティヌスの主張である。上述の「私は飛ぶ人を見た」hominem uolantem uidi という命題を考えたい。第一に、「人が飛ぶ」homo uolat という命題を考える必要がある。小前提を「その人は翼のない動物である」とし、大前提を「誰であれ翼のない動物であれば、飛ぶことができない(35)」とすれば、これら二つの真の命題から「その人は飛ぶことができない」という結論が得られ、「もしその人が翼のない動物であれば、飛ぶことができない」という複合命題が真であることになる。これは、「人が飛ぶ」という事象がその人が翼のない動物である限り自然的には起こりえないことに対応する。第二に、小前提を「〈人が飛ぶこと〉は起こりえない」とし、大前提を「誰であれ起こりえないことは肉眼で見ることができない」とすれば、これら二つの真の命題から「〈人が飛ぶこと〉は肉眼で見ることができない」という結論が得られ、「もし人が翼のない動物であれば、(飛ぶことは起こりえない、ゆえに、)〈人が飛ぶこと〉は肉眼で見ることができない」という複合命題が真であることになる。

以上の演繹推論より、「私は飛ぶ人を見た」という命題が偽であることを論理的に引き出すことが可能であり、これによって、「飛ぶ人を見た」と述べるアウグスティヌスが嘘をついていると判断される。次に、「賢者は愚者に勝る」sapientes homines stultis sunt meliores という命題の場合を考えれば、三段論法から、「もしその人が賢者であれば、その人は知恵をもつ」と「もしその人が愚者であれば、その人は知恵をもたない」という二つの複合命題が得られる。そして、「もしその人が知恵を持てば、その人は知恵をもたない人に勝る」が真の命題であれば、「もしその人が賢者であれば、その人は愚者に勝る」も真の命題であることになる。

このように、命題の真偽判断は、理性を通して「内的真理」を見ること、すなわち、「不変な神の力」であり「永遠の知恵」である方に助言を求めることによって可能となる。アウグスティヌスの主張において見落としてならないことは、命題の真偽判断は理性のもつ生来的判断能力に全面的に依存するのではない、ということである。理性は「意志」が善ければ善いほど「真理の内的光」に照らされ、「真理の内的光」に照らされれば照らされるほど、正しい真偽判断が可能になると考えられている。したがって、照明説で焦点が当てられるのは、言葉による知識の伝達ではなく、「内的真理」への意志的転向を前提として生じるような、喜びと論理的納得とがともなう「あっ、なるほど！」という内的な気づきなのである。

三　記号と事柄の関係性の内的把握

では、『教師論』と『問答法』において、記号と言葉、および、事柄がどのように扱われるのか。「記号」signum が「何かを指示するすべて」と定義される『教師論』に対し（4.9）、『問答法』では「一方で、感覚に向けてそれ自体を、他方で、魂に向けてそれを越えて何かを示すもの」と定義される（*DD* 5）[36]。ここで、『教師論』の記号の定義が指示作用から、『問答法』のそれが記号受信者の立場から定義されている。また、「言葉」uerbum が『教師論』では「文節化された音声によって、何らかの指示内容をともないながら言及されるすべて」と定義されるのに対し（4.9）、『問答法』では「各々の事柄の記号 rei signum」と表現される（*DD* 5）[37]。他方、「事柄」res が『教師論』では「指示可能なもの」significabilis として、〈記号―事柄〉関係に基づく指示作用から説明されるのに対し（4.8）、『問答法』では「何であれ、知覚されたり、理解されたり、隠されたりするもの」として、聞き手である記号受信者の立場から定義されている（*DD* 5）[38]。このように、記号と事柄について『教師論』と『問答法』の定義を比較すれば、『教師論』では〈記号―事柄〉関係に基づく指示作用から定義されるのに対し、『問答法』では主に記号受信者の精神との関わりから定義される。この傾向は、下に述べる「言葉の分類」においても同様である。

次に、記号と事柄の関係性をめぐる把握方法が問題となる。『教師論』では「（すべての）言葉が記号であり」（2.3, 7.19）、「事柄」は「記号によって指示されることができ、しかも記号でないもの」（4.8）と考えられるのに対し、『問答法』では「言葉は各々の事柄の記号であり、それは聞き手によって理解され intellegi、語り手によって話される prolatum」と表現される（*DD* 5）[39]。『教師論』で言語的把握の基礎が指示関係〈記号—事柄〉の内的把握に置かれたのと同様に（11.36）、『問答法』でも、言葉と事柄の関係性をめぐる把握は魂の内の出来事であり（*DD* 4）、言葉は自らに対応する事柄の存在を放棄しないようなあり方で事柄の記号であり、さらに、言葉は対応する事柄が魂によって把握されたときに記号内容として事柄との関係をもつようになる、と説明される（*DD* 5）。このように、記号と事柄の関係性をめぐる把握方法が内的であることは両著作に共通する。

四　言葉の分類と口述可能なもの

『問答法』では、「言葉」uerbum が一般用語として四つに分類される（*DD* 5）。言葉自身について議論されるときの言葉が「言葉自体」（狭義の uerbum）と呼ばれ、「耳ではなく魂 animus が言葉から知覚し、魂それ自体によって保持される内容 inclusum」は何であれ「口述可能なもの」dicibile と呼ばれ[40]、「言葉が自らのためでなく、他の何か aliud aliquid を指示する significare ために発せられる」とき「口述」dictio と呼ばれ[41]、「それによって指示されうるところの言葉を所持しようがしまいが、言葉でもなく精神 mens 内の言葉の概念 conceptio でもない事柄それ自体」が「事柄」res と呼ばれる（*DD* 5）[42]。したがって、「言葉自体」（狭義の uerbum）は言葉そのものが言及される言葉であり、「口述可能なもの」dicibile は魂によって保持されるものが意味される言葉であり、「口述」dictio は「言葉自身」と「口述可能なもの」が同時に言及される言葉、すなわち、魂によって保持されるものが言葉自体を通して表現される言葉であり、「事柄」res は「言葉自体」「口述可能なもの」「口述」以外のあらゆるものが言及される言葉である。

たとえば、‘Arma uirumque cano’ をめぐって、文法家が少年に「‘arma’ は話法のどの部分か」と問うとき、‘arma’ が「言葉自体」であり、「話法のどの部分」が「口述」dictio であり、文が聞かれる以前に魂によって把握されていた ‘arma’ の記号内容が「口述可能なもの」dicibile と説明される（*DD* 5)。これとは別に、ウェルギリウスが『アエネーイス』で ‘arma’ と述べる場合、それは「戦争や兵器」が言及されるので「口述」dictio であって、「戦争や兵器」は見たり触れたりすることができる「事柄」res である。したがって、端的にいえば、見られ触れられる対象が「事柄」であり、言葉そのものが問題となる場合の言葉が「言葉自体」であり、魂によって保持されるイメージ、すなわち、所与表象が「口述可能なもの」であり、「言葉自体」と「口述可能なもの」とを同時に伝達するものが「口述」であることになる。

『問答法』の「事柄」は、正確に述べれば、知覚されたり、理解されたり、隠されたりする対象である。すなわち、「言葉自体」「口述可能なもの」「口述」以外のあらゆる対象であり、それは「可感的対象」と「可知的対象」とに分類される。また、「一方で、感覚に向けてそれ自体を、他方で、魂に向けてそれを超えて何かを示すもの」と定義される言語的記号が「口述」と理解される。この場合、感覚に向けて示す「それ自体」というのが「言葉自体」であり、魂に対してそれを超えて示す「何か」というのが「口述可能なもの」と理解される。「口述可能なもの」dicibile は『教師論』で「指示内容」significatio と表現されるものと思われ、両者とも、基本的に受信型記号を通して受け取られる何かである。この「口述可能なもの」がアウグスティヌスの記号理論において重要な働きを担うことになる。

第四節　アリストテレス『命題論』との対比

次に、アリストテレスが『命題論』で提示する記号論との比較を通して、『教師論』の記号理論における特徴を浮き彫りにしたい。ここでは、記号理論の構造対比、および、命題の意味と多義性の問題について述べたい。

一　記号理論の構造対比

アリストテレスは『命題論』*De interpretatione*（以下、*DI*と略す）[43]の冒頭で記号論を簡潔に説明する（*DI* 1）。アリストテレスによれば、「話し言葉」τὰ ἐν τῇ φωνῇ は「事柄」πράγματα の符号ではなく、「魂における受動様態」τὰ ἐν τῇ ψυχῇ παθήματα[44]の「符号」σύμβολα である。「話し言葉」τὰ ἐν τῇ φωνῇ とその符号である「書き言葉」τὰ γραφόμενα はそれらを使用する人々に応じて異なるのに対し、「魂における受動様態」と「事柄」はすべての人々に共通する、と彼は考える。そして、「魂における受動様態」は「事柄」の「写し」ὁμοιώματα と理解され[45]、「魂における受動様態」と「事柄」は互いに独立したものではなく、「写し」を媒介に必然的対応関係があると見なされる。したがって、アリストテレスの記号論は〈記号―魂における受容様態〉という端的な二極構造に還元されることになる。

これに対し、アウグスティヌスの記号理論は〈記号―事柄〉、〈記号―口述可能なもの〉、〈事柄―口述可能なもの〉の三項によって構成される三極構造と考えられる。構造的に述べれば、身体的知覚や理性を通して得られた〈事柄―口述可能なもの dicibile〉関係の前提的把握を基礎に、言語習得を通して把握された〈記号―事柄〉関係を記憶に留めた者が外的な「言葉」によって〈記号―口述可能なもの〉関係を思い起こす構造である。すなわち、それは外的な「言葉」を契機とした〈記号―口述可能なもの〉関係の内的把握を基礎に、〈記号―事柄〉という外的関係を内的に把握するという構造をもつ。したがって、アウグスティヌスの記号理論で強調されるのは言葉の把握に対する事柄の把握の先行性(46)であり、それは〈記号―口述可能なもの〉関係に対する〈事柄―口述可能なもの〉関係の認識論的優先性ということになる。それゆえ、『教師論』で「言葉」が認識の契機としてしか認められないのは、アウグスティヌスの記号理論が〈事柄―口述可能なもの〉関係の先行的把握を前提とした三極構造に基づくからに他ならない。

二　命題の意味と多義性の問題

アリストテレスは、『命題論』で文や命題を次のように分類する（*DI* 4-5）。「文」λόγος が真偽を問う「命題」（狭義の λόγος/λόγος ἀποφαντικός）と真偽を問わない「祈願文」などに分類されることは『問答法』と同様である。「命題」λόγος ἀποφαντικός は一つの「動詞」ῥῆμα、あるいは、一つの「動詞の変化形」πτῶσις ῥήματος をもち（*DI* 5）、「真である」ἀληθεύειν か「偽である」ψεύδεσθαι かに分類される「文」λόγος である（*DI* 4）。『教師論』（5.16）でも「十分命題」plena sententia が「名詞」と「動詞」とから構成され、肯定されたり否定されたりする文と考えられている。アリストテレスによれば、すべての「文」には「意味があり」σημαντικός（*DI* 4）、「一つの命題」εἷς λόγος ἀποφαντικός や「接続詞によって結ばれる一つの命題」συνδέσμῳ εἷς は、「肯定」κατάφασις として、あるいは、「否定」ἀπόφασις として「一つの物事を説明する」ἓν δηλῶν（*DI* 5）。「命題」に真偽判断が求められるのは、アリストテレスが説明するように、一つの命題には一つの有意味な主張があるという前提のためである。

アリストテレスの『命題論』との対比から明らかになることは、単純言語（単語）の「不明瞭性」obscuritas や「多義性」ambiguitas に関して『教師論』と『問答法』がもつ関心の高さである。単純言語の多義性に基づく〈記号—口述可能なもの〉関係の多重性を下に、アウグスティヌスは、たとえば、『教師論』の前半で文脈に依存する 'nomen' の意味とその類似語との関係性を分析する。このアウグスティヌスの議論で前提されるのは、〈記号—事柄〉関係の把握、より正確にいえば、〈記号—口述可能なもの〉関係の把握としての言葉の意味が、文脈によって決定されるということである。すなわち、多義的言葉を含む命題全体の意味がその多義的言葉の記号内容を決定するのである。したがって、理解内容の伝達過程では『問答法』が主張するように部分から全体への方向を取らなければならない一方、多義的言葉の解釈過程では全体から部分への分析が同時に要請されることになる。[47]

第五節　『教師論』の照明と言葉

最後に、理解過程における権威をめぐる問題と、照明と言葉の関係性を考察したい。ここでは、命題の意味と権威、事柄の権威と言葉の権威、および、言葉の権威と言葉への懐疑について述べたい。

一　命題の意味と権威

『問答法』によれば、「言葉」が単独で使用される限り多義的であり、「それゆえ、すべての言葉は不確定的であると問答家によって最も正しく述べられる」[48]（*DD* 9）。一方、「文」sententia や「論証」disputatio が不確定的であるということはできず、同様に、「言葉」はそれが含まれる「文」や「論証」の下で不確定的であることができない、と主張される。命題の意味に到達するためには、そこに含まれる一つ一つの言葉が相互に関係し合うことに注目しなければならない。その際、動詞（特にその主語との関係性）を中心に関連づけられる言葉の相互関係が理性的推理を通して秩序づけられることによって、妥当する命題の意味が選択されることになる。言葉が「多義的」であるということは、一つの言葉に対して複数個の内的な「口述可能なもの」が対応可能となる状況である。言葉の相互関係から命題の意味を類推することは、すなわち、妥当する一つの意味を命題に与えるために、多義的言葉に応じた複数個の内的な「口述可能なもの」から適切な組み合わせを見いだすことに他ならない。この作業は外的に聞かれる言葉に対応して実践される内的な理性的類推である。

『問答法』では、文や論証が不確定的であることはできないと主張されるが、実際の教育的対話でそれが妥当するかどうかは疑問である。もし語り手の思考全体や意志に対応するような文脈的指針が明確にされなければ、聞き手は命題の内的構造の分析のみに頼るほかなく、語り手が意図する命題の意味に到達することはできないだろう。したがって、命題の意味が常に確定的であると述べることはできないと思われる。もし字義的に解釈すれば、たとえば、「私は飛ぶ人を見た」という命題が偽と判定されることは先に述べた。この意味で、字義的解釈に限れば、文や論証が不確定的であることはできないと正しく述べられるかもしれない。しかし、もし偽となる命題を発言することがありえないと考えられるほどの「権威」が語り手に認められ、その命題が真であると主張されるならば、「飛ぶ人を見た」という命題は語り手の真正な「思考」を伝える記号群と判断され、命題が真となるように「飛ぶ人」hominem uolantem を比喩的に解釈する道が選択されるだろう。このように、命題の意味は聞き手が語り手にどれほどの「権威」を認めるかに依存して変化するのである。

二　事柄の権威と言葉の権威

『教師論』でアウグスティヌスが触れるように、「権威」auctoritasが軽視されれば、「論証」そのものが危うくならざるをえない（5.15）。したがって、『教師論』の分析を通して見いだされるのは、対話における「事柄の権威」rerum auctoritasはどんな場合でも「言葉の権威」uerborum auctoritas以上に尊重されなければならないことであり、そうであるにしても、語り手の「言葉の権威」が減少すればするほど、命題の意味の「不確定性」が増大するということである。いわば、言葉の受信過程において、もし「事柄の権威」が「言葉の権威」を所持していなければ、「事柄の権威」は言葉を契機に聞き手に内的な真理認識へ至らせるにしても、「事柄の権威」そのものは、その内的把握が語り手の思考と一致する保証を与えることができず、聞き手は恣意的な内的理解に留まらざるをえない。

『教師論』でアウグスティヌスとアデオダテゥスとの対話に十分な相互理解と妥当な議論の進展が認められるのも、たとえアデオダテゥスが「内的真理」によって教えられたとしても、アデオダテゥスが相当程度の権威を父であり教師であるアウグスティヌスの言葉に認め、その結果、彼がアウグスティヌスの言葉を信じたからに他ならない。この意味で、内的照明の必要性を結果的に生じさせる「事柄の権威」への尊重は、「言葉の権威」の放棄を必然的に意味するわけではない。

三　言葉の権威と言葉への懐疑

『教師論』で論じられる言葉と思考との乖離という問題は、主に対話において見いだされるものであった。

もしこの問題が取り除かれるならば、聞き手は語り手が真であると主張する命題を疑わずに信じることができるわけであり、ここに「言葉の権威」の可能性が生じる。しかし、それは雄弁家が主張するような権威ではなく、舌足らずであると自らが認めるパウロにおいて受け取られる権威である（*DM* 5.15）。すなわち、真理と関連する「事柄の権威」を常に優先させた誠実な人間の「言葉の権威」ということになる。

では、なぜパウロの言葉に権威が認められるのか。それは、パウロの言葉が愛を通して彼の生き方と全く一致していると信じられるからに他ならない。したがって、「言葉の権威」について問題となるのは、口述表現の背後に隠れた、語り手の愛の倫理的な態度ということになる。このようにして、もし「言葉の権威」が十分に認められるならば、言葉への信が受け取られ、その信に基づいて探求と解釈が行われ、「事柄の権威」に従った「照明」を通して語り手の思考と一致する理解の可能性が開かれることになる。ここに、単なる恣意的理解への契機としての言葉ではなく、語り手の思考と一致する言葉、すなわち、歴史的証言に基づく「教え」doctrina の伝達可能性を開くものとしての言葉が、アウグスティヌスの次の射程となる。それは彼らの正しい生き方のゆえに「言葉の権威」が最大限に割り当てられた、聖書記者や聖書編纂者[49]の思考の内にある「教え」に他ならず、アウグスティヌスは彼らの内に「真理の内的光」に照らされたある共通の内的な真理世界だけでなく、愛と信によって豊かにされたある共通の内的な言語世界をも認めるのである[50]。

しかし、『教師論』の言葉はあくまで記号理論的視点から考察され、教えることは言葉なしにできないにしても、言葉によっては学ぶことができない、と考えられている[51]。真の教師は「キリスト」と呼ばれる「内的真理」であり、圧倒的な力をもつ内的な神学的理解過程の下に、外的な言葉は本来の力をもつことができないでいる。このように、『教師論』では、内的な目で見られる内的光と身体的な耳で聞かれる言葉が峻別され、「事柄の権威」を常に保証する「内的真理」は、記号発信者の倫理的な態度に依存する「言葉の権威」

に対して常に懐疑的なのである。それは記号発信者への懐疑であると同時に、記号の発信過程そのものに対する、すなわち、口述表現としての言葉そのものに対する懐疑でもある。たとえパウロの倫理的態度が信じられたとしても、表現過程そのものの確実性が「内的真理」によって保証されなければ、パウロの言葉でさえ十分な意味で意味の担い手となることはできないはずである。

したがって、『教師論』の記号発信過程における言葉と思考の乖離は想像以上に深刻な問題であり、それは単に偶発的であるのみならず、記号理論上必然的なものであるのかもしれない。少なくとも、『教師論』のアウグスティヌスは、命題と思考との一致を保証するような、すなわち、〈記号―口述可能なもの〉関係を基礎とした命題的な表現関係の確実性を保証するような神学的土台を未だ見いだしてはいない。この意味で、『教師論』で論じられる人間的状況は、Ａ・ルースが述べるように、「孤独のモナド」として捉えることができる。[52]結果として、記号受信者の理解は、言葉に促されて照明によって達成されるものであって、積極的な意味で、言葉においてあれこれ思案された末に到達されるものではない、とアウグスティヌスは『教師論』で暗示するのである。

第六節　結語

本章では、『教師論』の記号理論を、特に、照明と言葉の関係性という視点から考察した。その結果、以下の結論を得た。第一に、言葉の役割は思い起こさせることと探求することを勧めることであり、内的教師は可知的対象の理解と命題の真偽判断との両者の源泉と見なされること。第二に、アウグスティヌスが使用する記号概念は単語単位の言葉に属すると見なされること。第三に、言葉を通した伝達内容である『教師論』の「指示内容」significatio は、『問答法』の「口述可能なもの」dicibile に相当すること。第四に、受信過程におけるアリストテレスの記号論は二極構造〈記号—魂における受動様態〉を呈するのに対し、アウグスティヌスの記号理論は三極構造〈記号—口述可能なもの—事柄〉を有すること。第五に、「記号が学ばれる」ことに対して「事柄が知られる」ことがもつ優先性は、〈記号—口述可能なもの〉関係の把握に対して〈事柄—口述可能なもの〉関係の把握がもつ優先性として考えられること。第六に、多義的言葉の解釈には、字義的理解による文章や文脈の全体的理解が前提とされること。最後に、「事柄の権威」の尊重は「言葉の権威」の放棄を意味するものではないが、〈事柄—口述可能なもの〉関係に基づく事柄の把握は「内的真理」により確定されるのに対し、表現過程における命題と思考との一致、すなわち、〈記号—口述可能なもの〉関係を基礎とした口述表現関係の確実性を保証するものは『教師論』で見いだされていないこと。

アウグスティヌスが内的認識において一貫して依拠する照明説が『教師論』で力強く主張された。これに対し、記号理論は確かに多義的言葉の解釈に有効であるが、記号と見なされる言葉は内的認識を補足する機能に限定され、言葉の潜在力が正しく評価されない面がある。『教師論』以降のアウグスティヌスの言語理論は言葉の復権をめぐる展開であると考えることができるのであり、それが達成されるためには、照明説で内的認識が内在的キリストという神学に基礎づけられたように、口述表現をめぐる神学的根拠が何よりも求められるのである。口述表現をめぐる神学的根拠が確定されれば、聖書記者の口述表現としての聖書に自ずと権威が認められ、そうした上で、はじめて聖書解釈学に記号理論が妥当なものとして適用されることになろう。

注

（1）『教師論』*DM* は三八九年にアフリカで脱稿されたと考えられ、息子のアデオダテゥスと一対一で行われた唯一の対話が記録されるアウグスティヌスの初期対話編である。執筆順に自らの著作に修正を加えた晩年の『再考録』*Retractationes* では、『教師論』が『音楽論』*De musica* の直後に、『真の宗教』*De uera religione* の直前に置かれ、信における「教養教科」disciplina の役割が「物体的なものを通した非物体的なものへの熱望」（*Retractationes* 1. 6 [CCSL 57, 17]：per corporalia cupiens ad incorporalia）を呼び覚ますものとして考察されていた時期に、『教師論』が書かれたことが分かる。『再考録』では『教師論』の修正箇所が例外的に見られず、「人間に知識を教える教師は神以外にないことが、そこで議論され、探求され、発見される」（*Retractationes* 1.12 [CCSL 57, 36]：in quo disputatur et quaeritur et inuenitur, magistrum non esse qui docet hominem scientiam nisi deum）と述べられる。

（2）『問答法』*DD* は少なくても九世紀からアウグスティヌスの真正な著作であると大方認められていた。しかし、一七世紀に行われたベネディクト修道会によるアウグスティヌス全集（マウリナ版）の編纂において「偽作」spurius として取り扱われて以来、その真作性が疑われてきた（B. Darrell Jackson, "Introduction," in *Augustine, De dialectica* [trans. B. D. Jackson；text ed. Jan Pinborg；Dordrecht：D. Reidel Publishing Company, 1975], 1–75, esp. 1）。『問答法』の真作性について注意深い研究が行われるようになったのは二〇世紀に入ってからであり（cf. Jackson, "Introduction," 43–71；J. Pépin, *Saint Augustin et la dialectique* [Villanova：Villanova University Press, 1976], 24–60）、現代の多くの研究者は『問答法』がアウグスティヌスの真正な著作であることを認める（e.g. Michele Malatesta, "*Dialectica, De*" in *Augustine through the Ages* [Grand Rapids and Cambridge：W. B. Eerdmans, 1999], 271–272）。

（3）「学ぶこと」discere とは、外的な記号を通して知識が内的に認識される過程であり、したがって、学びの過程では外的な記号と内的な認識との関係性が問題となる。

（4）以降、「神学」という表現を専門用語としてではなく、「神や永遠的真理に関連する教説」という一般的な意味で使用する。

（5）アリストテレスの『オルガノン』*Organum* のうち、『命題論』*De interpretatione* は、「単語」レベルの分析である『カテゴリー論』*Categoriae* と「推論」ἀπόδειξις の考察である『分析論（前書・後書）』*Analytica* との間に置かれ、そこでは、「推論」の構成単位である「命題」λόγος/πρότασις の特性が吟味される。

（6）*Oxford Latin Dictionary*（*OLD*）によれば、significo は、（1）「物体的記号によって指示する」（To indicate by physical signs）、（2）「合図する」（To make signs）、（3）「示す、例証する、（質を）表示する」（To show, demonstrate, be an indication of（a quality））、（4）「（話や記述によって）指示する、知らせる、暗示する」（To indicate（by means of speech or writing）, make known, intimate）などの意味がある（P. G. W. Glare, ed., *Oxford Latin Dictionary* [Oxford：Oxford University Press, 1982], 1758–1759）。本書では、significare を 'indicate' と捉え、「指示する」と訳す。

（7）*DM* 4.9（CCSL 29, 168）：omnia, quae significant aliquid, ...

（8）Cf. *DM* 2.3（CCSL 29, 159）：Constat ergo inter nos uerba signa esse.

（9）Jackson によれば、「記号」sign と「記号が指示するもの」what it designates との「二極関係」two-termed relation が指示作用の基礎構造である（B. Darrell Jackson, "The Theory of Signs in St. Augustine's *De doctrins christiana*," *Revue des études augustiniennes* 15 1/2 [1969]：9–49, esp. 22）。

（10）*DM* 4.9（CCSL 29, 166）：omnia, quae uoce articulata cum aliquo significatu proferuntur, ...

（11）*DM* 4.8（CCSL 29, 166）：ea, quae signis significari possunt et signa non sunt. ...。ここでは、文脈から判断して 'ea' を数行前の 'eas res' と解する。

（12）Cf. *DM* 2.3（CCSL 29, 159）：Constat ergo inter nos uerba signa esse；*DM* 7.19（CCSL 29, 177）：Deinde cum satis constitisset uerba nihil aliud esse quam signa, ...

（13）Peter King によれば、「意味されるものが記号そのものである場合の知識」が［1］（4.7–8.21）で、「意味されるものが記号でない場合の知識」が［2］（8.22–13.46）で扱われる。さらに、後者の一部として「自己開示的事項」が［2（a）］（10.29–32）で、「自己開示的事項」でなく「意味されるものの知識」を促す働きをする記号が［2（b）］（10.33–13.46）で扱われる（Peter King, trans. and notes, *Augustine, Against the Academicians and The Teacher* [Indianapolis and Cambridge: Hackett Publishing Company, 1995], 103, n. 19)。

（14）ここでは、研究者の諸見解を分析せず、筆者の見解を述べるに留める。研究者の諸見解は本書第Ⅱ部第４章の前半で分析される。

（15）この箇所は、Vulgataと二〇〇六年版のSeptuagintaではダニエル3:94、Masorahではダニエル3:27に該当する。アウグスティヌスのテキストであるsarabaraeは、Masorahではסַרְבָּלֵיと、Seputuagintaではσαράβαραと、Vulgataではsarabaraと表記される。

（16）「真理」ueritasは、『幸福な生』で次のように説明される。「しかし、真理ueritasは、ある至高の尺度summus modusを通して存在するようにされ、この尺度によって発生し、また、この尺度において自らを完成されたものに変える。……しかし、真なる尺度uerus modusが存在するためには、至高の尺度もまた必要である。すなわち、真理ueritasが尺度によって生まれるように、尺度は真理によって知られる」（*De beata uita* 4.34 [CCSL 29, 84]: Veritas autem ut sit, fit per aliquem summum modum, a quo procedit et in quem se perfecta conuertit. ... Sed etiam summus modus necesse est, ut uerus modus sit. Vt igitur ueritas modo gignitur, ita modus ueritate cognoscitur）。したがって、前期著作における「内的真理」interior ueritasとは、父なる神である「至高の尺度」に依拠した子なる神としての「真なる尺度」であり、ここでは、学問における規範や基準の源泉と見なされる。

アウグスティヌスの「内的真理」という概念は彼の理解構造と関連する。V. J. Bourkeによれば、『創世記逐語注解』*De Genesi ad litteram*（四〇一～四一五年）を基礎にしたアウグスティヌスの理解構造では、世界内のどんなものもそれが神と関連づけられなければ理解されえない。アウグスティヌスにとって、神がすべての事柄の源泉であり、同時に、理解の源泉でもある。『創世記逐語注解』では、可視的対象に対して「物体的現れ」corporalis uisioが、不可視的対象に対して「霊的現れ」spiritalis uisioが、知性的対象に対して「知性的現れ」intellectualis uisioが内的な理解構造を構成する。人間的な「思考」cogitatioは前者二者と関連するが、それらの真偽判断には「知性的現れ」が要請される。アウグスティヌスの「内的真理」は「知性的現れ」における不変的な基準を保証するものと考えられ、論理的判断における尺度の源泉となるものであろう（Vernon J. Bourke, *Augustine's View of Reality* [Villanova: Villanova Press, 1964], 9–11）。

(17) Cf. R. A. Markus, "St. Augustine on Signs," *Phronesis* 2 1/2 (1957): 60–83, esp. 71–72 (repr. "Augustine on Signs" [ch. 3] in *Signs and Meanings: World and Text in Ancient Christianity* [Liverpool: Liverpool University Press, 1996], 71–104, esp. 87). ここに、Markusが述べるようなアウグスティヌスの記号理論における三極構造の要素を認めることができる。アウグスティヌスの三極構造については、本論文第3章において主題的に探求される。

(18) 「理性」ratioと「知識」scientiaとの関係が、『魂の偉大性』(三八七／三八八年)で次のように述べられる。「理性ratioはある精神のまなざしaspectusである。しかし、推論ratiocinatioは理性の探究inquisitio、すなわち、注視されるべき事柄を通して(なされる)そのまなざしの動きである。そのため、探求するためには後者(推論)が必要であり、見るためには前者(理性)が必要である。したがって、理性と我々が呼ぶこの精神mensのまなざしが、ある事物に差し向けられ、それを見るとき、知識scientiaと名づけられる。……これによって明らかなことは、思うに、まなざしはある一つのものであり、内的現れuisioは別のものであることだ。我々は精神におけるこれら二つのものを、理性ratioと知識scientiaと呼ぶ」(*De quantitate animae* 3.27.53 [PL 32]: ratio sit quidam mentis aspectus, ratiocinatio autem rationis inquisitio, id est, aspectus illius, per ea quae aspicienda sunt, motio. Quare ista opus est ad quaerendum, illa ad videndum. Itaque cum ille mentis aspectus, quem rationem vocamus, coniectus in rem aliquam, videt illam, scientia nominatur: ... Ex quo liquet, ut opinor, aliud esse aspectum, aliud visionem: quae duo in mente rationem et scientiam nominamus)。したがって、初期のアウグスティヌスでは、ratioが「精神のまなざし」、scientiaが「内的現れ」、sapientiaが「内的光」と考えられている。

(19) アウグスティヌスにおいて、「喜び」と「理解」とは密接に関係している(本書第五章第二節、第七章第四節参照)。

(20) アウグスティヌスの照明説の諸見解については、R. H. Nashが詳しい(Ronald H. Nash, *The Light of the Mind: St. Augustine's Theory of Knowledge* [Lima: Academic Renewal Press, 2003], 94–101)。山田晶は中世哲学における自然的認識と超自然的認識との原理的区別を念頭に、照明説について次のように述べる。「アウグスティヌス自身は、自分の照明説から汎神論的結論の導き出されることを望まなかったであろうし、また真理の秩序を一元的に解消するマルブランシュの結論をも期待しなかったであろう。アウグスティヌスは、自分自身の体験を通して聖書とプラトン（じつはプロティノス）との間に共通するものを見出した。それが照明説となった。それゆえ彼の照明説では、プラトン的立場からも聖書的立場からも解釈されうる要素が始めから含まれていた」（山田晶『アウグスティヌスの根本問題』、東京、創文社、一九七七年、224頁）。

（21）*De beata uita* 4.35.

（22）以降、翻訳する上で、代名詞や関係代名詞がそれらによって指示される名詞で代替された内容を［　］で表記し、補足説明の内容を（　）で表記する。

（23）*Soliloquia* 1.8.15.

（24）Platon, *Respublica* 6.507a–509b.

（25）Ibid., *Menon* 80d–86c.

（26）Cf. *DM* 11.38（CCSL 29, 196）: sed tantum cuique panditur, quantum capere propter propriam siue malam siue bonam uoluntatem potest.

（27）*DM* 14.46（CCSL 29, 202）: per homines signis admonemur foris, ut ad eum intro conuersi erudiamur. ...

（28）もし記号に単語だけでなく命題も含まれるならば、「九つの記号」あるいは「八つの記号とそれによって構成される一つの記号」と述べられたであろう。

（29）アウグスティヌスの記号について、エーコは次のように述べる。「アウグスティヌスが言葉を記号のうちに引き入れた瞬間から、言葉は奇妙な状況に置かれたのだ。言葉はあまりに強く、あまりに繊細に分節されており、それゆえに科学的に分析可能であるので……、もともときわめて捉えどころがなく一般的な自然事象同士の関係を記述するために生まれた記号理論の対象には言葉はほとんどなりえなかった……」（ウンベルト・エーコ『記号論と言語哲学』、谷口勇訳、東京、国文社、一九九六年、74頁）。エーコによれば、アウグスティヌスは「一般的な自然事象同士の関係を記述するために生まれた」ストア学派の記号論を言語へ適用したのであって、それゆえ、彼の言語的記号の最小単位は第一義的に名辞である。

（30）テキストには、*De dialectica*（trans. B. D. Jackson; Dordrecht: D. Reidel Publishing Company, 1975）に掲載される Jan Pinborg が編集したラテン語版を使用した。

(31) Jackson, "Introduction," in *Augustine, De dialectica*, 43–75.

(32) *De dialectica* の真作性については、本書第二章第三節（一）でも触れられ、その真作性が支持される。

(33) 三人称単数の動詞である「議論する」disputat は、主格の一般性ゆえにだろうか、単語と考えられるのに対し、一人称単数の動詞である「私が話す」loquor は、「話す」という動詞だけでなく「私」という明確な主語が含まれるゆえだろうか、「複合語」と見なされている。

(34) Cf. 水落健治「アウグスティヌス *De Dialectica* の著者問題をめぐって——研究史と若干の考察」、『明治学院大学キリスト教研究所紀要』第二四号、一九九一年、1–29頁、特に10–16頁。

(35) たとえば、コウモリは鳥類ではないが、胴と後あしと尾との間に飛膜が発達しており、それを翼と見なすことができる。

(36) *DD* 5（Pinborg, 86）: Signum est quod et se ipsum sensui et praeter se aliquid animo ostendit.

(37) *DD* 5（Pinborg, 86）: Verbum est uniuscuiusque rei signum, ...

(38) *DD* 5（Pinborg, 86）: Res est quidquid vel sentitur vel intellegitur vel latet.

(39) *DD* 5（Pinborg, 86）: Verbum est uniuscuiusque rei signum, quod ab audiente possit intellegi, a loquente prolatum.

(40) *DD* 5（Pinborg, 88）: Quidquid autem ex verbo non aures sed animus sentit et ipso animo tenetur inclusum, dicibile vocatur.

(41) *DD* 5（Pinborg, 88）: Cum vero verbum procedit non propter se sed propter aliud aliquid significandum, dictio vocatur.

(42) *DD* 5（Pinborg, 88）: Res autem ipsa, quae iam verbum non est neque verbi in mente conceptio, sive habeat verbum quo significari possit, sive non habeat, nihil aliud quam res vocatur proprio iam nomine.

(43) テキストには、Aristotle, *The Categories, On Interpretation, Prior Analytics*（LCL 325 ; Cambridge and London : Harvard University Press, 1938）を使用した。

(44) ここでは、'τὰ ἐν τῇ ψυχῇ παθήματα' を「魂における受動様態」と訳した。R. Mckeon は 'mental experience' と、H. P. Cooke は 'affections or impressions of the soul' と、J. Tricot は 'des états de l'âme' と、E. Rolfes は

'in der Seele hervorgerufenen Vorstellungen' と訳す。中畑正志は「魂の内の受動様態」と訳し、「表象」と捉える心理主義的解釈の誤りを指摘する（中畑「言語と内的なもの」、『人間存在論』第四号、一九九八年、23–46頁）。中畑はアリストテレスの「言語と内的なもの」について、次のように述べる。「魂の内なるもの——心のさまざまな能力の発言——はそれ自身として公共的に理解可能であるという知見、そこにおける内と外とを構成する形相——概念的なもの——の役割への洞察、そしてそのような概念を学び行使する思考を、発達論的にも概念論的にも形成する言語という理解。ひとことで言えば、言語を、心理主義 psychologism ではなく魂のロゴス psyches logos としての理解すること」（同、38頁）。

(45) Cf. *DI* 1.16a「それゆえ、音声の言葉は魂における受動（様態）の符号である。また、書き言葉は音声の言葉の〔符号〕である。そして、すべての人々に対して書き言葉が一様でないように、音声も一様でない。しかし一方で、これらの〔音声〕が第一にそれらの符号であるところの魂の受動様態はすべての人々に対して一様である。同様に、これらの〔魂における受動（様態）〕がそれらの写しであるところの事柄も今や一様である」（Loeb Classical Library [LCL] 325, 114：*Ἔστι μὲν οὖν τὰ ἐν τῇ φωνῇ τῶν ἐν τῇ ψυχῇ παθημάτων σύμβολα, καὶ τὰ γραφόμενα τῶν ἐν τῇ φωνῇ. καὶ ὥσπερ οὐδὲ γράμματα πᾶσι τὰ αὐτά, οὐδὲ φωναὶ αἱ αὐταί. ὧν μέντοι ταῦτα σημεῖα πρώτος, ταὐτὰ πᾶσι παθήματα τῆς ψυχῆς, καὶ ὧν ταῦτα ὁμοιώματα, πράγματα ἤδη ταὐτά*）。

(46) 言葉の把握に対する事柄の把握の先行性ということで意味されることは、指示関係〈言葉—事柄〉の内的把握に対して、経験を通して獲得された事柄そのものの認識が先行するということである。

(47) したがって、『キリスト教の教え』で聖書テキストの多義的言葉に適用される比喩的解釈は、文脈の全体性を把握するための字義的解釈をその前提として要請する。*DDC* 2.8.12では「そこで、聖書の最も熟達した探求者 indagator は、はじめに正典と呼ばれる〔聖書〕全体を読み、たとえ未だ理解 intellectus によるのではなく、目下のところ読むことによるにしても、その限りで正典と呼ばれる諸書（聖書）の特徴を把握した者であろう」（CCSL 32, 38–39：Erit igitur diuinarum scripturarum sollertissimus indagator, qui primo totas legerit notasque habuerit, et si nondum intellectu, iam tamen lectione, dumtaxat eas, quae appellantur canonicae）と述べられ、「全体から部分へ」のアプローチによる比喩的解釈には「部分から全体へ」のアプローチによる字義的な全体的把握が要請される。

（48）*DD* 9（Pinborg, 106）：Itaque rectissime a dialecticis dictum est ambiguum esse omne verbum.

（49）編集史批評では、特に福音書において、編纂者の神学的立場や思想が「生活の座」Sitz im Leben として問題とされる（Robert H. Stein, “What is *Redaktionsgeschichte*?” *Journal of Biblical Literature* 88（1969）：44–56, esp. 48–49）。

（50）聖書記者が共有する内的世界は、神の国における魂の一致と比較できるかもしれない。Cf. *De bono coniugali* 18.21「だが、神にあって一つの魂 anima と一つの心 cor を所有する一つの国 ciuitas が多くの魂から興ろう。その国は、この生における巡礼の旅の後に生じる我々の一致の完全体 perfectio であろう。そこでは、すべての思考 cogitationes が我々相互に隠されることはなく、どのようなことにおいても我々の間で意見が分かれることはなかろう」（PL 40：Sed quoniam ex multis animis una civitas futura est habentium animam unam et cor unum in Deum（quae unitatis nostrae perfectio post hanc peregrinationem futura est, ubi omnium cogitationes nec latebunt invicem, nec inter se in aliquo repugnabunt）...）。P. Cary によれば、「罪から解放された魂は、多くの個別的な内的空間へ相互に分割されず、内的現れの共通空間において一つにされる」（Phillip Cary, *Outward Signs：The Powerlessness of External Things in Augustine’s Thought*［New York：Oxford University Press, 2008］, 83）。アウグスティヌスが考える共通の内的世界とは人間が完全な幸福に与ることができる終末的希望の世界であり、『キリスト教の教え』では、共通の内的世界に属しうるのが「知恵」sapientia の段階に到達した者であろうことが暗示される。

（51）このような『教師論』のパラドックスは、本書第四章第二節で分析される。

（52）Louth は『教師論』について、次のように述べる。「我々がさらに到達しなければならない神学的見解によって深められるならば、［『教師論』］は、人間的コミュニケーションの可能性における絶望と、人間的状況を互いから閉ざされた孤独のモナドによって構成されるものと見なすこととへ、ほとんどアウグスティヌスを導くような見解である」（Louth, “Augustine on Language,”153：It is considerations such as these, deepened by theological considerations that we have still to come to, that lead Augustine almost to despair of the possibility of human communication and to see the human condition as consisting of solitary monads, closed off from one another）。

第二章　『問答法』の記号理論

第一節　問題と方法

現代記号学を先導したソシュールとパースに影響を及ぼした記号論的系譜の一源流がアウグスティヌスに見いだされることは驚きである。[1] アウグスティヌスの記号理論は、年代順に『問答法』*DD*（三八七年）、『教師論』*DM*（三八九年）、『キリスト教の教え』*DDC*（三九六／三九七年）で展開される。記号理論を主題的に扱う議論が『キリスト教の教え』以降の著作に見受けられなくなることから、その使用目的は最終的に聖書解釈学の基礎づけにあったことが推測される。[2] いずれにせよ、『問答法』の分析を抜きにして、彼の記号理論の使用目的とその特性を正確に理解することは難しい。その理由は、修辞学の教師であったアウグスティヌスが、どのようにして、文法学や弁証学の専門知識の下で、彼独自の記号理論に辿り着いたのか、を探る糸口を提供するのが『問答法』だからである。

『問答法』はアリストテレスのオルガノンを土台とする論理学ばかりでなく、ストア学派のそれ[3]に大きく影響されたことが時折主張される。[4] 他方、アウグスティヌスの発展性に注目すれば、『問答法』で言語理論に適用される記号理論が、『キリスト教の教え』で聖書解釈学に適用されている。このようにして、彼自身の記号理論の展開とストア派論理学との関係性という観点から、アウグスティヌスの独自性が問題となる。すなわち、アウグスティヌスの記号理論の特性が言語への適用にあるのか、あるいは、聖書解釈への適用にあるのか、が問われる。R・A・マークスが一九五七年に記号理論の言語理論への適用にアウグスティヌスの独自性を認めたのに対し、[5] B・D・ジャクソンは一九六九年にマークスを批判して記号理論の聖書解釈への適用に彼の独自性を求めた。[6] R・H・エアーズが一九七九年にジャクソンを支持するものの、[7] マークスは自身の一九五七年論文が再掲載される一九九六年出版の著書の序文で、ジャクソンの批判を念頭に「アウグスティヌスの独自性をめぐる私の中心的評価はまだ妥当であるように思われる[8]」と述べる。

この問題を解決するためには、ストア学派をめぐる最新の研究をもとに、ストア派論理学をアウグスティヌスとの関係性から捉え直す作業が求められる。そこで、本章では、この関係性から問題となるストア派論理学を簡潔に把握した後、それとの比較検討による『問答法』の特性の分析を通して、また、マークス論文とジャクソン論文の各主張の分析を通して、『問答法』におけるアウグスティヌスの独自性をめぐる問題の決着を探りながら、記号理論の導入におけるアウグスティヌスの思想を明らかにする。

第二節　ストア学派の論理学

はじめに、ストア学派の論理学を、言語的記号と推論的記号との側面から分析する。ここでは、ストア派言語学のシニフィアン、ストア派言語学のシニフィエ、および、ストア学派の記号論について述べたい。

一　ストア派言語論のシニフィアン

ディオゲネス・ラエルティオスの『著名な哲学者の生涯と見解』*Vitae Philosophorum*（以降、*VP* と略す）[9]第7巻によれば、ストア学派の「問答法」あるいは「弁証法」διαλεκτική としての言語論は、「音声」φωνή と「指示されるもの」τὸ σημαινόμενον との構造に（*VP* 7.43）、あるいは、「指示するもの」τὸ σημαῖνον（指示言語として現代的シニフィアンに相当）と「指示されるもの」τὸ σημαινόμενον（意味内容として現代的シニフィエに相当）との構造に分類される（*VP* 7.62）。指示するものとしての物体的な音声は、すなわち、「振動を受けた空気」ἀήρ πεπληγμένος あるいは「耳の知覚可能な固有なもの」τὸ ἴδιον αἰσθητὸν ἀκοῆς である音声は、「非理性的衝動」ὁρμή による単なる空気振動としての動物の音声と、「分節化され」ἔναρθρος「思考によって発せられるもの」ἀπὸ διανοίας ἐκπεμπομένη としての人間の音声とに分類される（*VP* 7.55）。たとえば、「昼」ἡμέρα のような音声は分節された「言葉（単語）」λέξις であり、「昼である」ἡμέρα ἐστί のような音声は思考によって発せられる「文（主張文）」λόγος としての「指示的音声」φωνή σημαντική となる（*VP* 7.56）。

ところで、単なる音声に対して分節化された言葉が区別されるように、単独で使用される「言葉」λέξις が曖昧で「理解できない」ἄσημος ものと考えられるのに対し、「主張文」λόγος は常に「指示的（意味表示的）」σημαντικός なものと見なされる（*VP* 7.57）。M・バラタンによれば、「音声」と「言葉」と「主張文」の三者は古代ストア学派の「指示言語」signifiant における分析上の基本的図式であり、ピラミッド型の階層構造をもつ。[10] たとえば、「昼」は同時に音声と言葉であり、「昼である」は同時に音声と言葉と主張文と見なされ、「意味の担い手」porteur de signification となるのは主張文であって、単語としての言葉は生来的な意味の担い手とは考えられていない[11]。

二　ストア派言語論のシニフィエ

では、「指示言語」シニフィアンの「意味内容」シニフィエとは何か。ストア学派は、アリストテレスと同様に、精神内における知性的対象を言語の直接的指示内容と見なし、外的対象を間接的な指示対象と考えた[12]。ところで、アリストテレスが言語生成期の現実社会における言語の慣習的成立を支持したのに対し[13]、ストア学派は神的理性の世界内貫通性を根拠に世界における言語の自然的成立を支持する[14]。そして、ストア学派は、世界が本来的に説明可能であることを根拠に、人間の理解と言語との根拠が精神内の知性的な非物質的「レクトン」λεκτόν（「表現されうるもの」と訳される）に依存すると考える[15]。セクストゥス・エンペイリコスの『学者たちへの駁論』*Adversus Mathematicos*（以降、*AM*と略す）第8巻[16]によれば、「非物体的」ἀσώματος なレクトンが「指示される事柄」τὸ σημαινόμενον πρᾶγμα としてのストア学派のシニフィエであり（*AM* 8.12）、それは「理性的表象」λογικὴ φαντασία に対応して成立するものである（*AM* 8.70）。

ラエルティオスによれば、「表象」である「パンタシア」φαντασία は「思考の幻影」δόκησις διανοίας としての「空想」、すなわち、「パンタスマ」φάντασμα とは異なり、それは「外的対象」τὸ ὑπάρχον に対応する指輪の刻印のような魂の「型」τύπωσις、あるいは、魂の「変容」ἀλλοίωσις であって（*VP* 7.50）、この魂の表象に続いて「表現可能な思考」ἡ διάνοια ἐκλαλητική が形成される（*VP* 7.49）。あらゆる現象を物質中心に説明しようとするストア学派は、物質的魂に写された外的対象をめぐる明瞭な「把握的表象」ἡ καταληπτική φαντασία を「事柄の真理」ἡ ἀλήθεια τῶν πραγμάτων の「基準」τὸ κριτήριον と考えた（*VP* 7.49, 54）。

では、「表現されうるもの」と訳される「レクトン」とは何か。レクトンは「完結的なレクトン」τὸ

αὐτοτελὲς λεκτόν と「欠如的なレクトン」τὸ ἐλλιπὲς λεκτόν とに分類され、前者に「命題」ἀξίωμα や「三段論法」συλλογισμός の分野が属し、後者に「述語」κατηγόρημα の分野が属する（*VP* 7.63）。非物体的であるレクトンは、[17]「魂の固有の様態という意味で言葉や事柄や思考ではない」が、「どんな言語においても考えたり表現したり理解したりすることのできる有用な対象」であり、それは「意味か事実か真か偽である」[18]。したがって、ストア学派にとって意味づけや真偽判断の対象となるものは、「音声」でも「思考の活動」τὸ κίνημα τῆς διανοίας でもなく、「語ることによって主張するところのもの」ὃ λέγοντες ἀποφαινόμεθα（*VP* 7.66）と定義される命題に対応した、理性的表象、すなわち、「完結的なレクトン」でなければならない（*AM* 8.69, 74）。

以上から明らかなように、あらゆる音声が「指示するもの」の候補となりえようが、その中で、〈シニフィアン―シニフィエ〉関係が保持されるのは、第一に、〈主張文―完結的なレクトン〉関係であり、〈述語―欠如的なレクトン〉関係は不完全的にこの関係に含まれる、と考えられている[19]。このように、述語だけが欠如的なレクトンと見なされていることから、レクトンには非物質的な意味を含む動詞が不可欠であるのに対し、主格名詞は欠如的なレクトンを補足する働きに限定され、さらに、名詞のみの音声では（普通名詞にはその物質的対象との密接な関連性ゆえに非物質的意味が含まれないためであろうか）、〈シニフィアン―シニフィエ〉関係が保持されないと見なされる。

D・セドレーによれば、アリストテレスの『命題論』（*DI*）とストア学派の言語論は、プラトンの『ソピステス』*Sophistes* における言葉と思考との関係性（単語と概念との関係だけでなく、文章と信との関係をも含む）をめぐる議論に基礎づけられており、『命題論』の主題が「完全な文章」の意味分析と見なされるように（アリストテレスは『命題論』の最終部で魂の様態に対応する「符号」σύμβολον として、単語ではなく、完全な文章を位置づける〔*DI* 14.24b〕）、近年の研究者はストア学派におけるレクトンの基本概念を「完全文」の意味としておおむね受け取っている。[20] エンペイリコスが「指示するもの」として固有名詞の「ディオーン」を、「指示されるもの」として思考的な「事柄」πρᾶγμα をそれぞれ例外的に提示する箇所があるが（*AM* 8.11–12）、これまでの議論に基づけば、ストア学派の言語論では、〈ディオーン―事柄〉関係は、基本的に、本来的な〈シニフィアン―シニフィエ〉関係を保持することができないのである。[21]

三　ストア学派の記号論

ストア学派の記号論は彼らの言語論とどのように関係するのか。G・マネッティーによれば、意味論的理論に基づく言語的記号と論理学的理論に基づく推論的記号とは、排他的で並行的に取り扱われた古代の二概念であって、[22] 前者にアリストテレスの σύμβολον（言語的符号）とストア学派の σημαῖνον（言語的記号）が属し、後者にアリストテレスの σημεῖον（非言語的しるし）あるいは τεκμήριον（証拠）とストア学派の σημεῖον（推論的記号）が属する。[23]「言語的記号」τὸ σημαῖνον の領域では、ストア学派が「主張文」を、アリストテレスが「完全な文章」をそれぞれ問題の中心に据えたことは既に述べたが、次に問題となるのがストア学派が本来的な記号と考えた「推論的記号」τὸ σημεῖον である。[24]

「推論的記号」の説明が、エンペイリコスの『学者たちへの駁論』（*AM*）第8巻に見いだされる。第一に、推論的記号は「もしもこれこれなら、これこれ」εἰ τόδε, τόδε という形を取る（*AM* 8.276）。記号は一時的に意味が隠される「暗示的（想起的）記号」σημεῖον ὑπομνηστικόν と自然的に意味が隠される「開示的記号」σημεῖον ἐνδεικτικόν とに分類されるのであり、たとえば、「もし煙があれば、火がある」は煙と火とが同時的に観察可能なので前者の「暗示的記号」に属する（*AM* 8.151–152）。[25]

後者の開示的記号とは、真正な「条件文（仮言命題）」συνημμένον の「前件（前提）」καθηγούμενον としての「命題」ἀξίωμα であり（AM 8.245, 250, 256）、「後件（帰結）」λῆγον を開示する性質をもたなければならない（AM 8.252）。たとえば、「もしこの女の人が乳房に母乳を含むなら、彼女は妊娠している」という真正な条件文の前件や（AM 8.252）、「もし運動があれば虚空がある。しかるに運動はある。ゆえに虚空がある」という真正な三段論法の大前提と小前提が開示的記号であり（AM 8.277）、各々直接的には判別不可能な「この人は妊娠している」と「ゆえに虚空がある」という後件を開示する。このように、推論的記号は「知性的なもの」νοητός であり（AM 8.244）、「内なる理性」ὁ ἐνδιάθετος λόγος と「移行的表象」μεταβατική φαντασία や「結合的表象」συνθετική φαντασία に基づいた人間固有の「推論（随伴関係）の概念作用」ἀκολουθίας ἔννοια に依存する（AM 8.275–276）。

したがって、仮言命題の場合、前件が世界に対応する命題であって、後件は、暗示的記号では世界に対応する命題である一方、開示的記号では論理的推論である。いずれにしても、推論的記号は真なるものであり、それは真なるものを暗示し、あるいは、開示するのであるから（AM 8.249）、推論的記号の前件命題と後件命題とは完結的レクトンであることが要請される。結果として、ストア学派の本来的記号と考えられる論理的記号は端的に仮言命題の前件命題であり、それによって言語論的に指示されるものは完結的なレクトンである。このように、ストア学派の言語論と記号論では、いずれの場合も、体系の基本単位が単語ではなく命題と考えられているのである。

第三節　『問答法』の記号理論とその適用

次に、ストア学派の言語論と記号論の枠組みをアウグスティヌスの『問答法』と比較することによって、アウグスティヌスの記号理論がもつ独自性を明らかにする。ここでは、『問答法』の概略、『問答法』の言語、および、アウグスティヌスによる記号理論の適用について述べたい。

一　『問答法』の概略

現代の研究者は、ジャクソンとJ・ペパン以来、[26]『問答法』*De dialectica* がミラノでの洗礼準備期間（三八七年）にアウグスティヌスによって書き始められた自由学芸諸書の一つであることをおおむね支持する（cf. *Retractationes* 1.5）。[27]少なくとも、その真作性について、現代の研究者の間で積極的な反対意見は聞かれない。[28]本書では、『問答法』をアウグスティヌスの真作として受け入れつつ、議論を進める。

『問答法』で、アウグスティヌスは記号理論を導入しながら弁証法的な言語理論を展開する。第1～4章では、問答法の概略が俯瞰的に示される。「言葉」uerba は「ある一つ」unum quiddam を指示する「単純言語」uerba simplicia（*DD* 1）と「多くの事柄」res plures を指示する「複合言語」uerba coniuncta とに分類され、後者が「未完成文」と「完成文」sententia とに分類され、さらに、「完全文」は真偽の対象にならない文と「討論者」disputator が要求される「命題（完全文）」とに分類される（*DD* 2）。命題は「単純（命題）」simplices と「複合（命題）」coniunctae とに分類され、後者に三段論法が含まれる（*DD* 3）。この分類の下で、問答法の「分野」partes には、（1）「問答法の構成要素」materia dialecticae を扱う「単純言語の分野」de loquendo、（2）不完全文と討論者が要求されない文を扱う「表現文の分野」de eloquendo、（3）判断が要求される文を扱う「主張文の分野」de proloquendo、（4）帰結が導かれる文を扱う「主張文の最高分野」de proloquiorum summa が含まれることになる（*DD* 4）。このうち、『問答法』第五章以下で扱われるのは（1）の「単純言語の分野」、すなわち、単語分析であることをまず念頭に置く必要がある。[29]

二　『問答法』の言語理解

では、アウグスティヌスが考える言語とは何か。その理解の糸口となる重要な箇所が、『問答法』第5章に見いだされる。

> それゆえ、（ある）言葉 uerbum が口から発せられるとき、もし、自らのために、すなわち、言葉それ自体をめぐって何かが問われたり論考されたりするために発せられるのであれば、確かに論考や問いの主題が事柄 res であって、この事柄それ自体が「言葉」uerbum と呼ばれる。しかしながら、耳ではなく魂が言葉から知覚し、魂それ自体によって保持される内容 inclusum は、何であれ「口述可能なもの」dicibile と呼ばれる。言葉が自らのためでなく、他の何か aliud aliquid を指示する significare ために発せられるとき、「口述」dictio と呼ばれる。しかし、言葉でもなく精神内の言葉の概念 conceptio でもない事柄それ自体は、それによって指示されうるところの言葉を所持しようがしまいが、さしあたり適切な名称によって「事柄」res 以外の何かと呼ばれることはない。[30]（*DD* 5）

たとえば、繰り返しになるが、『アエネーイス』の巻頭文である‘Arma uirumque cano’（私は歌う、武器／戦争と人とを）について、文法家が「アルマの品詞は何か」と問う場合の「アルマ」は「言葉それ自体」を意味するが、著者のウェルギリウスが述べる「アルマ」は「口述」であって武器か戦争を指示し、それが現存するときに触れることができる「武器」や指で指し示すことができる「戦争」は「事柄」である（*DD* 5）。

ところで、本書の第一章第二節（四）で確認したように、アウグスティヌスの記号単位は端的に単語である。そして、ストア学派との比較から見えてくるアウグスティヌスの言語の第一の特徴は、「言葉それ自体」にしろ「口述」にしろ、単語単位が〈シニフィアン―シニフィエ〉関係を保持することができると考えられている点にある。しかも、ストア学派では単独使用された動詞以外の名辞に対してレクトンが成立しなかったのに対し、アウグスティヌスの単語はすべてに「口述可能なもの」dicibile（「言葉の概念」と読み取れる[31]）が対応している[32]。第二の特徴は、音声のうち「口述」dictio に重点が置かれることである。ストア学派では、名詞が単独で使用される場合、指示されるのはレクトンではなく、「格」であると論じられるように（*AM* 11.29）、『問答法』で音声が言葉それ自体と呼ばれる場合、アウグスティヌスは格としての品詞という視点から「言葉それ自体」を考えている。これに対し、「口述」は本来的な「事柄」を指示することができ、〈口述―口述可能なもの―事柄〉の三極構造が成立する。第三の特徴として、「口述」の指示対象である「事柄」res の内容的な包括性を挙げることができる。アリストテレスの「事柄」πράγματα にしてもストア学派の「事柄」τύγχανον にしても、それは外的な対象や現象に留まった。これに対し、アウグスティヌスの事柄は「言葉でもなく精神における言葉の概念でもないもの」であり、『キリスト教の教え』では「事柄でないものは全く無である[33]」（1.2.2）と述べられていることから、事柄には物体と非物体とを含むすべての実体が含まれる、と考えられていることになる[34]。

三　アウグスティヌスによる記号理論の適用

アウグスティヌスは記号理論をどのように導入するのか。『問答法』第5章の冒頭では、次のように記号理論が記述される。

> 言葉 uerbum は各々の事柄の記号 rei signum であり、それは聞き手によって理解される intellegi ことができ、語り手によって発話される prolatum。事柄 res は何であれ、知覚されたり sentiri 理解されたり intellegi 隠されたり latere する。記号は、一方で、感覚に向けてそれ自体を、他方で、魂に向けてそれを超えて何かを示すものである。話すこと loqui は文節化された音声によって記号を付与することである。[35]（*DD* 5）

アウグスティヌスの記号理論は、ストア学派のそれと同じように、「指示するもの」シニフィアンと「指示されるもの」シニフィエという枠組みを基礎に展開されるが、[36] 記号理論をめぐる両者の扱いには相当な隔たりがある。上述したように、ストア学派の本来的な記号は推論的枠組みにおいて取り扱われる仮言命題の前提であったが、アウグスティヌスの記号は言葉そのものである。[37] しかも、それは、ストア学派の理論からすれば大胆と見なされようが、言葉の単独使用では主張の曖昧性ゆえに明確なものはほとんど何も指示されえないと彼らが考えたところの単語である。『教師論』では、'Si nihil ex tanta superis placet urbe relinqui'（もしかの偉大な都市から何も残されないことが喜ばしいことならば[38]）という八単語から構成される条件文が「八つの記号」と呼ばれ、ストア学派がこの種の条件文を一つの記号と考えたことと大きく異なる。そして、驚くべきことに、アウグスティヌスは 'si'、'nihil'、'ex' というあらゆる種類の単語を「各々の事柄の記号」と捉え、その指示内容である「事柄」を探求しているのである。

第一に注目すべきことは、アウグスティヌスが考えている言葉の意味作用である。各々の記号が分節化された音自体を聴覚に与えると同時に、魂に「何か」aliquid を与えることによって、意味伝達が達成されるのであり、この過程は音声によって記号を付与するところの「話すこと」loqui である。そして、音声が魂に与える「何か」は「言葉の概念」と考えられる。[39] しかも、意味づけの対象がストア学派では完結的レクトンであったのに対し、アウグスティヌスの言葉は「事柄の記号」rei signum であり、その意味づけの対象は事柄である。第二に注目すべきことは、アウグスティヌスが考えている言葉の指示作用である。言葉が「事柄の記号」である点で、アリストテレスが「事柄」*πράγματα* ではなく「魂における受動様態」*τὰ ἐν τῇ ψυχῇ παθήματα* を、「音声における言葉」*τὰ ἐν τῇ φωνῇ* の「符号」*σύμβολα* と考えた（*DI* 1.16a）ことと相違する。アウグスティヌスの場合、言葉が指示するのは包括的意味を有する「事柄」なのである。

以上の議論より、言葉は記号として魂に言葉の概念（口述可能なもの）を与え、かつ、事柄を指示することになる。『問答法』の言語理論における主要な枠組みは「口述」と「口述可能なもの」と「事柄」であったが、言葉に記号的役割が与えられることによって、口述は、言葉として口述可能なものを魂に与えつつ、記号として事柄を指示するという二重の働きを演じることになる。

ストア学派では、すべての言語の自然的成立と外的対象の刻印である物質的表象という彼らの思想に基づき、主張文としての言葉によって指示されるものがもっぱら内面的なレクトンに求められ、世界との直接的関わりのある推論は、これもレクトンに還元されてしまう傾向にあるのだが、言語論とは区別された。これに対し、アウグスティヌスは直接的であれ間接的であれプロティノス[40]から影響を受けて魂の非物質性を主張し[41]、アリストテレス[42]やストア学派に見受けられる魂の物質的要素ゆえの全面的な受動的様態性を否定する。加えて、アウグスティヌスは、すべての言葉の自然的成立を強調するストア学派の言語的思想を否定する（*DD* 6）。その結果、アウグスティヌスが主張する非物質的な魂は物質的な世界に対して独立性と自主性を確保することができたのであり、その下で、言葉が魂と世界との両者に関係するような言語構造が単語的記号理論の導入によって達成されたのである。このようにして、言語的記号が、一方で、言葉の概念を内的に与え、他方で、事柄を外的に指示するような、記号理論の三極構造が『問答法』において成立する。

第四節　マークス説とジャクソン説

最後に、アウグスティヌスの独自性をめぐって議論されるマークス説とジャクソン説を取り扱う。マークス説を概略した後、ジャクソンによるマークス批判を検討することによって、記号理論の導入をめぐるアウグスティヌスの思想を鮮明にする。ここでは、アウグスティヌスの独自性をめぐるマークス説、および、ジャクソンによるマークス批判とその検証について述べたい。

一　アウグスティヌスの独自性をめぐるマークス説

マークスはアウグスティヌスの独自性をどのように考えるのか。彼は、アウグスティヌスの言語と記号の関係性を次のように述べる。

ともかくも、どんな理由であれ、言葉はアウグスティヌスにとって卓越した記号であり、彼の記号理論は〔言語理論以外の〕他種の記号理論だけでなく、言語理論でもあることにはじめから定まっている。意味をめぐる彼の思索の独自性と、彼の関心の多くを集中させるための思索の能力とは、この事実に存する。(43)

ストア学派の言語論では、たとえば、単独使用される「言葉」の「煙」（a）は代替的に外的対象の受動的表象様態（b）を表示するのみであり、その代替関係〈a＝b〉[44]の主張は何も意味していないことになる。しかし、「主張文」の「もし煙があれば」（文t）はその内容であるレクトン（p）を意味している（文t＝p）。他方、ストア学派の論理学では、前件「もし煙があれば」（p）に対して後件の「火がある」（q）が得られ、推論〈p∪q〉が成り立つ。

これに対し、アウグスティヌスはストア学派の枠組みを利用しつつ、記号理論を単語に適用し、「口述」の「煙」（a）が魂に向けて「口述可能なもの」（b）として意味を与えつつ（a＝b）、実在的な「事柄」としての煙（r）を指示する（a∪r）。さらに、上の命題では、事柄の煙（r）が別の事柄の火（s）を指示する（r∪s）という記号構造が構築される。すなわち、口述の「煙」が聴覚を通して記号と同定され、〈音声―指示対象〉の、すなわち、〈記号―事柄〉の関係的知識をもとに、魂は音声の「煙」から口述可能なものを受け取り、引き続いて、精神が煙の概念を第一の意味として想定し、さらに、随伴的指示物である火の実在性を探求するという構造である。このように、アウグスティヌスの記号構造では、言葉の指示対象としての第二の意味が、ストア学派のように内面的なレクトンに留まることなく、包括的な意味をもつ「事柄」に開放されているのである。したがって、記号理論が言語へ適用されることで、意味作用が指示作用から捉え直され、通常の意味だけでなく、その奥にあるリアリティーが探究されるようになる。マークスは、この探求過程によって、アウグスティヌスが意味への徹底した思索に向かうことができたと考えており、この点で、マークスの洞察は本質を突くものと思われる。

次に、アウグスティヌスが記号理論を言語へ適用する理由を、マークスは前述した引用文の直前で次のように述べている。

記号理論の点から理解された言語理論を提示することに資したいっそう強力な作用因子は、十中八九、聖書的記号に対するアウグスティヌスの関心の優位性である。記号体系としての言語理論は魅力的であったに違いない。なぜなら、それは聖書の字義的意味と比喩的あるいは予型的意味との二つの問いを「記号」という首座の下に運び込む可能性を確保するからである。(45)

マークスによれば、記号体系としての言語理論は、言語の記号的機能性のゆえに、字義的解釈と比喩的解釈とを統括することができる。上述の議論に従えば、口述の「羊」（a）が魂に口述可能なもの（b）を与えつつ（a≡b）、実在的事柄の羊（r）を指示する（a∪r）ということが字義的解釈であり〈〈a≡b〉かつ〈a∪r〉〉、さらに、これに加えて、事柄の羊（r）が別の事柄であるイエスやキリスト者（s）を非言語的に指示（転義）するということが比喩的解釈である（r∪s）。これは、『キリスト教の教え』で扱われる聖書解釈学の基本構造である（*DDC* 2.10.15）。

二　ジャクソンによるマークス批判とその検証

では、ジャクソンはアウグスティヌスの独自性をどのように考えるのか。彼はマークスを批判して次のように述べる。

マークスは、アウグスティヌスの記号理論の独自性が、その言語理論としての使用法にあることを論じた。しかし、私が引用したテキストによれば、ストア学派は言語的表現の意味理論において記号を論じたことが示される。[研究者]は、言語論的記号 τὸ σημαῖνον が記号のことではないと主張する場合に限って、ストア学派は記号理論を言語に適用しなかったのだということができる。彼らの詳細な推論理論において、彼らはより一般的な推論的記号 τὸ σημεῖον を非言語的に使用した。「記号」のためのこれら二つの用語がどのように関係づけられるかは不明であるが、アウグスティヌスの「記号」signum は両方の意味合いの何ものかを保有する。……このように、アウグスティヌスの「記号」の使用法は、新奇であるどころか、ストア派的伝統と一致しているように思われる。[46]

マークスを批判するジャクソンの拠り所は、ストア学派の「言語論的記号 τὸ σημαῖνον が記号のことではない」ことへの反駁である。また、ジャクソンは、「言語論的記号」τὸ σημαῖνον と「推論的記号」τὸ σημεῖον との関係性を「不明である」とも述べる。もしこの両者が系譜の異なる別種の記号体系であり、それぞれが独自の哲学的歴史背景をもつものであって、それゆえ、ストア学派が両者を混同することはなかったのだとすれば、言語的記号は厳密には推論的記号と区別され、ジャクソンは批判の論拠を失うことになる。既に述べたように、それぞれ「言語的記号」と「推論的記号」とに訳されうる二つの記号概念、すなわち、「セマイノン」σημαῖνον と「セメイオン」σημεῖον は、アリストテレスにおいてもストア学派においても、別種の記号概念と見なすことができるのである。[47]

ストア学派では、主張文によって指示されるものが「レクトン」λεκτόν であったが、アウグスティヌスは、ストア学派の主張文によって指示されれものを単語単位のそれに置き換え、これを「口述可能なもの」dicibile と名づけた。しかし、ジャクソンは、アウグスティヌスの言語機能において、意味の担い手が「主張文」から「単語」へ移されたことについて言及しない。アウグスティヌスは、おそらく、アレキサンドリアの文法家の影響を受けて、[48] 指示するものとしての主張文を単語に置き換え、さらに、記号理論を適用し、単語単位の言葉を記号として定義し直している。単語単位を記号と考えることは古代では新奇であり、[49] これがさらなる新奇性を生んでいる。Dicibile はアウグスティヌスが用いた λεκτόν の翻訳であると時折指摘されるが、[50] λεκτόν と dicibile との間には本質的な差異性がある。[51]

たとえば、'Deus caritas est'（神は愛である）という文章の場合、ストア学派の見解では記号と λεκτόν（文章の意味）は各々一つであるのに対し、アウグスティヌスでは記号と dicibile は各々三つとなる。この事実より推測されるように、dicibile を単語単位に適応するアウグスティヌスの第一の目的は、文章全体の意味把握が達成される以前に最小単位である単語単位の吟味方法を構築することである。上の例では、口述の「神」Deus は何らかの概念を魂に与えはするものの、その内容は自明的でないため、精神は、先行的な事柄把握と聖書全体の教え[52]を基礎に、指示される事柄を思索を通して探求しなければならない。そして、「神」の概念が明らかになるに従って、「神は愛である」という文章の意味も自ずと明らかになろう。アウグスティヌスの第二の目的は、文章全体にではなく、文章における特定の単語や句に象徴的働きを担わせることである。こうして、はじめて、アウグスティヌス独自の転義的記号の解釈の道が開かれるのである。

以上のように、アウグスティヌスはストア学派の論理学的形式を最大限に利用しつつ、言語と記号とを、すなわち、意味作用と指示作用とを統合し[53]、全く新しい言語の記号理論ともいうべきものを創設した。このようにして、『キリスト教の教え』で明らかにされる〈本来的記号 signa propria—転義的記号 signa translata〉の対比（*DDC* 2.10.15）が『問答法』で基礎づけられたのである。結局のところ、ジャクソンは、記号理論をめぐるアウグスティヌスとストア学派との類似性を過度に強調したため、記号理論の議論そのものにおけるアウグスティヌスの独自性を見失ってしまったか、あるいは、意図的に無視したことになろう。[54]

アウグスティヌス研究で見落とせないものの一つに、キリスト教のための思想的再構築を可能にする彼の天才的な総合能力を挙げることができる。ドゥフロウが述べるように、アウグスティヌスは受け取った古代の伝統を直ちに自分のものに変えてしまう柔軟な思考力があったのであって[55]、その天賦を通して、彼はキリスト教文化の堅固な基礎を創造的に据えることができる第一人者となったのである。

第五節　結語

本章では、ストア学派の言語論および記号論との対比から、アウグスティヌスの記号理論を考察した。その結果、以下の結論を得た。第一に、ストア学派の論理学には、「言語的記号」（セマイノン）と「推論的記号」（セメイオン）という二種類の異なる記号概念が並存し、前者が狭義の言語論、後者が狭義の記号論と捉えられること。第二に、ストア学派の言語論は、「指示するもの」と「指示されるもの」、すなわち、「音声」と「レクトン」とから構成され、意味の担い手は「言葉」ではなく「主張文」と見なされること。第三に、ストア学派の記号論では、仮言命題の前件が推論的記号と見なされ、その指示作用的特性に従って暗示的記号と開示的記号とに分類されること。第四に、アウグスティヌスはストア学派の推論的記号における指示作用を言語機能として導入し、さらに、意味の担い手を主張文から単語単位に移行させることで、言語の記号理論を創設したと考えられること。第五に、アウグスティヌスの記号理論では、言葉が魂と世界との両者に関係づけられるような言語構造が考えられていること。最後に、記号理論の言語への適用にアウグスティヌスの独自性を見て取るマークスは、その聖書解釈学への適用に彼の独自性を主張するジャクソンと比較し、アウグスティヌスの記号理論がもつ包括的事柄への開放性を洞察していると思われること。

アウグスティヌスの記号理論がもつ特徴は、「他の何か」を指示する言葉は象徴的言葉であるだけでなく、すべての言葉であると考えられている点にある。ストア学派が暗示的記号の例として用いた「もし煙があれば、火がある」はアウグスティヌスにとって自然記号の指示作用〈煙⊃火〉と表現され（*DDC* 2.1.2）、これが言葉に適用されることで、〈言葉⊃事柄〉という言語の指示作用が考えられたのであった。(56) 結果として、『問答法』で彼独特の記号理論を創設することによって、アウグスティヌスは細分化された言葉の解読方法を理論化したのであり、後の『キリスト教の教え』で記号理論が聖書解釈学に適用される事実は、聖書解釈が単語単位の理解しだいで文意が大きく変わる傾向にある点で、至極自然であるように思われるのである。

注

（1）Louis G. Kelly, "Saint Augustine and Saussurean Linguistics," *Augustinian Studies* 6（1975）: 45–64; Robert H. Ayers, *Language, Logic, and Reason in the Church Fathers: A Study of Tertullian, Augustine, and Aquinas* (Hildesheim and New York: Georg Olms Verlag, 1979), 74.

（2）R. A. Markus, "St. Augustine on Signs," *Phronesis* 2 1/2（1957）: 60–83, esp. 65（*Signs and Meanings*, 78）.

（3）Duchrow, *Sprachverständnis und biblisches Hören bei Augustin*, 44. Duchrow によれば、ストア学派の論理学は弁証学と文法学と修辞学から構成され、言語論および記号論は論理学を支える重要な学問分野である。

（4）E.g. Marrou, *Saint Augustin et la fin de la culture antique*, 578; Jackson, "The Theory of Signs in St. Augustine's *De doctrina christiana*," 35, 41–48; Marcia L. Colish, *The Stoic Tradition from Antiquity to the Early Middle Ages: II. Stoicism in Christian Latin Thought through the Sixth Century* (Leiden: E.J. Brill, 1990), 181; Catherine Atherton, *The Stoics on Ambiguity*（Cambridge: Cambridge University Press, 1993）, 294.

（5）Markus, "St. Augustine on Signs," 64–65（*Signs and Meanings*, 78）.

(6) Jackson, "The Theory of Signs," 22.

(7) Ayers, *Language, Logic, and Reason in the Church Fathers*, 70. Ayersの1976年論文ではこの判断が下されていない（Robert H. Ayers, "Language Theory and Analysis in Augustine," *Scottish Journal of Theology* 29 [1976]: 1–12, esp. 6）。

(8) R. A. Markus, *Signs and Meanings: World and Text in Ancient Christianity*（Liverpool: Liverpool University Press, 1996）, x: My central evaluation of Augustine's originality still seems valid.

(9) テキストは、Diogenes Laertius, *Lives of Eminent Philosophers* II（Loeb Classical Library［LCL］185; Cambridge and London: Harvard University Press, 1931）を使用した。*VP* 第7巻の邦訳は、加来彰俊訳のディオゲネス・ラエルティオス『ギリシャ哲学者列伝（中）』（岩波文庫、一九八九年）に収まる。

(10) Marc Baratin, "Les origines stoïciennes de la théorie augustinienne du signe," *Revue des Études Latines* 59（1981）: 260–268, esp. 261–262.

(11) Ibid., 262.

(12) Gérard Verbeke, "Meaning and Role of the Expressible（λεκτόν）in Stoic Logic," in *Knowledge through Signs: Ancient Semiotic Theories and Practices*（ed. Giovanni Manetti; Bologna: Brepols, 1996）, 133–154, esp. 145.

(13) アリストテレスによれば、「名辞」ὄνομα は「慣習に従った指示的な音声」φωνή σημαντικὴ κατὰ συνθήκην である（*De interpretatione* 2.16a.20–21: LCL 325, 116）。

(14) Cf. A. A. Long, "Stoic Linguistics, Plato's *Cratylus*, and Augustine's *De dialectica*," in *Language and Learning: Philosophy of Language in the Hellenistic Age*（ed. D. Frede and B. Inwood; Cambridge: Cambridge University Press, 2005）, 36–55, esp. 46–48. ここで、Long はストア学派の語源学的自然主義がプラトンの『クラテュロス』におけるソクラテスの形相的自然主義から受けた影響を詳述する。

(15) Verbeke, 145–146.

(16) Sextus Empiricus, *Against the Logicians*（LCL 291; Cambridge and London: Harvard University Press, 1935）第2巻に相当する。Loebでは、*Adversus Mathematicos* 第1〜6巻、第7〜8巻、第9〜10巻、第11巻がそれぞれ *Against the Professors*、*Against the Logicians*、*Against the Physicists*、*Against the Ethicists* とし

て翻訳される。*AM* 第8巻の邦訳は、金山弥平・金山万里子訳のセクストス・エンペイリコス『学者たちへの駁論2』（京都大学学術出版会、二〇〇六年）として出版され、また、その一部が、水落健治・山口義久訳のクリュシッポス『初期ストア派断片集2』（京都大学学術出版会、二〇〇二年）に収まる。

(17) ストア学派によれば、物体的なもののみが存在し、非物体的なものは存在しない。非物体的なものとされるのは、「レクトン」**λεκτόν** の他に、「虚空」**κενός**、「場」**τόπος**、「時間」**χρόνος** である（*AM* 10.218, i.e. Sextus Empiricus, *Against the Physicists* 2.218 [LCL 311, 318 ; Cambridge and London : Harvard University Press, 1936]）。ストア学派は物質的なものと非物質的なものを高次に包括するものとして「あるもの」**τὸ τί** を要請しているところから（cf. A. A. Long and D. N. Sedley, *The Hellenistic Philosophers* [Cambridge : Cambridge University Press, 1987], I.27, 162–163 ; II.27, 166–167）、レクトンは存在しないが「あるもの」に属すると見なされる（A. A. Long, "Language and Thought in Stoicism," in *Problems in Stoicism* [ed. A. A. Long ; London and Atlantic Highlands : The Athlone Press, 1971], 75–113, esp. 88）。

(18) Long, "Stoic Linguistics, Plato's *Cratylus*, and Augustine's *De dialectica*," 46.

(19) アリストテレスによれば、単独使用される「動詞」**ῥῆμα** は、「名辞」**ὄνομα** と同じように、「部分として（文章から）分離されては何ものも指示しない」（*De interpretatione* 3.16b.6–7 [LCL 325, 118] : **μέρος οὐδὲν σημαίνει χωρίς**）。

(20) David Sedley, "Aristotle's *De Interpretatione* and Ancient Semantics," in *Knowledge through Signs : Ancient Semiotic Theories and Practices* (ed. Giovanni Manetti ; Bologna : Brepols, 1996), 87–108, esp. 96–97.

(21) 近年の研究者は *AM* 8.11–12を例外的な用法として、あるいは、エンペイリコスの誤解として考える場合が多い。そこでは、音声としての固有名詞「ディオーン」が「指示するもの」**σημαῖνον** とされ、音声によって知らされて、思考に従って成立する「事柄」**πρᾶγμα** が「指示されるもの」**σημαινόμενον** とされる。後者は、ディオーンその人である「対象」**τύγχανον** とは異なることからレクトンと解することも可能であるように思われるが、Long と Sedney によれば、*AM* 11.29で普通名詞の「犬」によって指示されることが「格」**πτῶσις** とされることから、単独使用の名詞によって指示されることはレクトンではなく、文法的な「性質」であると見なされる（Long, "Language and Thought in Stoicism," 105–106 ; Long and Sedley, *The Hellenistic Philosophers* I.33,

200–201；II.33, 197）。当然のことながら、*AM* 8.11–12は例外的な用例であるので、これをもとにストア学派の言語論を基礎づけることはできない。

（22）言語が「意味作用と指示作用との相違」から分析されるようになったのはプラトンやアリストテレスからであり、それ以前は、たとえば、ヒッポクラテスが σημεῖον や τεκμήριον を症状の病気に対する「糸口」として使用し、他方で、パルメニデスは「名称」ὄνομα を「現実との疑似等価性」によって「現実を隠す」ものと見ている（ウンベルト・エーコ『記号論と言語哲学』、谷口勇訳、東京、国文社、一九九六年、60–62頁）。

（23）Giovanni Manetti, "Introduction：The Concept of the Sign from Ancient to Modern Semiotics," in *Knowledge through Signs*：*Ancient Semiotic Theories and Practices*（ed. Giovanni Manetti；Bologna：Brepols, 1996）, 11–40, esp. 14–15.

（24）ストア学派の記号論はアリストテレスのそれに基礎づけられており、『分析論前書』*Analytica priora* 2.27.70a8–9（LCL 325, 522）では「記号」σημεῖον が「指示的な前提命題」πρότασις ἀποδεικτική と呼ばれる。

（25）R. G. Bury は ὑπομνηστικόν を 'commemorative' と ἐνδεικτικόν を 'indicative' と訳し（LCL 291, 315）、金山は前者を「想起的」と後者を「開示的」と訳す（『学者たちへの駁論2』、258頁）。ここでは、後者の「開示的」との関連性に注目して前者を内容的視点から「暗示的」と訳す。

（26）Jackson, "Introduction," in *Augustine, De dialectica*（trans. and intro. B. D. Jackson；Dordrecht：D. Reidel Publishing Company, 1975）, 1–75；Pépin, *Saint Augustin et la dialectique*, 21–60.

（27）Baratin, 260；Maria Bettetini, "Agostino d'Ippona：i segni, il linguaggio," in *Knowledge through Signs*：*Ancient Semiotic Theories and Practices*（ed. Giovanni Manetti；Bologna：Brepols, 1996）, 207–272, esp. 213；Michele Malatesta, "*Dialectica, De*," in *Augustine Through the Ages*：*An Encyclopedia*, 271–272.

（28）Kirwan, *Augustine*：*The Arguments of the Philosophy*, 35；水落「アウグスティヌス *De Dialectica* の著者問題をめぐって——研究史と若干の考察」、1–29頁；Long, "Stoic Linguistics, Plato's *Cratylus*, and Augustine's *De dialectica*," 50.

（29）Long, "Stoic Linguistics, Plato's *Cratylus*, and Augustine's *De dialectica*," 50–51.

（30）*DD* 5（Pinborg, 88）：Cum ergo verbum ore procedit, si propter se procedit id est ut de ipso verbo aliquid quaeratur aut disputetur, res est utique disputationi quaestionique subiecta, sed ipsa res verbum vocatur. Quidquid autem ex verbo non aures sed animus sentit et ipso animo tenetur inclusum, dicibile vocatur. Cum vero verbum procedit non propter se sed propter aliud aliquid significandum, dictio vocatur. Res autem ipsa, quae iam verbum non est neque verbi in mente conceptio, sive habeat verbum quo significari possit, sive non habeat, nihil aliud quam res vocatur proprio iam nomine.

（31）Jackson, "The Theory of Signs," 16, 21.

（32）Marrou はアウグスティヌスの時代的風潮からの影響を見て取り、「テキストを節ごとに読み、単語ごとに注釈し、孤立した断片に分解することから構成される、世俗の文法家から受け継がれた習慣を強化するところの風潮は、厳正な入念さで個々（の断片）を個別的に考察するということである」と述べる（Marrou, *Saint Augustin et la fin de la culture antique*, 480：Tendance que renforce l'habitude, héritée du grammairien profane, qui consiste à lire le texte verset par verset, à le commenter mot par mot, à le décomposer en fragments isolés qu'on examine chacun séparément avec la plus stricte minutie）。ローマにおける文法学的な中等教育と修辞学的な高等教育の背景については、H・I・マルー『古代教育文化史』（横尾・飯尾・岩村訳、東京、岩波書店、一九八五年、303–307頁）に概観される。

（33）*DDC* 1.2.2（CCSL 32, 7）：quod enim nulla res est, omnino nihil est ；....

（34）Jackson, "The Theory of Signs," 47.

（35）*DD* 5（Pinborg, 86）：Verbum est uniuscuiusque rei signum, quod ab audiente possit intellegi, a loquente prolatum. Res est quidquid vel sentitur vel intellegitur vel latet. Signum est quod et se ipsum sensui et praeter se aliquid animo ostendit. Loqui est articulata voce signum dare.

（36）Jackson, 22, n. 39；Baratin, 262. Jackson はストア学派の言語的記号を本来的に三極構造と見なす Duchrow の説明に誤解があることを指摘する（cf. Duchrow, *Sprachverständnis und biblisches Hören bei Augustin* 47, n. 73）。

（37）Ferretter, "The Trace of the Trinity：Christ and Difference in Saint Augustine's Theory of Language," 257.

（38）*DM* 2.3（CCSL 29, 160）.

（39）Jackson, "The Theory of Signs," 21–22.

（40）プロティノスによれば、「魂」ψυχή はいかなる「物体」σῶμα でもなく（*Enneades* 4.7.4 : LCL 443, 348）、「自ら生きるもの」πάρ᾽ αὑτῆς ζῶσα としての「実体」οὐσία であり（*Enneades* 4.7.11 : LCL 443, 384–386）、「知性の本性」τῆς νοητῆς φύσις と「神的なものの一部」τῆς θείας μοῖρα とに属し（*Enneades* 4.1.1 : LCL 443, 8）、「身体に属するものになる以前に存在するもの」οὖσα πρὶν καὶ τοῦδε γενέσθαι である（*Enneades* 4.7.8 : LCL 443, 376）。

（41）アウグスティヌスによれば、「人間の魂」animus humanus は「不滅」immortalis であり（*De immortalitate animae* 4.6 : PL 32）、「理性を共有するある実体」substantia quaedam rationis particeps（*De quantitate animae* 13.22 : PL 32）であり、また、「魂」anima は「非物体的」incorporeaus な「霊」spiritus であり、神によって「無から」de nihilo から造られた（*De Genesi ad litteram* 7.28.43 : PL 34）。

（42）アリストテレスによれば、「魂」ψυχή は「可能的に生命をもつ自然的物体（身体）の第一の現実態」ἐντελέχεια ἡ πρώτη σώματος φυσικοῦ δυνάμει ζωὴν ἔχοντος であり、素材としての身体に対する「形相としての実体」οὐσία … ἡ κατὰ τὸν λόγον であるが、魂と身体は形相と素材として相互不可分の関係にある（*De anima* 2.1, 412a–b : LCL 288, 68–70）。

（43）Markus, "St. Augustine on Signs," 65（*Signs and Meanings*, 78）: At any rate, whatever the reasons, words are for Augustine, signs *par excellence*, and his theory of signs is meant to be, from the start, a theory of language as well as of other types of sign. In this consists the originality of his reflection on meaning, and its ability to focus so many of his interests.

（44）以降、代替作用を「=」と、意味作用を「≡」と、指示作用を「⊃」と表記する。ストア学派によれば、「もし煙があれば」は暗示的記号であるので、指示関係として捉えられるが、単語の「煙」はその音声が受動的な表象様態を表示する単なる代替作用として捉えられる。

（45）Markus, "St. Augustine on Signs," 65（*Signs and Meanings*, 78）: A more powerful influence which would tend to suggest a theory of language conceived in terms of a theory of signs was, in all probability, the primacy in Augustine's interests to Scriptural 'signs'. A theory of language as a system of signs must have been tempting, since it secured the possibility of bringing under one head, that of 'sign', the two enquiries into the literal meaning and the figurative or typological sense of Scripture.

(46) Jackson, "The Theory of Signs," 48–49 : Markus has argued that the originality of Augustine's theory of signs lies in its use as a theory of *language*. But the texts which I have been citing show that the Stoics did speak of signs in their theory of the meaning of linguistic expressions. Only if one insists that τὸ σημαῖνον does not denote a sign, can one say that the Stoics did not apply a theory of signs to language. They used the more common τὸ σημεῖον nonlinguistically in their elaborate theory of inference. It is not clear how these two terms for ' sign ' are related, but Augustine's ' *signum* ' has something of the connotation of both. ... Thus, instead of being novel, Augustine's use of 'sign' seems to be in agreement with the Stoic tradition.

(47) Manetti, 14–15.

(48) Baratin, 263.

(49) Ibid., 265.

(50) John M. Rist, *Augustine : Ancient through baptized*（Cambridge : Cambridge University Press, 1994）, 28–29 ; Long, "Stoic Linguistics, Plato's *Cratylus*, and Augustine's *De dialectica*," 52.

(51) Jackson は 'lekton' と 'dicibile' との類似点に注目するものの、その相違点の考察はしていない（Jackson, "The Theory of Signs," 47–48）。

(52) 聖書全体の教え、すなわち、聖書解釈学における「事柄」res は『キリスト教の教え』第1巻で扱われる。

(53) エーコ『記号論と言語哲学』、73–75頁。

(54) それにもかかわらず、ジャクソン論文は優れた研究であることに変わりはなく、特に、そのA部は示唆に富んでいる。

(55) Duchrow, "" Signum " und " superbia,"" 369.

(56) Colish によれば、アウグスティヌスの「自然記号」signa naturalia と「所与記号」signa data とは、共に、ストア学派の自然的記号の範疇に分類される（Colish, *The Stoic Tradition from Antiquity to the Early Middle Ages*, 184–185）。

第三章　『キリスト教の教え』の記号理論

第一節　問題と方法

『キリスト教の教え』*DDC* 第1～3巻（三九六／三九七年）において、アウグスティヌスは聖書解釈学の基礎理論として記号理論を採用する。彼は「対象」significatum が表記される「言葉」uerbum の働きを、「事柄」res が指示される「記号」signum の働きとして捉え、この見地から、字義的解釈と比喩的解釈とによって構成される聖書解釈の方法を展開する。『問答法』*DD*（三八七年）と『教師論』*DM*（三八九年）で言語に適用された記号理論は、さらに、『キリスト教の教え』で聖書解釈学と邂逅する。アウグスティヌスの記号理論をめぐり、R・A・マークスは一九五七年にそれまで二極構造〈記号―事柄〉と考えられていたアウグスティヌスの記号理論に第三極である「主体」subject を加える新説を発表した[1]。それを土台として、B・D・ジャクソンは一九六九年に「思考」cogitatio という視点からマークス理論を発展させる説を公表した[2]。その後の研究はおおむねこれら二論文を中心に展開されるが、二つの論文の間には主張の重大な食い違いが見受けられる。

『キリスト教の教え』の記号理論の構造をめぐって問題となるのは、第三極の具体的内容と記号理論の構造の特徴である。第一に、マークスが提示する第三極の「主体」の具体的内容として、これまで「解釈者」[3]、「思考上の何か」[4]（口述可能なもの）、主体や解釈者にとっての「記号の意味」[5]、意味されるものとしての「思考」[6]、あるいは、「発信者の思惟」[7]などが提案されており、研究者の各々の視点から第三極が捉えられている。第二に、『キリスト教の教え』では、聞き手が受け取る受信型記号に加えて、語り手が発する発信型記号の構造がはじめて本格的に扱われることになるが、そこで、第三極が受信型記号の枠組みだけに適用されるのか、あるいは、発信型記号の枠組みにも適用されるのか、が問題となる。マークス[8]やR・シモーネ[9]は第三極を受信型記号の構造的要素とするのに対し、ジャクソン[10]は受信型記号と発信型記号に共通する構造的要素と見なす。

これらの問題を解決するために、まず、アウグスティヌスの記号理論の三極構造をめぐる諸見解を概括する。次に、アウグスティヌスの記号理論と意味理論との役割と、発信型記号と受信型記号との間の構造的差異性とを明確にした後、第三極の適用範囲を定めた上で、聖書解釈学に適用される記号理論の三極構造の特性を明らかにする。

第二節　『キリスト教の教え』の三極構造をめぐる諸説

アウグスティヌスの『キリスト教の教え』における記号理論の三極構造はマークスにより提案され、シモーネやジャクソンにより展開された。ここでは、三極構造をめぐるマークス説とシモーネ説、および、三極構造をめぐるジャクソン説について述べたい。

一　三極構造をめぐるマークス説とシモーネ説

『キリスト教の教え』第1巻の冒頭付近で「あらゆる教えは事柄か記号かに属するが、事柄 res は記号 signa を通して学ばれる[11]」と述べられる。この記号理論は「記号」とそれによって指示される「事柄」との二極関係である、と長い間見なされてきた[12]。たとえば、U・ドゥフロウによれば、アウグスティヌスの記号理論は「言葉」と「事柄」から構成される二極構造の域を出るものではない[13]。

これに対し、エアーズが述べるように[14]、マークスはアウグスティヌスの記号理論の三極構造をはじめて主張した。マークスは、一九五七年に、『キリスト教の教え』で明示的に主張される二極関係〈記号―事柄〉に加えて、第三極として「主体」subject が関連していることを見いだし、次のように述べる。

> それから、中世を通して古典的となることが運命づけられた定義で、記号は、「感覚によって知覚される内容に加えて（*praeter speciem quam ingerit sensibus*）、精神に（*in cogitationem*）他の何かをもたらしもする事柄である」と述べられる（*DDC* 2.1.1）。この定義をより現代的な言葉で言い換えれば、記号は三つの用語が関連するような状況における一要素である。我々はこれらを、記号が表示するところの対象 object あるいは *significatum*、記号そのもの、そして、その人に向けて記号が指示対象を表示するところの主体 subject と呼ぶことができる。アウグスティヌスは「指示すること」の関係性というこの三極的性質を強調したはじめての人のように思われることが、ついでながらに注記されよう（強調点は筆者による）[15]。

マークスによれば、記号理論の三極構造は「対象」objectと「記号」signと「主体」subjectによって構成される。ただし、第三極の「主体」は記号発信者ではなく、「その人に向けて記号が指示対象を表示するところの」記号受信者である。マークスが第三極の「主体」を第一義的に記号受信者と見なしていることは、「アウグスティヌスにとって、正確にそれが誰かに向けて何かを表示する限り、事柄は記号である」[16]というマークス自身の言葉によっても確認される。

一九六九年論文で展開されるシモーネの三極構造も、マークスと同様に、記号受信者において成立する構造である[17]。シモーネによれば、アリストテレスやストア学派の記号論的伝統であった、「記号表記」significanteと「記号内容」significatoから構成される二極関係に加えて、アウグスティヌスは第三極の「新しい相」nuova dimensioneとして「解釈者」interpreteを導入する[18]。

> 人々はもはや記号表記と記号内容だけを前提とするのではなく、与えられた*res*が何か他の事柄を指示しているような、したがって、この何か他の事柄が記号内容の地位を引き受けるような視点をもつ解釈者を同時に前提とする[19]。

シモーネは、三極構造の最終目的がアウグスティヌスの転義による比喩的解釈であることを暗示する。シモーネによれば、「(記号によって)指示される事柄」res quae significaturと「記号に含まれる知識」scientia contenuta nel signumがアウグスティヌスの記号理論ではじめから区別されており、「体系の精神」esprit de systèmeとしての「解釈者」という支えがなければ、記号と事柄から構成される単純な二極関係を越える比喩的解釈は成立しえない[20]。ここに、アウグスティヌスの記号理論の洗練された特徴が認められ、シモーネはこれをストア学派のレクトンの「知的展開」intelligente sviluppoと考える[21]。

二 三極構造をめぐるジャクソン説

これに対し、ジャクソンはマークスの見解を土台に、記号理論の三極構造をめぐって独自のアウグスティヌス解釈を展開する。彼は一九六九年論文で、次のように述べる。

それで、彼が述べる範囲で、私はマークスに同意する。マークスは記号発信者、あるいは、記号受信者として第三要素を見るのであり、それはそれぞれと関連し合う何かである。[この第三要素]は思考 *cogitatio* についての議論で登場した。[22]

ジャクソンによれば、第三極は「記号受信者」だけではない。マークスとシモーネが第三極を「記号受信者」と考えたのに対し、ジャクソンはこれを「記号発信者」あるいは「記号受信者」と解釈する。解釈の食い違いの原因を決定することは難しいが、ジャクソン自身の記号理論の理解がこの表現に反映されたと見るべきであろう。[23]

ジャクソンによれば、第三要素である主体の思考内容は記号を通して発信者の心から受信者の心へ移されるものであり、主体としての本質を記号発信者と記号受信者に共通する内的な場である「思考」cogitatio と結びつける。[24] しかし、ジャクソンは思考そのものが記号によって伝達される内容であるとは考えず、『問答法』で提示された「口述可能なもの」dicibile[25] に注目して、次のように述べる。

口述可能なもの *dicibile* が思考 *cogitatio* のある種の内容であること、しかし、それは思考 *cogitatio* そのものでも何かある外的な事柄 *res* でもないことを、私は既に述べた。……この種の何かのみが、記号によって真に伝達されうるのである。……(心から心へ)移されるものは思考ではなく、何かについての思考である。この何かは口述可能なもの *dicibile* であるように思われ、それはここでは「意味されること」、あるいは、単に「意味」として訳されよう[26]。

ジャクソンによれば、『キリスト教の教え』の記号理論の第三極は思考上の何かと言い換えることができるような「何かについての思考 cogitatio」である。

確かに、マークスの議論でも、外的な記号によって精神にもたらされる「何か」が問題とされた。しかし、マークスの第三極は基本的に世界内で記号を受信する主体であり、世界と主体との間を媒介する構造そのものの内に記号の働きを捉えている。これに対し、ジャクソンは記号発信者の三極構造と記号受信者の三極構造という記号の二重の三極構造を前提に、記号によって記号発信者から記号受信者へ伝達される思考上の何かを「口述可能なもの」として第三極と見なす。したがって、ジャクソンの第三極は単なる主体ではなく、記号によって媒介される主体間の伝達内容、すなわち、意味としての口述可能なものなのである。この点で、ジャクソンはアウグスティヌスの記号理論にコミュニケーションの要素を見て取っている[27]。

第三節　『キリスト教の教え』の記号理論と聖書解釈学

アウグスティヌスの記号理論の三極構造をめぐる諸見解を評価するためには、まず、アウグスティヌスの記号理論と意味理論との領域を区別し、次に、発信型記号と受信型記号との間に成り立つ構造的関係性を明らかにする必要がある。その後、聖書解釈学に適用される記号理論の三極構造の特徴とその重要性を明らかにすることを通して、三極構造をめぐる諸見解を評価する。ここでは、単語単位の記号理論と文章単位の意味理論、受信型記号と発信型記号、および、聖書解釈学と三極構造について述べたい。

一　単語単位の記号理論と文章単位の意味理論

記号理論を論理的に分析するためには、記号理論と意味理論を区別して考える必要がある。その前に、「口述可能なもの」は単語単位に対応するのか、が問われる。第二章第三節（一）で見たように、『問答法』の中心的な論述部分は単純言語、すなわち、単語単位についての説明であり、「口述可能なもの」dicibile の定義は『問答法』の中心部分である単語分析の中に登場する。したがって、「口述可能なもの」は単語によって精神内にもたらされる単語単位の内容である。さらに、記号は単語単位に対応するのか、が問われる。第一章第二節（四）で確認したように、アウグスティヌスの記号単位は第一義的に単語と考えることができる。そうであれば、記号理論の三極構造も単語単位の構造であることになる。

これに対し、『教師論』全体の議論は単語単位に限定されるものではない。実際に、『教師論』の冒頭部分は「話す loqui ときに我々が成し遂げたいことは何か、と君には思われるかね[28]」で始まり、最終部分で論じられる照明説（*DM* 11.38~12.40）の末尾付近では、命題から何が学ばれるのか、が問題とされる（*DM* 12.40）。アウグスティヌスによる命題の意味理解は、単語単位の議論である彼の記号理論だけから捉えることができず、それに加えて、文法学的方法と文脈的把握が要請される。それゆえ、『教師論』の問題は、記号理論から区別された、命題全体の意味が論じられる文章単位の意味理論の要素が含まれるのである。ただし、ワトソンが述べるように、もし『教師論』から意味理論の十分な理解を引き出そうとすれば、失望に終わるだろう[29]。

『キリスト教の教え』では、「言葉」uerba が「所与記号」signa data[30] の下部範疇と見なされる[31]（*DDC* 2.2.3

～2.3.4）視点から、文章単位の聖書テキストの解釈が問題とされるので、そこでも、記号理論を基礎にした文章単位の意味理論が取り扱われる。このように、『キリスト教の教え』で、アウグスティヌスは、単語単位の記号理論と文章単位の意味理論を区別しつつ、その相関関係を聖書解釈学の構造の土台に据える。

指示関係〈記号―事柄〉[32]に基礎づけられる単語単位の記号理論は、実際には、文章単位の複合言語の中で扱われることになる。ただし、文章単位の理解は、すなわち、命題の真偽判断を含む意味理解は、単語単位の記号理論を越える文章単位の意味理論あるいは言語理論に属するものであって、そこでは、主体における〈記号―事柄〉の関係把握をもとにした内的で総合的な理性的視点が要求されることになる。[33]結果として、アウグスティヌスの記号理論は文章単位の意味理論が前提とされているものの、その三極構造は単語単位の構造であって、それゆえ、第三極は文章単位の意味にあるのではなく、『問答法』で「口述可能なもの」dicibileと表現されるような、単語単位に対応した思考上の何かということになる。このように、この三極構造は単語単位の指示関係〈記号―事柄〉に基礎づけられるが、同時に、文章の意味理解という主体の理性的判断から切り離されて成立するものではない。

二　受信型記号と発信型記号

次に、受信型記号と発信型記号の構造的関係性が問題となる。ジャクソンの三極構造では、記号の発信構造〈主体→記号〉[34]と記号の受信構造〈記号→事柄〉との間に見込まれる構造の差異性が注目されていない。これに対し、マークスの三極構造は記号の受信構造〈記号→事柄〉において成立するものである。

では、アウグスティヌスの記号理論は受信型記号に限定されるのか。『問答法』では、「口述可能なもの」が言葉の受信という視点から導入される。

> しかしながら、耳ではなく魂が言葉 uerbum から知覚し、魂それ自体によって保持される内容 inclusum は、何であれ口述可能なもの dicibile と呼ばれる。[35]（*DD* 5）

『キリスト教の教え』でも、思考上の「何か」が受信される記号の定義において導入される。

> というのは、記号 signum とは、それが感覚に与える形体 species の他に、他の何か aliud aliquid を［記号］自体から思考 cogitatio のうちに到来せしめる事柄である。[36]（*DDC* 2.1.1）

受信型記号において、『問答法』の「言葉」uerbum と『キリスト教の教え』の「記号」signum は共に単数形で表記されるので、ここでも、「口述可能なもの」および「他の何か」は個別的な単語単位や記号単位に対応するものであることが確認される。『キリスト教の教え』では、記号によって思考上にもたらされる「他の何か」は、精神内にもたらされる事柄の概念的要素と考えられ、それゆえ、ジャクソンが述べる〈記号―思考上の何か―事柄〉という記号理論の三極構造が、受信型記号において成立することになる。[37]

他方、言葉の発信という観点から、『問答法』で「口述」が導入される。

> 言葉 uerbum が自らのためでなく、他の何か aliud aliquid を指示する significare ために発せられるとき、口述 dictio と呼ばれる。[38]（*DD* 5）

ここで、「言葉」の指示対象である「他の何か」が事柄であるのか思考上の何かであるのか、が問われる。「他の何か」を事柄と考える場合、語り手が言葉を発するのは指示関係〈言葉→事柄〉の視点からであり、他方で、それを思考上の何かと考える場合、それはイメージ関係あるいは意味関係〈言葉→思考上の何か[39]〉

の視点からである。ただし、「指示する」significareという言葉が使われているので、「他の何か」は「事柄」であることが暗示される。いずれにしても、ここで問題とされる「他の何かを指示するために」は口述の目的であって、その構造そのものではない。すなわち、話し手は、「他の何かを指示する」ことになるように聞き手に向かって言葉を発するのである。一般的な表現[40]そのものの構造は表現関係〈思考内容→音声〉として表記されるもので、指示関係からは区別されるものと考えられるのであって、表現の結果、単語単位に対応する「口述可能なもの」が音声において聞き手に現れることになる。[41]

同様に、『キリスト教の教え』の発信型記号も指示関係〈記号→事柄〉からではなく、表現関係〈思考内容→音声〉から考えられている。

> 同様に、我々が話すloquiとき、我々が魂に宿すgerereことが肉体の耳を通して聞き手の魂に流れ込むために、我々が心に保持するgestare言葉uerbumが音声sonusとなる。そして、それが表現locutioと呼ばれる。しかし、我々の思考cogitatioは、この同様な音声に転換されるのではなく、我々の内にそのまま留まって、その変化に基づく何らかの瓦解を被らないまま、それによって自らが耳に入り込むところの声の形forma uocisを受け取るのである。[42]（*DDC* 1.13.12）

まず確認されるべきことは、『問答法』第五章で、単語単位の発信型記号が扱われる「口述」dictioが問題とされたのに対し、ここでは、アウグスティヌスが文章単位の発信型記号に対応する用語として主に用いる「表現」locutioが問題とされることである。[43]いずれにせよ、この表現関係は、「我々が心に保持する言葉」uerbum quod corde gestamusと「音声」sonusとの関係、あるいは、「我々の思考」cogitatio nostraと「声の形」forma uocisとの関係である。「心に保持する言葉」が「音声」となり、「思考」が「声の形」

を受け取ると述べられるので、「思考」と訳される cogitatio は内的な言葉が、あるいは、「心に保持する言葉」が保持される場であるだけでなく、内的な言葉から声の形を受け取る場でもある。一方、「音声」の源泉は個別的な思考上の何かではなく、意味単位としての「思考」、すなわち、思考内容と捉えることができる。ただし、「心に保持する言葉」と「音声」、また、「思考」と「声の形」はすべて単数形で表記されるので、「思考」が単語単位に対応する言語化された思考であるのか、言語化される以前の包括的な思考内容であるのかは判然としない。いずれにせよ、話し手が表現しようとするときに、包括的な思考内容が分節化され、一つ一つの言葉を受け取っていくと考えることができる。ただし、ここで述べられる「思考」は「声の形」を受け取ることができる理性的分析の場である。

ここで問題となるのは、コミュニケーションの目的として、包括的な伝達内容と見なされる「我々が魂に宿すこと」id. quod animo gerimus である。ジャクソンに従って、これを概念として「心に保持する言葉」や「思考」と同じ範疇と見なすよりも(44)、D・ドーソンが指摘するように(45)、魂が抱くいっそう包括的な知情意全体と考える方が腑に落ちる。あるいは、記憶をも含めた包括的な思想かもしれない。いぜれにせよ、『キリスト教の教え』における語り手の伝達内容は包括的な精神性にあるのであって、表現過程では、指示関係〈記号→事柄〉が無意識的な前提とされているにすぎず、表現の結果として、指示関係は聞き手にとってはじめて意識的な読解上の問題となる、と思われるのである。

さらに、「魂に宿すこと」は、「魂の動き」という概念から次のように述べられる。

確かに、所与記号 data signa というのは、それぞれの生き物が、自らの魂の動き motus animi、あるいは、どんなものであれ知覚されたり sensa 理解されたり intellecta するものを可能な限り表現する demonstrare ために、互いに与え合うものである。我々にとって指示する significare ことの、すなわち、記号を与えることの理由は、記号を与える人の魂に宿す gerere ことを引き出し、他者の魂に移すために他ならない。[46]（*DDC* 2.2.3）

表現内容である魂の動きや知覚内容や理解内容は、単なる理性的な思考に制限されないばかりか、いっそう包括的な感情的、感覚的、理性的な魂の変動や把握と考えることができる。同様に、ここで併記される「魂に宿すこと」id, quod animo gerit は「魂が持ち運ぶこと」とも訳されるものであり[47]、宿すことの主体が「思考」cogitatio でも「心」cor でもなく「魂」animus であることで暗示されるように、「魂に宿すこと」は包括的な「魂の動き」と同じ意味合いで使用されている、と思われる。[48]

以上の議論から、『キリスト教の教え』における発信型記号の表現構造が推定される。語り手ははじめに伝達したい心情や意志や理解を保持し、次いで、表現過程に移る。表現の方法は、第一に、包括的な「魂の動き」が「心に保持する言葉」である内的な言葉として「思考」cogitatio という場にもたらされる。第二に、語り手は伝達したい心情や意志や理解が伝わるように、文法的規則と言語の習慣的な指示関係とを参照しながら、思考上で把握される内的な言葉に相応しい文章構造を想定し、その上で、その文章構造に適した分節的な音声を次々と受け取りながら発信する。このようにして、精神は音声の調子や顔の表情やジェスチャーなどに補足されながら[49]、「心に保持する言葉」を通した記号を媒介に「魂に宿すこと」を伝達しようとする。したがって、アウグスティヌスの発信型記号は、ストア学派の言語論[50]、すなわち、「指示するもの」τὸ σημαῖνον と「指示されるもの」τὸ σημαινόμενον との、あるいは、「音声」φωνή と精神内の「レクトン」λεκτόν[51] との伝統的な文章単位の言語関係の域を出るものではない。

それにもかかわらず、『キリスト教の教え』の発信型記号が重要であるのは、表現が受肉のメタファー[52]によってはじめて明確に説明されるからに他ならない[53]。アウグスティヌスによれば、内的な言葉が音声となるのと同様に、「そのように、神の言葉 uerbum dei が、我々の内に住まうために、何の変化も被らないで肉体となられた[54]」(*DDC* 1.13.12)。それゆえ、表現関係〈内的な言葉→音声〉が受肉関係〈神の言葉→キリストの受肉〉に喩えられ、真理としての神の言葉 Verbum がイエスの言説を通して理解されるように、内的な言葉が音声を通して十分に理解されるような、音声による伝達可能性が暗示される[55]。

結果として、『キリスト教の教え』における発信型記号の伝達内容は思考内容、すなわち、魂の変動や把握ということになる。別の言い方をすれば、語り手は、文章単位の意味を通して思考内容の伝達を、さらには、文脈をも通して意志の伝達を達成しようとする。このように、『キリスト教の教え』の発信型記号は、指示的な記号理論の範疇を越えた表現的な言語理論に属するものと考えられ、アウグスティヌスは解釈過程の受信型記号を分析的な記号理論的観点から記述し、表現過程の発信型記号を表現的な言語理論的観点から記述するのである[56]。それゆえ、記号の受信は、記号が外的に事柄を指示しつつ、内的に「口述可能なもの」を与える構造であり、言葉ごとに分析する聞き手は「口述可能なもの」を意識的に考えざるをえない。これに対し、記号の発信は、思考内容をもとに思考の場で言葉を受け取りつつ表現する構造であり、話し手は「口述可能なもの」を逐語的な仕方で意識的に考える機会を常に提供されているわけではない。このように、アウグスティヌスは表現構造と解釈構造を注意深く区別して論じている。したがって、アウグスティヌスの記号理論の三極構造は、ジャクソンが述べるような、受信型記号と発信型記号との両者に無差別に適用される構造と考えることは難しく、マークスやシモーネが主張するように、一義的には受信型記号の特性ということになろう。

三　聖書解釈学と三極構造

ところで、聖書解釈とは、聖書記者によって記述される発信型記号としての聖書テキストを受信型記号の構造において読解し、文章の意味のみならず、記号発信者の魂の変動や把握を、あるいは、それを通して神の御意志をも推論する行為である。たとえば、読み手が「人は牛で海を耕すだろうか」（アモス6：12）という文章を解釈する場合、第一に、言語の慣習的な指示関係を参照して、各々の言葉の指示内容を把握し、第二に、指示内容の集合体から文法的規則に従って文意を理解しつつ、この文章が答えを要求しない修辞疑問文であることを見いだす。語り手が文法的規則と言語の慣習的な指示関係に従う限り、すなわち、現代的にいえば、コードに従う限り、読み手が語り手と同じコードに基づいて推論する文意は語り手の文意と合致することになる。ただし、「人は牛で海を耕す」という命題を偽と見なす判断は、アウグスティヌスによれば、文法や言語の指示関係から導き出せるものではなく、『教師論』で扱われる内的照明による理性的な真偽判断である（*DM* 14.45）。ではあるが、この種の理性的判断の前提として読み手に要請されるものは、理想的には、それぞれの記号の単なる語義だけではなく、記号をめぐるリアリティーの認識でもあり、したがって、解読過程[57]では、指示関係〈記号—事柄〉の把握認識が、少なくとも、語り手の認識程度に読み手に求められることになる。

では、人間関係が中心的に論じられる「申命記」25章の中で唐突に挿入される「脱穀している牛に口籠を掛けてはならない」（申命記25：4）という文章はどのように解釈されるのか。第一に、読み手は文法的規則と指示関係〈記号—事柄〉を参照して、字義的な文意を把握する。ところで、アウグスティヌスによれば、パウロが主張するように（第一コリント9：9、第一テモテ5：18）、この文を牛のための律法として字義的に解読することはできない。

> 原義的な言葉 propria uerba によって我々が指示する significare ところの事柄 res そのものが、他の何かを指示するために利用されるとき、それらは転義的 translata である。たとえば、我々が「ボー・ウェム」bo-uem と口述し、この名前によってそれが呼称されるのが習慣であるように、これらの二節音を通して我々が家畜を理解し、他方で、この家畜を通して我々が伝道者を理解するときのようなものである。(58) (*DDC* 2.10.15)

アウグスティヌスによれば、字義的な文意を把握した読み手は、「行為の正しさ」morum honestas と「信仰の真理」fidei ueritas という解釈のクライテリア(59)、すなわち、「神と隣人への愛 dilectio と知 cognitio」に関連しない箇所は比喩的表現として受け取られるべきである（*DDC* 3.10.14）。したがって、神と隣人への愛にも知にも関連しない牛に関する教えは比喩的表現と判断され、「牛」という単語が多義記号として受け取られる。したがって、解釈のクライテリアと文脈とから、「ボー・ウェム」という言葉によって指示される現実の牛が比喩的解釈のために記号化される。この記号化された牛が探求的に転義されて、伝道者を指示するようになる。この転義をもとに、文全体が伝道者の教えとして解釈されるのである。

以上の分析より、『キリスト教の教え』の記号の発信は、表現構造〈魂の変動や把握→記号〉として示される(60)。これに対し、記号の解釈は、字義解釈の構造〈記号→思考上の何か→文意〉、あるいは、『問答法』を考慮すれば、〈記号→口述可能なもの→文意〉として表現され、さらにその上で、多義的記号が問題とされる場合は、比喩解釈の転義構造〈記号→事柄A→事柄B〉において転義される事柄が探求される。読み手は、記号の解釈で、指示関係〈記号―事柄〉の先行理解をもとに、音声の感覚的形体を通した意味作用〈音声＝口述可能なもの〉を受け取る。この際、記号を通して受け取られる「口述可能なもの」（言葉の概念と考えられる）の内的把握は指示作用〈記号∪事柄〉の内的把握に他ならない。したがって、字義的解釈では、文章に含まれる個別の単語単位に対応して集積される三極構造〈記号―口述可能なもの―事柄〉の理性的な分析を通して、読み手は文意を自明なものとして受け取る。それに加えて、字義的解釈による文意が解釈のクライテリアと対立する場合には比喩的表現と見なされ、〈事柄Ａ［実在の牛］＝記号［シンボルとしての牛］〉という記号転化が生じ、さらに、転義作用〈記号［シンボルとしての牛］∪事柄Ｂ［伝道者］〉を通して、文章全体が伝道者の教えとなるように比喩的に解釈されるわけである。

結果として、アウグスティヌスの三極構造では、シモーネが述べるように、指示関係〈記号―事柄〉の知識をもとに、「体系の精神」[61]が解釈の最終的な決定権を保持することになる。このようにして、記号の解釈構造は、ジャクソンの三極構造〈記号―思考上の何か―事柄〉として、より立体的に記述すれば、〈記号↓（思考上の何か―事柄）〉として包括的に表現される。一方、記号の発信構造は、表現構造〈魂の変動や把握↓記号〉として表記され、そこに直接的な三極構造は成立しない。したがって、アウグスティヌスの三極構造は、記号の発信構造に直接的には適応されない聞き手の解釈構造であると見なすことができ、第三極を語り手を含めて考えるジャクソンの立場には同意できない。

『キリスト教の教え』において何よりも重要なことは、シモーネが述べるように[62]、第三極が「解釈者」自身であるということである。字義的解釈による文意が解釈のクライテリアに対立するのか否かを判断することも、〈事柄Ａ＝記号（シンボル）∪事柄Ｂ〉の転義作用による比喩的解釈を発動することも解釈者に委ねられる。そもそも、解釈者は想定される語り手の魂の包括性やコミュニケーションの起点としての語り手の伝達動機を基準にしなければ、より正確にいえば、文章の字義的意味を常に乗り越えていく語り手の精神性を基準にしなければ、字義的表現と比喩的表現との選別に成功することはない[63]。

アウグスティヌスによれば、新約聖書の記者が「魂に宿すこと」は信仰・希望・愛[64]、特に愛[65]に他ならないことがキリスト教共同体において信じられてきた(66)。聖書解釈者には、愛と信仰を堅持した聖書記者の精神性を基準として、すなわち、「神と隣人への愛」と「神と隣人への知」を基準として、聖書テキストの文意のみならず、聖書記者の包括的な愛と意志に到達することが求められる(67)。したがって、愛の真実性に逆らう解釈者の精神性にとって、すなわち、読み手の思考と語り手の精神性とが乖離するような読解によっては、真正な解釈には到達できない。それゆえ、アウグスティヌスの聖書解釈学で本質的に重要なことは、テキストに対する読み手の真摯な態度を通してでなければ(68)、それればかりでなく、愛の実践による魂の浄化をめざす解釈者自身の純粋な内的まなざしを通してでなければ(69)、究極的なテキストの意味を理解することができず、したがって、聖書記者の純真な意志を神の意志として喜びをもって受け取るようになることもない(70)。結果的に、聖書テキストの真正な意味理解に至る道は、指示作用〈記号⊃事柄〉の実際的な担い手である解釈者に「神の愛における修練(71)」を要請するものであり、ここに、我々は解釈者中心性というアウグスティヌスの三極構造における最大の特徴を見て取ることができる。

以上の分析を簡潔にまとめれば、アウグスティヌスの表現構造は表現関係〈魂の動き➝音声〉を基軸に、その解釈構造は指示関係〈記号➝事柄〉構造を基軸にそれぞれ把握されることになる。アウグスティヌスの記号理論は指示関係〈記号➝事柄〉を中心に論じられるものである。このような彼の記号理論は『問答法』から『キリスト教の教え』へ至るまで一貫した構造の下で考えられており、彼の発展性は記号理論そのものにそれほど見受けられない。『キリスト教の教え』へ至る彼の発展性の原因を突き止めるには、我々は表現関係〈魂の動き➝音声〉を中心に論じられる彼の言語理論に向かわなければならないのである。

第四節　結語

本章では、『キリスト教の教え』の記号理論の三極構造を考察した。その結果、以下の結論を得た。第一に、『問答法』では単純言語の記号理論が扱われたのに対し、『教師論』と『キリスト教の教え』では単純言語の記号理論に加えて、複合言語の記号理論である文章単位の意味理論が扱われること。第二に、『キリスト教の教え』の記号理論の三極構造は記号受信者が受け取る単語単位の構造であり、〈記号—思考上の何か—事柄〉として包括的に表記されること。第三に、『キリスト教の教え』の受信型記号は指示関係〈記号→事柄〉が扱われる記号理論から説明されるのに対し、発信型記号は表現関係〈魂の動き→音声〉が扱われる言語理論から説明されること。第四に、表現関係〈内的な言葉→音声〉が受肉関係〈神の言葉→キリストの受肉〉に喩えられ、表現関係が神の恩恵としての神学にはじめて基礎づけられたこと。第五に、アウグスティヌスの記号理論の三極構造は受信型記号において特徴的な構造であり、その第三極は記号受信者の「思考上の何か」と関連するものであって、記号発信者を含めて考える立場には同意できないこと。第六に、アウグスティヌスの記号理論には、『問答法』から『キリスト教の教え』へ至る過程でその発展性が見受けられないこと。最後に、アウグスティヌスの三極構造で特に重要なことは、第三極が解釈者自身であって、成熟した聖書解釈に至るためには解釈者に神の愛における修練が要請されること。

言語はアウグスティヌスの思想を支える重要な一分野である。『問答法』から約一〇年間継続された言語の記号論的アプローチは『キリスト教の教え』の比喩的解釈でその役割を終えた観がある。代わって、『キリスト教の教え』で「神の言葉」に喩えられた「内的な言葉」の考察が後期アウグスティヌスの、特に『三位一体論』の重要なテーマとなる。したがって、『キリスト教の教え』で問題とされる言葉は『教師論』で扱われる単なる記号としてではなく、それ以上の言葉の本来的な可能性において考えられており、それゆえ、『教師論』で乖離した言葉と神学とが『キリスト教の教え』執筆以前のどこかで邂逅していると考えられるのである。であれば、言葉と神学との関係における発展性という視点から、再度、『キリスト教の教え』を捉え直すことが必要となり、それを通して、『キリスト教の教え』における言葉と神学との関係性を、特に、その神の恩恵との関係性を定立することが求められるのである。

注

（1）Markus, "St. Augustine on Signs," 60–83（*Signs and Meanings*, 71–104）.

（2）Jackson, "The Theory of Signs," 9–49.

（3）Simone, "Semiologia Agostiniana," 103.

（4）Jackson, "The Theory of Signs," 22–23.

（5）Ayers, "Language Theory and Analysis in Augustine," 7 ; idem, *Language, Logic, and Reason in the Church Fathers : A Study of Tertullian, Augustine, and Aquinas*, 69.

（6）Guy Bouchard, "La conception augustinienne du signe selon Tzvetan Todorov," *Recherches augustiniennes* 15 (1980) : 305–346, esp. 313–314 ; 343–344.

（7）樋笠勝士「アウグスティヌスにおける「記号論」の問題——『教師論』及び『キリスト教の教え』におけるコミュニケーション論的志向性について」『中世思想研究』第四六号（二〇〇四年）、37–54頁、特に49頁。

（8）Markus, "St. Augustine on Signs," 71–72（*Signs and Meanings*, 87）.

（9）Simone, 103.

(10) Jackson, "The Theory of Signs," 22–23.

(11) *DDC* 1.2.2 (CCSL 32, 7)：Omnis doctrina uel rerum est uel signorum, sed res per signa discuntur.

(12) Jacksonによれば、『問答法』(5.1) では「言葉」が「事柄の記号」rei signumと呼ばれ、『キリスト教の教え』(2.10.15) では「事柄」が「記号」の指示対象とされる (Jackson, "The Theory of Signs," 22)。

(13) Duchrow, *Sprachverständnis und biblisches Hören bei Augustin*, 47.

(14) Ayers, "Language Theory and Analysis in Augustine," 6.

(15) Markus, "St. Augustine on Signs," 71–72 (*Signs and Meanings*, 87)：A sign, then, in a definition destined to become classical throughout the Middle Ages, is said to be 'a thing which, in addition to what it is perceived to be by the senses (*praeter speciem quam ingerit sensibus*), also brings something else to mind (*in cogitationem*)' (II.1.1). A sign, to paraphrase this definition in more modern language, is an element in a situation in which three terms are related. These we may call the object or *significatum* for which the sign stands, the sign itself, and the subject to whom the sign stands for the object signified. It may be noted in passing that Augustine appears to be the first to have stressed this triadic nature of the relation of "signifying"：....

(16) Markus, "St. Augustine on Signs," 72 (*Signs and Meanings*, 87)：A thing is a sign, for Augustine, precisely in so far as it stands *for* something *to* somebody. この言葉に続き、signa dataの観点から〈記号—主体〉の関係が考察されているが (73)、そこでも、Markusは主体に向かって与えられる記号を扱っており、彼がアウグスティヌスの発信型記号の定義を引用して説明することは、記号受信者としての主体をめぐるものである。

(17) Simone, "Semiologia Agostiniana," 102–103.

(18) Ibid., 103.

(19) Ibid.：non si postulano più solo un significante ed un significato, ma, tutt'insieme, un interprete agli occhi del quale una data *res* sia significante di qualche altra cosa, la quale assume quindi il rango di significato.

(20) Ibid, 113.

(21) Ibid,.

(22) Jackson, "The Theory of Signs," 22–23：Thus I agree with Markus, as far as he goes. He sees the third ele-

ment as the sign-giver or receiver, and it is something connected with each. It has appeared in the discussion of *cogitatio*.

（23）Jackson の研究では、受信型記号と発信型記号との構造的な差異性が注目されていない。

（24）Cf. Jackson, "The Theory of Signs," 23：Augustine says that what is transferred from one mind to another is that which is conceived in the mind of the sign-giver. From parallels with other passages ... I have concluded that this latter is *cogitatio*（一方の心から他方の心に移されるものは記号発信者の心に抱かれる事柄であると、アウグスティヌスは述べる。他のテキストとの類似点から… 私はこの後者が思考 cogitatio であると結論づける）.

（25）Watson によれば、dicibile はストア学派の λεκτόν の「ラテン語訳」Latin version であり（Watson, "St. Augustine's Theory of Language," 13）、Bettetini によれば、それは λεκτόν や *DM* の significatio と同一視されるアウグスティヌスの「造語」neologismo である（Bettetini, "Agostino d'Ippona：i segni, il linguaggio," 217）。内容的には、Jackson によれば、dicibile は「概念」conception であり（Jackson, 21）、Pépin によれば、精神によって外的言葉において知覚され、精神に実在するものであり（Pépin, *Saint Augustin et la dialectique*, 80）、Ferretter は Jackson と共に「意味」meaning と訳されうるものと考え（Ferretter, "The Trace of the Trinity：Christ and Difference in Saint Augustine's Theory of Language," 257）、Bouchard は「内的言語」uerbum intérieur と見なす（Bouchard, 313）。Dicibile が登場する唯一のテキストによれば（*DD* 5）、Pépin が述べるように、dicibile は記号受信者が外的言葉において思考上で受け取る内容である。

（26）Jackson, "The Theory of Signs," 23：Earlier I noted that the *dicibile* is one sort of content of *cogitatio*, but is neither *cogitatio* itself nor some external *res*. ... Only something of this sort could be truly communicated by signs. ... It is not thinking that is transferred, but the thinking *of something*. This something would seem to be the *dicibile*, which may now be translated as ' that which is meant ' or simply ' meaning '. ここで言及されるジャクソンの類推は、記号受信者と記号発信者に共通する第三極が結局は dicibile と考えられまいか、ということであろう。

（27）樋笠「アウグスティヌスにおける「記号論」の問題」参照。樋笠によるアウグスティヌスの記号論理解は主にジャクソン説に基づく。

(28) *DM* 1.1 (CCSL 29, 157): Quid tibi uidemur efficere uelle, cum loquimur ?

(29) Watson, 16.

(30) *DDC* 2.1.2では、「記号」signaが「指示しようとする意志 uoluntasや何らかの欲求 appetitus」の有無によって、「自然的」naturaliaと「所与的」dataとに区別される。

(31) Karla Pollmann, "Augustine's Hermeneutics as a Universal Discipline!?," in *Augustine and the Disciplines: From Cassiciacum to Confessions* (ed. K. Pollmann and M. Vessey; New York: Oxford University Press, 2005), 206–231, esp. 215.

(32) ただし、『キリスト教の教え』では、記号によって指示される対象が「事柄」resと直接的に表現される箇所は一カ所のみである (*DDC* 2.10.15)。『キリスト教の教え』第1巻では、指示対象は「事柄」ではなく「何か」aliquidと表現される (*DDC* 1.2.2, Jackson, 11)。『問答法』では、言葉が「各々の事柄の記号」uniuscuiusque rei signumと呼ばれている (*DD* 5)。

(33) Cf. *DM* 14.45「一方、[教師たち] が教えることと公言するところのかのすべての学問、および、徳と知恵そのものの学問を、彼らが言葉によって説明するとき、生徒と呼ばれる人々は、真実 ueraが述べられたのか否かを、能力に従ってかの内的真理 interior ueritasを見つめながら、自分自身で検討する」(CCSL 29, 202: At istas omnes disciplinas, quas se docere profitentur, ipsiusque uirtutis atque sapientiae cum uerbis explicauerint, tum illi, qui discipuli uocantur, utrum uera dicta sint, apud semetipsos considerant interiorem scilicet illam ueritatem pro uiribus intuentes)。

(34) 以降、構造上の方向性を強調したい場合、「→」を用いる。

(35) *DD* 5 (Pinborg, 88): Quidquid autem ex verbo non aures sed animus sentit et ipso animo tenetur inclusum, dicibile vocatur.

(36) *DDC* 2.1.1 (CCSL 32, 32): Signum est enim res praeter speciem, quam ingerit sensibus, aliud aliquid ex se faciens in cogitationem uenire, ... なお、『問答法』では、記号が次のように定義される。*DD* 5 (Pinborg, 86): Signum est quod et se ipsum sensui et praeter se aliquid snimo ostendit (記号とは、一方で、感覚に向けてそ

れ自体を、他方で、魂に向けてそれを超えて何かを示すものである）.

（37）筆者が知見する限り、アウグスティヌスの三極構造をめぐる諸見解のうち、Jackson（と彼に影響された研究者）の構造以外はすべて受信型記号のみに適応された三極構造である。

（38）*DD* 5（Pinborg, 88）: Cum vero verbum procedit non propter se sed propter aliud aliquid significandum, dictio vocatur.

（39）記号受信の構造で成立するアウグスティヌスの三極関係は〈記号—事柄〉と〈記号—思考上の何か〉と〈事柄—思考上の何か〉という三つの二極関係に分解されるが、その中で、〈記号→事柄〉を「指示関係」と呼び、〈記号→思考上の何か〉を「イメージ関係」あるいは「意味関係」と呼ぶ。アウグスティヌスの認識論では、外的事柄のイメージが cogitatio における spiritual vision の働きと捉えられる（Bourke, *Augustine's View of Reality*, 10）。

（40）以降、「口述」dictio を単純言語の発話として使用してきたのに対し、「表現」を複合言語、すなわち、文章単位の発話として使用する。

（41）Significare という語が〈記号→事柄〉の指示関係を連想させるが、『問答法』では口述可能なものと口述が以下にように説明される。「しかし、［言葉 uerba］が魂によって知覚されたとき、それらは音声以前には口述可能なもの dicibilia であったが、それに対し、私が話したことのゆえに、［口述可能なもの］が音声において現れたとき、それらは口述 dictiones となった」（*DD* 5 [Pinborg, 90]: Sed cum animo sensa sunt, ante vocem dicibilia erunt; cum autem propter id quod dixi proruperunt in vocem, dictiones factae sunt）。

（42）*DDC* 1.13.12（CCSL 32, 13）: Sicuti cum loquimur, ut id, quod animo gerimus, in audientis animum per aures carneas inlabatur, *fit sonus* uerbum quod corde gestamus, et locutio uocatur, nec tamen in eundem sonum cogitatio nostra conuertitur, sed apud se manens integra, formam uocis qua se insinuet auribus, sine aliqua labe suae mutationis adsumit : ...

（43）『問答法』では、単純言語の発話が「口述」dictio と定義された（*DD* 5）。これに対し、「表現」locutio という用語は「語る」loqui の派生語として主に文章単位の発話に用いられる（E.g. *De diuersis quaestionibus octoginta tribus* 66.5, 69.7, 80.2）。『教師論』では、「表現」locutio が「語る」loqui ことの文脈で主に用いられるが

（1.1, 1.2, 7.19, 9.26, 10.30, 14.45）、その中で「表現は語より優れている」melior quam uerba locutio（9.26）と述べられ、単語単位の言葉と区別される。『キリスト教の教え』では、主に聖書における「表現」として使用され（2.9.14, 2.13.19, 2.13.20, 2.14.21, 2.16.23, 3.11.17）、その中で「語と表現」uerba locutionesqueと表記され（2.14.21）、ここでも、「表現」は単語単位を越える句や文章として捉えられている。

（44）Jackson, "The Theory of Signs," 16; 19–20. Cogitatio を reception から区別された conception と見なす Jackson の意見には同意できるが、他方で、その包括的概念性ゆえに、id, quod animo gerimus を cogitatio と見なす彼の見解には同意できない。

（45）David Dawson, "Sign Theory, Allegorical Reading, and the Motions of the Soul in *De doctrina christiana*," in De doctrina christiana: *A Classic of Western Culture* (Notre Dame and London: University of Notre Dame Press, 1995), 123–141, esp. 126.

（46）*DDC* 2.2.3（CCSL 32, 33）: Data uero signa sunt, quae sibi quaeque uiuentia inuicem dant ad demonstrandos, quantum possunt, motus animi sui uel sensa aut intellecta quaelibet. Nec ulla causa est nobis significandi, id est signi dandi, nisi ad depromendum et traiciendum in alterius animum id, quod animo gerit, qui signum dat.

（47）Dawson, 127.

（48）ジャクソンは、受信型記号と発信型記号を区別せずに議論するため、語り手の包括的な「魂の動き」と聞き手の受け取る「感覚に与える形体」とが同じ範疇に分類されてしまう（Jackson, 16; 19–20）。

（49）Cf. *De fide et symbolo* 3.4「我々は、言葉や音声の響きそのものや表情や身体的なジェスチャーというとても多くの装置によって、内なるものを表現しようと欲しながら、それを行おうとする」（PL 40: Id facimus conantes et verbis, et ipso sono vocis, et vultu, et gestu corporis, tot scilicet machinamentis id quod intus est demonstrare cupientes）. 心情を伝達しようとする場合、音声の調子や顔の表情やジェスチャーなどが担う役割は決して小さくない。しかし、聖書におけるパウロの言葉が彼の心情を遺憾なく伝えるように、非言語的な表現的媒体の役割を言葉だけに担わせることは不可能なことではないだろう。

（50）本書第二章第二節（一）参照。

（51）「レクトン」λεκτόν は、単語単位に対応するアウグスティヌスの「口述可能なもの」dicibile とは異なり、精神における文章単位の把握内容である（cf. Diogenes Laertius, *Vitae Philosophorum* 7.63）。

（52）Ferretter, 261：The sacramental metaphor Augustine previously used to describe the relation of the word to language is developed here into a metaphor of the Incarnation. ここで、Ferretter が直接的に論じるのは『三位一体論』における第９巻から第15巻への発展性に関するものであり、Ferretter によれば、第９巻で、内的「言語」language と外的「言葉」word との関係性をめぐる議論の中で言葉の「秘跡のメタファー」sacrametal metaphor が見いだされるのに対し、第15巻では、言葉の「受肉のメタファー」が主張される。「受肉のメタファー」がはじめて明確に適用されるのが『キリスト教の教え』の発信型記号である。

（53）『信仰と信条』*De fide et symbolo*（三九三年）では、「真実を語ること」uerum loqui をめぐり次のように述べられる。「というのは、我々が努力することは、我々の魂そのものが、（聞き手に）知られ洞察されるようになるために、聞き手の魂に対し可能な限り提示する以外の何であるだろうか」（*De fide et symbol* 3.4［PL 40］：Quid enim aliud molimur, nisi animum ipsum nostrum, si fieri potest, cognoscendum et perspiciendum animo auditoris inferre）。『信仰と信条』でも発信型記号としての言葉が注目されるが、人間による音声の産出が「造ること」facere と表記されるのに対し、神による神の言葉の産出は「生むこと」gignere と表現され、その差異性が強調される。

（54）*DDC* 1.13.12（CCSL 32, 13）：ita uerbum dei non commutatum caro tamen factum est, ut habitaret in nobis.

（55）アウグスティヌスの「内的な言葉」に関する記述は、*DDC* 1.13.12の他に、*Sermones* 119.7、288.3–4、*De trinitate* 15.6.20などに見られる（cf. Jordan, "Words and Word：Incarnation and Signification in Augustine's *De doctrina christiana*," 187）。「口述可能なもの」dicibile が単純言語に対応するのに対し、内的言語は文章の意味に対応するものと考えることができる。もしそうであれば、内的言語は dicibile よりもストア学派の λεκτόν に近い概念であることになる。

（56）Markus によれば、「言語のアウグスティヌス的理論は、『教師論』や『キリスト教の教え』の記号理論と違って、語り手側から言語に接近する。［記号理論］は観察者や解釈者にとっての意味理論であり、我々がそのモデルに従う限りにおいてのみ、一見それはもっともらしいのである」（Markus, "St. Augustine on Signs," 79［*Signs and Meanings*, 97］）。Markus が述べる「言語のアウグスティヌス的理論」とは主に『三位一体論』で展開される「内的言語」であるが、この言語理論は『キリスト教の教え』の発信型記号ではじめて本格的に導入されたものである（*DDC* 1.13.12）。

(57) 池上嘉彦によれば、「解釈」は「コンテクスト依存型」であるのに対し、「解読」は「コード依存型」である（『記号論への招待』、岩波書店、一九八四年、49頁）。

(58) *DDC* 2.10.15（CCSL 32, 41）: Translata sunt, cum et ipsae res, quas propriis uerbis significamus, ad aliquid aliud significandum usurpantur, sicut dicimus bouem et per has duas syllabas intellegimus pecus, quod isto nomine appellari solet, sed rursus per illud pecus intellegimus euangelistam, ...

(59) 本書第六章第三節（三）参照。

(60) Jackson によれば、'motus animi sui uel sensa aut intelleta'がコミュニケーションの起点である（Jackson, "The Theory of Signs," 17）。

(61) Simone, 113.

(62) Ibid., 103.

(63) 換言すれば、部分としての、字義的表現と比喩的表現との選別は、全体としての、記号発信者の精神性に依存する。

(64) Cf. *DDC* 1.39.43「したがって、信仰 fides と希望 spes と愛 caritas に支えられ、それらを揺るがなく保持する人は、他の人々を教えるため以外に、聖書を必要としない」（CCSL 32, 31: Homo itaque fide et spe et caritate subnixus eaque inconcusse retinens non indiget scripturis nisi ad alios instruendos）。ここで、アウグスティヌスは直接的に同時代の人々を念頭に言及するが、同時に、この発言は、新訳聖書を未だ所持しなかった新約聖書の記者が「信仰と希望と愛」を堅持していた、とアウグスティヌスが信じる証左となろう。

(65) Cf. *DDC* 1.22.21「というのは、次の愛の規則 regula dilectionis が神のよって制定された。曰く、「あなたの隣人をあなた自身のように愛しなさい」、また、「神を心を尽くし、魂を尽くし、精神を尽くし［愛しなさい］」」（CCSL 32, 17: Haec enim regula dilectionis diuinitus constituta est: *Diliges*, inquit, *proximum tuum tamquam te ipsum, deum* uero *ex toto corde, ex tota anima, ex tota mente*, ...）。マタイによれば（22: 37–40）、イエスにとって、旧約聖書の教えはこの二つの愛の教えに総括される。

（66）アウグスティヌスにおいて、個人的行為としての聖書解釈は、常に、共同体という包括性の中で生じることが前提とされる。

（67）Cf. *DDC* 2.5.6「そのような読者は、［聖書記者たち］、彼らによって［聖書］は書きまとめられたのだが、その彼らの思考 cogitationes と意志 uoluntas 以外に何も熱望せず、また、それらを通して、神の意志 uoluntas dei、それに従ってかの人々は書いたのだと我々は信じるのだが、その神の意志に到達すること以外には何も熱望しない」（CCSL 32, 35: quam legentes nihil aliud appetunt quam cogitationes uoluntatemque illorum, a quibus conscripta est, inuenire et per illas uoluntatem dei, secundum quam tales homines locutos credimus）。

（68）樋笠は「それ以前に、その活動を根底から支える態度としてテキストへの謙虚さがなければならない」と述べ、聖書テキストに向き合う解釈者の態度に注目する（樋笠「アウグスティヌスにおける「記号論」の問題」、50頁）。

（69）*DDC* 2.7.9–11で、アウグスティヌスは七段階の生の展開、すなわち、神への恐れ・敬虔・知識・不屈・憐れみの勧め・心の目の浄化・知恵を提示する。聖書の字義的解釈は第三段階の知識に位置づけられるが、比喩的解釈には最高段階である知恵の要素が含まれよう（本書第七章第四節参照）。

（70）Cf. *DDC* 1.10.10「そんなわけで、不変に生きるかの真理 ueritas は十分に享受されるべきであり、その［真理］のうちに、三位一体の神は、すなわち、あらゆるものの創造主であり創始者である方は［自らが］創造した事柄を配慮しておられるのだから、魂は、その［真理］の光を見通し、見通されたものにしがみつくことができるように、浄化されるべきである。そのような浄化を、祖国へ向かうある歩行や航行であるかのように考えよう。というのも、どこにでもおられる方に向かって、我々は場所において動かされるのではなく、善良な熱心と善良な行為において［動かされる］のであるから」（CCSL 32, 12: Quapropter, cum illa ueritate perfruendum sit, quae incommutabiliter uiuit, et in ea trinitas deus, auctor et conditor uniuersitatis, rebus, quas condidit, consulat, purgandus est animus, ut et perspicere illam lucem ualeat, et inhaerere perspectae. Quam purgationem quasi ambulationem quandam et quasi nauigationem ad patriam esse arbitremur. Non enim ad eum, qui ubique praesens est, locis mouemur, sed bono studio bonisque moribus）。

（71）Jordan は、聖書解釈における「神の愛における修練」の前提性を次のように述べる。「解釈の前提条件は神の愛における修練である。そのような修練のみが聖書的記号が述べるところの事柄の経験を人に与えることができるのである。これらの事柄は二重の福音的律法である神への愛と隣人への愛において要約される（1.36.40）。愛を学ぶことは神の特性を学ぶことであり、それは聖書で述べられる内容を学ぶことである」（Jordan, 182–183：The prerequisite for interpretation is apprenticeship in the love of God. Only such an apprenticeship can give one experience of the *res* about which Scriptural *signa* speak. These *res* are summed in the double evangelical law, love of God and of one's neighbor（1.36.40）. The learning of love is learning God's nature； it is learning about what is spoken in the Scriptures）。

第Ⅱ部　アウグスティヌスの言語理論

アウグスティヌスの言葉へのアプローチは、便宜的に、単語単位で扱われる記号理論と文章単位で扱われる言語理論とに大別される。彼の記号理論は、年代順に、『問答法』*De dialectica*（三八七年）、『教師論』*De magistro*（三八九年）、『キリスト教の教え』*De doctrina christiana*（三九六／三九七年）で見いだされる。これに対し、『教師論』で問題提起される彼の言語理論は、『キリスト教の教え』でその方向性が見直され、『三位一体論』*De trinitate*（四〇〇〜四一七年）で継続的に展開される。

第Ⅱ部の目的は、アウグスティヌスの言語理論の転換とその原因を探求することである。すなわち、『教師論』で「記号によっては何も学ばれない」とされた言語理解が『キリスト教の教え』で「事柄は記号を通して学ばれる」と宣言されることになるが、この『教師論』から『キリスト教の教え』への発展性の実質的内容を明らかにし、また、その原因が『シンプリキアヌスへ』*Ad Simplicianum*（三九六年）で発見された先行的な恩恵概念による回心構造に基づくことを示すことである。この目的を達成するためには、第一に、『教師論』の言語理論と、『キリスト教の教え』で提示され『三位一体論』で展開される内的言葉との差異性を明らかにする必要がある。第二に、『シンプリキアヌスへ』で発見される先行的恩恵という概念を言語理論的な視点から捉え直し、その『キリスト教の教え』への影響を示す必要がある。

そこで、第四章の前半では、『教師論』の構造とその主題を探求し、構造的には、『教師論』は「記号なしでは何も教えられない」と「記号によっては何も学ばれない」という一種のパラドックスで構成され、その主題が後者であることを示す。また、『教師論』における口述表現の役割を探求し、内的真理に由来する直観的論証としての口述表現は、包括的コミュニケーションによる言説的論証の要素に乏しいことを論じる。第四章の後半では、『キリスト教の教え』で言及され『三位一体論』で展開される内的な言葉という概念が探求され、「内的言葉」が受け取る「音声」としての口述表現と「神の言葉」が受け取る「キリストの肉体」としての受肉過程との類比をめぐる分析を通して、口述表現の受肉的な特性を明らかにする。また、『キリスト教の教え』や『三位一体論』では、『教師論』の内的真理の理解に訴える直観的論証に加え、包括的な人間性に訴える言説的論証が確保されることを論じる。

第五章の前半では、『シンプリキアヌスへ』の回心構造で生じた恩恵概念の転換を探求し、回心過程は神の恩恵が先行しなければ進行せず、それにもかかわらず、そこでは呼びかけられた者の主体性と意志の自由選択とが確保されなければならないことを示す。また、証言としての口述表現が、喜びを契機に、新しい知識伝達の可能性を開くことができることを論じる。第五章の後半では、『キリスト教の教え』序論を手がかりとして言葉の恩恵的な側面を探求し、その『シンプリキアヌスへ』との連続性を確認する。また、「事柄は記号を通して学ばれる」と宣言される『キリスト教の教え』の特性が『教師論』のそれと異なることを、再度、確認する。

このようにして、アウグスティヌスの記号理論から把握し切れない彼の言語理論における発展性が、すなわち、『教師論』から『キリスト教の教え』へ至る言語理論的な展開が、『キリスト教の教え』そのものを基礎づけていることが予想されるのである。

第四章　『教師論』の言語理論と『三位一体論』の内的言葉

第一節　問題と方法

『問答法』*DD*（三八六年）から『教師論』*DM*（三八九年）を経由した約一〇年間、アウグスティヌスの言語をめぐる議論は主に記号理論からアプローチされ、『キリスト教の教え』*DDC*（三九六／三九七年）の聖書解釈においてその特徴が最大限に発揮された、といえる。これに対し、三九〇年代の中頃から使用し始められた、「内なる言葉」という概念の下に把握される言語理解が、アウグスティヌスの言語をめぐる議論で次第に重要視されるようになり、四〇〇～四一七年頃に執筆された[1]『三位一体論』*De trinitate*（以降、*DT*と略す）では「内的言葉」として本格的に吟味されるようになる。この発展過程において、『キリスト教の教え』は彼のいわば成熟した記号理論と彼の萌芽的な言語理論とが交差する場であり、この要素が『キリスト教の教え』の特異性の一つを形成する。

第Ⅰ部ではアウグスティヌスの記号理論そのものが探求されたわけであるが、アウグスティヌスの言語をめぐる議論（言語理論）[2]を理解するためには、記号理論の探求だけでは不十分であり、『キリスト教の教え』前後の代表的な言語理論の立場、すなわち、『教師論』における文章理解に対する言葉の役割（意味理論）[3]と『三位一体論』における「内的言語」の働きとを把握する必要がある。ここで、とりわけ問題となるのが、意味理論をめぐる『教師論』の主題を把握することの難しさである。研究者による様々な主張はその明瞭な把握の難しさを裏づけるものであるが、近年の研究者の立場を次の二つに大別したとしても間違いではないだろう。すなわち、言語の役割をコミュニケーションにおいて積極的に認める立場と、それを神の照明へ導く機能のみに限定する立場である。『キリスト教の教え』の意味理論の特性を論じるためにも（第五章）、『教師論』のテキストを再調査することによって、『教師論』で展開される言語のもつ効力性を把握することが第一に求められる。次に問題となるのが、『三位一体論』における音声を媒介とした「内的言葉」の伝達性をめぐる理解である。『三位一体論』で論じられる人間の類似的な三位一体性は、経綸的三位一体に基づくキリストの受肉と内在的三位一体に基づく永遠のキリストとの両視点から捉えられるので、これを踏まえつつ分析する必要がある。

そこで、本章では、第一に、一九七五年以降に発表された『教師論』の主題をめぐる研究者の諸見解を検討し、その解釈問題に対して部分的な解決を試み、第二に、『三位一体論』の「内的言葉」の働きを言語理論の構造的視点から把握することによって、両著作間に介在する言語理論の差異性を鮮明にする。

第二節　『教師論』の主題とその意味理論

本節では、『教師論』の主題をめぐる解釈問題を扱い、その意味理解の把握を試みる。ここでは、『教師論』の主題と構成をめぐる諸見解、『教師論』の言葉の二重性、および、『教師論』の意味理論について述べたい。

一　『教師論』の主題と構成をめぐる諸見解

近年の研究者によって提案された『教師論』の主題と構成をめぐる議論は決して一様でなかったが、徐々に進展しながら妥当な見解へ収束したように思われる。ここでは、その経過を正確に辿るために、一九七五年以降の研究者の主張を年代順に把握したい。

G・マデック（一九七五年）[4]は、F・J・トナール[5]に従って、二分割構造、すなわち、1〜37節（*DM* 1.1〜11.37）の言語をめぐる議論と38〜46節（11.38〜14.46）の真の教師をめぐる議論との二分割を主張し、B・R・ヴォス[6]が提唱する三分割構造に反対する。[7]マデックによれば、後半で展開される内的教師をめぐる教えが『教師論』の「本来の目的」であり、[8]前半は「記号なしでは何も教えられない」rien ne s'enseigne sans les signes と「記号によっては何も教えられない」rien ne s'enseigne par les signes とからなるパラドックスで構成され、その目的は内的教師という主題を理解するための条件を提示することである。[9]また、前半の議論の一部を構成する「記号の学習」は単なる遊びとして捉えられず「霊的光の輝きに対する精神的順応の訓練」[10]と考えられ、『教師論』の「対話部分」の目的は「記号が意味論的な役割をもたない」ことの主張ではなく、「戦略上のパラドックス」un paradoxe tactique の構築にある、と考えられている。[11]

M・D・ジョーダン（一九八〇年）[12]は要約的に『教師論』に触れ、その意味理論的なパラドックス、すなわち、「記号による以外は何も教えられない」nothing could be taught except by signs と「記号では何も教えられない」nothing can be taught *with* signs という矛盾した主張を認める。[13]ジョーダンによれば、プラトンの『メノン』におけるソクラテスの論法と同様に、『教師論』では「記号は教えるために使用されなければならない」という考えがその反立によって否定される。[14]結果として、内的教師に対して言葉が果たす機能は想起に対してソクラテスの砂図が果たす機能と類似するものであり、言葉の機能は聞き手を内的真理へ方向づけることに限定され、他方で、理解可能性は神に基礎づけられる、と見なされる。[15]

L・H・マッケイ（一九八二年）[16]は、「記号なしでは何も教えられない」nothing is taught without signs と「記号によっては何も学ばれない」nothing is learned by means of signs という一種のパラドックスを『教師論』に認める。[17]マッケイによれば、このパラドックスの原因は記号とリアリティーとの間に介在する存在論的で認識論的な隔たりであり、[18]その解決には唯一の内的教師であるキリストに訴える必要がある。[19]記号は超越的リアリティーを伝達できないため、[20]すなわち、人間は「超越的言語」the transcendent Word を入手できないため、[21]言語への懐疑が生ぜざるをえない。したがって、記号としての言葉とリアリティーとが橋渡しされるためには、事柄の知識が強化されるための魂の教化が必要となるだけでなく、懐疑が克服されるための記号に対する信もまた必要になる。[22]このことから、パラドックスは、一方で、「信なしでは、人間的指示者を通して神的指示物には達しえない」、他方で、「照明なしでは、人間的記号において神的リアリティーは知られない」という構図として成り立つことになる。[23]結果として、『教師論』のパラドックスは、信と照明との弁証法的な相互依存性として表現される。[24]そして、「受肉の言葉」the incarnate Word は、絶対確実な方法で信仰の真理を与えるわけではないが、堕落した心に接近可能な形態において「真実性の基準」を人々に与えつつ、真理が獲得可能であるという言葉への信そのものの可能性を開くことができる、と主張される。[25]

M・F・バーニエット（一九八七年）[26]は、『教師論』を「すべての教えは言葉あるいは記号を通して効力をもつ」all teaching is effected through words or ... signs（1.5～10.31）とする第一の議論と「教えることは言葉あるいは記号を通して効力をもたない」no teaching is effected through words or signs（10.32～10.35）とする第二の議論とに分割し、第二の議論がその後（11.36～14.46）に展開されると考える。[27] バーニエットによれば、第一の議論は知的伝達の道具としての言葉や記号を扱い、第二の議論はその反論と考えられ、[28]以前に知られなかった内容が言葉によって教えられる、という常識的信条が否定されることになる。[29] 何事も言葉や記号なしには教えられないというアデオダトゥスの暫定的結論（10.31）に反駁するアウグスティヌスの議論が、記号なしに教えることの可能性が暗示される鳥刺の挿話（10.31）において見いだされる。[30] 一方で、この鳥刺の実例は話すことをめぐる第一の議論から示すことをめぐる第二の議論へ展開させることになる。しかし、他方で、鳥刺の実例そのものによって教えることができるとする第二議論と何者も他者に教えることができないという最終的結論との間に矛盾が生じる可能性があるが、これは鳥刺の実例を通して学ぶ機会が見物人に与えられたにすぎないと考えることによって解消されることになる。[31] 結果として、バーニエットによる『教師論』の主題は、何者も他者に「知識」scientia を教えることができないということである。[32]

F・J・クロッソン（一九八九年）[33]は、全体を記号をめぐる議論と事柄をめぐる議論とに分け、さらに、後者を二分割することによって、『教師論』の三分割構造を主張する。[34] すなわち、第一の議論は記号によって記号が示される場合（4.7～8.21）であり、第二の議論は問われた直後に行動することによって事柄が示される場合（8.22～10.32）であり、第三の議論は記号を与えることによって事柄が示される場合（10.33～14.46）である。[35]クロッソンによれば、マデックは、人間は人間的行為を、また、神や自然は自然的事柄を、記号なしに指示することができるとする第二の議論をめぐる解釈において過ちを犯している。[36]三分割構造を採用して論じるアウグスティヌスの主張は、記号が事柄を決して指示できないということではなく、記号の記号が他の記号を指示することと同じ程度には、事柄の記号が事柄を指示できないというものである。[37]さらに、記号の探求の目標が神とされていることからも推測されるように（8.22）、事柄をめぐる「普遍的本質的関係の真理」を「理解すること」intelligere は人間的行為や自然によっては開示されない。[38]第三の議論では、記号を与えることによって事柄に注意が向けられ、この点から記号を通して教えることの可能性が論じられ、この可能性が各々の議論で結論づけられた各論的教えを凌駕する、と主張される。[39]

J・P・ドラッカー（一九九七年）[40]は、『教師論』の記号をめぐる前半の長い議論が言語の無能力性を例証すると考えるC・アンドー[41]に反対し、『教師論』のアウグスティヌスの主張は、記号や言葉によって何も教えられないことではなく、何も学ばれないことであると捉える。[42]ドラッカーによれば、アウグスティヌスが否定するのは、言葉そのものが知識を伝えるという単純な考えであり、したがって、言葉は意味伝達において構成的な力ではないものの、聞き手を促して照明による学びへと向かわせる機能を有しており、[43]この意味で、学ぶことは教えることを通して直接的に生じえないが、他方で、教えることは促すこと、方向づけること、指し示すこととして回復されている。[44]換言すれば、「人は記号の媒介なしに学んだり理解したりすることができるが、教えることそのものは記号なしには成就されえない」[45]と考えられている。同時に、教えることは、通常、言葉を通して可能となるが、鳥刺の例では、言葉なしに教えることの可能性が示されており、教えることは話すことだけに還元されているわけではない。[46]ドラッカーの結論によれば、すべての言語使用は究極的に真理を開示する内的教師を指し示すためであるが、『教師論』の誠実な読解によって、そのパラドックス、すなわち、一方で「記号なしでは何も教えられない」、他方で「記号によっては何も学ばれない」という一種の逆説が確認されることになる。(47)

二　『教師論』の言葉の二重性

以上の諸見解を具体的に検討する前に、『教師論』の言語理解に触れることが有効であろう。『教師論』のはじめの方で、アウグスティヌスは「言葉は記号である」uerba signa esse と述べ、言葉の指示的機能に注目しつつ、ウェルギリウス『アエネーイス』の一節 'Si nihil ex tanta superis placet urbe relinqui' のうち、指示内容をめぐり最初の三つの単語を吟味する。

アウグスティヌス　「私は、あなたがこの一節を理解する intellegere と信じる。」

アデオダトゥス　「十分に〔理解していると〕思います。」

アウグスティヌス　「各々の言葉が何を指示する significare のか、私に言ってみなさい。」（*DM* 2.3）(48)

ここで、言葉の指示内容が具体的に吟味される直前に、アウグスティヌスがアデオダトゥスに確かめている詩文の「理解」とは何か。それは、一般的な文章理解、すなわち、言葉の文法的機能と辞書的語義とに、あるいは、それに加えて文脈とに基づく文章全体の意味理解と思われる。そうであれば、言葉の指示機能の分析は、テキストの文法的構造に基づく文章全体の意味理解が暗黙のうちに前提されていることになる。

言葉の二重性をめぐる問題は、言葉の文法的あるいは品詞的な機能と指示的あるいは名詞的な機能との関係性に置き換えることができる。アデオダトゥスが「‘si’と‘ex’」は言葉 uerba であるが、名詞 nomina ではない」(4.9)[49] と考える言葉の品詞的機能に基づく常識的見解に対して、アウグスティヌスは言葉の指示的機能に基づいて、すべての言葉は名詞であり(6.18)[50]、「言葉」と「名詞」とは使用方法こそ異なれ(5.12)、それらの意味内容は同等である、と主張する(7.20)。アウグスティヌスによれば、文章の中で言葉は「八つの品詞」octo partes orationis(6.17)のいずれかに属すると同時に、指示される事柄との関係性から「名詞」あるいは「名称」とも呼ばれるのである。

さらに、広義の言葉が「知覚されるために耳を打つこと uerberare」と「認識される nosci ために記憶に託されること」とに分類され、前者が狭義の「言葉」uerba として、後者が「名称」nomina として把握される(5.12)。同様に、「言葉」uerbum が「ある指示内容 significatum をともなって分節化された声によって言及されるもの」(4.8)[51] と定義され、「声」uox が強調されるのに対し、「名称」nomen は「それによってある事柄 res が名づけられるもの」(5.14)[52] と定義され、「事柄」res との直接的関係性に強調点が移される。したがって、狭義の「言葉」は音声的な視点や文法的あるいは品詞的な視点からそう呼ばれ、「名称」は事柄との関係性や記号理論的な視点からそう呼ばれることになる。『アエネーイス』の一節に戻れば、‘si’ は文法的には「条件」として文法構造を構成する「接続詞」であるが、記号理論的には魂における「疑い」dubitatio を指示する「名称」として働くことになる(2.3)[53]。

『教師論』で実際に取り上げられる例文を参照して、言葉の二重性を検証したい。言葉の名称的機能をめぐり、‘Non erat in Christo est et non, sed est in illo erat’(Ⅱコリント1：19)が取り上げられる(5.14)。後半の ‘est in illo erat’ が完全な文章になるためには、「est が彼の内にあった」あるいは「erat が彼の内にある」と読まれなければならない。アウグスティヌスが何の断りもなしに前者を選択するのは、前半の ‘Non erat in Christo est et non' を「erat がキリストの内にあるのではなく、また、non が［あるのではない］」と強引に解すれば、全体の文章が「erat がキリストの内にあるのではなく、また、non が［あるのでもない］」。しかし、erat が彼の内にある」となり、'erat' を主語として考えると文章全体の合理的理解が得られないからである。したがって、'est' を主語にして、「est と non がキリストの内にあったのではなく、est が彼の内にあったのである」と読まれたのである。この前提の下で、'est' が「キリストの内にあった」こと、すなわち、「これらの三文字によって指示されること」と捉えられ、'est' が主語の内容として解されている。

別の箇所では、未知の言葉をめぐり、'et sarabarae eorum non sunt commutatae'（ダニエル 3:94［Vulgate］=3:27［Septuagint］）が取り上げられる（10.33）。'Et' が接続詞であり、'eorum' が「彼らの」を意味する属格の複数代名詞、'non' が否定を意味する副詞、'sunt commutatae' が「変化されなかった（変わらなかった）」を意味する複数女性の完了受動動詞であるという文法的知識をもとに、未知の言葉である 'sarabarae' は与格の単数女性名詞、あるいは、主格の複数女性名詞と推定され、前者の場合「また、彼らの sarabara に対して、それら（女性代名詞）は変わらなかった」となり、後者の場合「また、彼らの sarabarae は変わらなかった」と解される。前者は「それら」の指示内容だけでなく文意も曖昧なので、後者がより相応しい文意であると判断されるわけである。この前提の下で、未知の言葉によって事柄そのものが開示されるのか否か、が吟味されている。

以上から、文章の意味が理解されている場合、聞き手は既に文章の文法構造と単語単位の語義を知っていることになる。慣習によって成立した言葉の知識を既に身につけている聞き手は、曖昧な文章や多義的な文章を除いて、特に意識することなく、文法と語義の知識をもとに文章の意味を自明なものとして理解する。しかし、言葉の文法にしても語義にしても、最終的には文章の中で特定されるものであり、アウグスティヌスによれば、文章の中で特定される各単語の文法的要素と語義的要素は、それぞれ「品詞」と「名称」として機能する。たとえば、上の『アエネーイス』の例文中の'si'が品詞として「条件」という文法構造の一部を構成し、名称として「魂の疑い」を指示することになる。したがって、文法構造を構成する「品詞」の働きと事柄を指示する「名称」の働きとから文章の意味が自明なものとして生じることになる。『教師論』の記号理論は、このようにして把握された文章理解を前提に、改めて一つ一つの言葉や記号に注目するという構造をもつ。この意味で、アウグスティヌスの記号理論は文法的構造と辞書的語義とに基づく文章の意味理解が前提されているのである。

三　『教師論』の意味理論

文意が把握可能であるとすれば、コミュニケーションにおける問題は次の二つに絞られるように思われる。第一の問題は、文章の意味そのものが語り手の意志や思考と見なされるのか否かであり、第二の問題は、語り手が発する文章の意味を聞き手が把握する行為がそのまま教えられる行為と見なされるのか否かである。第一の問題をめぐって、『教師論』の後半部分で語り手の言葉と思考とのギャップという事例が論じられているが（13.42〜43）、ここでは、言葉を正確に用いて思考を忠実に表現しようとする誠実な人間の適切な発言のみを考えたい（ゆえに、ここでは第一の問題は棚上げされる）。

この問題を念頭に、第一に、『教師論』の主題を特定したい。クロッソンの三分割構造による第三部のはじめで、アウグスティヌスは次のように述べる。

しかし、もし我々がよりいっそう注意深く調べるならば、おそらく、あなたはその記号を通して学ばれる

disci ことは何もないことを発見するだろう。[54]（10.33）

『教師論』の主題は、マデックやジョーダンが述べるように「記号によっては何も教えられない」ことではなく、マッケイやドラッカーが述べるように「記号によっては何も学ばれない」ことと考えられる。[55] 研究者による諸見解から推測されるように、『教師論』の議論では「教えること」docere と「学ぶこと」discere とが幾分錯綜している。『教師論』の議論を捉え直して、「語り手が教えるために表現した内容を、聞き手はどのようにして学ぶのか」と考えると理解しやすい。冒頭部分で、「話すこと」loqui は「教えること」docere に他ならないことが同意されるのであるが（1.1）、吟味されるほとんどの引用文章で問題となるのは、表現としての教える方法ではなく、解釈としての学ぶ方法なのである。したがって、第二の問題は、聞き手が語り手によって表現された文章を把握することがそのまま学ぶ行為と見なされるのか否か、という問いに置き換えることができる。

構造的視点からは、（話すことを例外に）「記号なしでは何も教えられない」というアデオダトゥスの見解（10.29）が否定されるところの、アウグスティヌスが導入する鳥刺の例証が、すなわち、竿と鳥もち（一種の粘着剤）とを用いて小鳥を捕獲する行程の例証が重要となる。この点で、マデックが主張する二分割構造は、『教師論』のパラドックスに強調点が置かれ、鳥刺の例証に関するアウグスティヌスの目的が合理的に説明されえないため、クロッソンが指摘する通り、[56] それを受け入れることはできない。鳥刺の例証を挿入するアウグスティヌスの目的は、一方で、バーニエットが述べるように、[57] 鳥刺の行為者が記号なしに教えることの可能性を提示することであろうが、他方で、ドラッカーが暗示するように、[58] 鳥刺の観察者が事柄そのものから学ぶことの可能性に目的の重点が移されている、とも考えられる。だとすれば、鳥刺の例証で暗示される「事柄そのものから学ぶ」ことと結論部の「記号によっては何も学ばれない」こととの間には、バーニエット[59]が解釈するような矛盾はなく、鳥刺の例証は、「理解する」intellegereことが「神の照明」に依存するというアウグスティヌスの主張（11.38〜12.39）への合理的な導入部である、と捉えることができる。結果として、クロッソンが主張する三分割構造がより好ましいことになる[60]。

先程、語り手によって表現される文章が語り手の「思考」cogitatioを忠実に反映するものと仮定したが、そのような状況の下で与えられた文章の意味把握がそのまま学ぶ行為と見なされるのか否か、がここで問われる。これに関して、アウグスティヌスは次のように述べる。

教師たちは、話すことによって伝達しようと思うところの自らの見解cogitataが——学問そのものの見解ではなく——（生徒によって）知覚され保持されることであると果たして公言するだろうか。というのは、教師が思考するcogitare事案を学ぶようになるために、自分の息子を学校へ送る者ほど、愚かなるほどに献身的な者とは誰であろう。一方、［教師たち］が教えることと公言するところのかのすべての学問、および、徳と知恵そのものの学問を、彼らが言葉によって説明するとき、生徒と呼ばれる人々は、真実ueraが述べられたのか否かを、能力に従ってかの内的真理interior ueritasを見つめながら、自分自身で検討する。それゆえ、彼らはそのときに学ぶdiscereのである[61]。（*DM* 14.45, 強調点は筆者による）

聞き手が学ぶのは、語り手が言葉によって説明するときではなく、「内的真理」を見つめながら自分自身で検討するときである。だとしても、聞き手は語り手によって表現された内容が真実であるのか否かを判断する以前に、文章の意味把握が達成されていなければならない。聞き手による意味把握が達成された後に、把握された意味の真実性が吟味されるわけである。アウグスティヌスによれば、聞き手によって把握された文意が「内的真理」という基準と対比されて、それが真実であると判断されたときに、聞き手は学ぶことになる。したがって、与えられた文章に対する聞き手の意味把握は、一種のコミュニケーションであるには相違ないだろうが、たとえそれが語り手の思考 cogitatio と一致した意味把握だとしても、それがそのまま学ぶ行為とは見なされず、学ぶことは聞き手の「内的真理」に全面的に依存することになる。この意味で、学ぶこととは、語り手によって与えられた文章の意味に対して、あるいは、十分に信頼される語り手という仮定された状況の下では、語り手の思考の内容に対して、自発的に同意し、それを自らの知識として保持することに他ならない。

三分割構造の第一部（4.7~8.21）で見受けられるアウグスティヌスの主張が「記号なしでは何も教えられない」ことである、と多くの研究者によって指摘される。この主張は鳥刺の例証で部分的に否定されるのであるが（10.32）、特に、「徳と知恵の学問」を教えようとするには、多くの場合、記号を用いなければ不可能であろう。したがって、『教師論』の所謂パラドックスとは、一方で、語り手側からすれば「記号なしでは何も教えられない」が、他方で、聞き手側からすれば「記号によっては何も学ばれない」と解すべきであり、聞き手に向けて語り手が与える記号の作用は、聞き手の学びを促すことに限定されることになる（14.46）。

ところで、アウグスティヌスの照明説では、語り手の意志の善し悪しという特性が学びの効力性の点でほとんど無視される。『教師論』のはじめに、「誰であれ話す人は、分節化された音声を通して、自らの意志の記号 uoluntatis signum を外部に与える[62]」と表現が説明され（1.2）、鳥刺の例証でも、観察者の十分な知性だけでなく、行為者の教えようとする意志が前提されていた（10.32）。しかし、結論部の照明説では、語り手の意志が聞き手の学びを促す要素として反映されているものの、学びの可能性はあくまでも「内的教師」に依存しており、語り手の意志の特性はせいぜい語り手の表現過程に作用するにすぎない。したがって、『教師論』では、語り手の意志の善性が聞き手の学びそのものに作用すると考えられていない。

確かに、「賢者は愚者に勝る」（12.40）のような論理的命題をめぐる聞き手の真偽判断は語り手の意志とほとんど無関係に達成されよう。しかし、「私は飛ぶ人を見た」（12.40）のような主張的命題では[63]、仮にそれが真正な主張である場合、アウグスティヌスによれば、「理解すること」intellegere に達するために「信じること」credere が要請される（11.37）。信じるということは、簡潔にいえば、語り手がもつ意志の善性を、すなわち、語り手と世界との真正で健全な関係性を、聞き手が積極的に評価した結果であるように思われる。そうであれば、アウグスティヌスの照明説は論理的命題に対して有効であるが、歴史性を含む主張的命題に対して十分であるとはいえなくなる。何となれば、「内的真理」は信そのものを聞き手の精神内に保証することができないからである。繰り返しになるが、聞き手の学ぶ行為とは、語り手の「思考」を言葉によって単に把握するだけでなく、聞き手は自らの「内的真理」を基準として語り手の思考内容に自発的に同意しつつ、それを聞き手自身によって発見された知識として保持することがなければ達成されない。

しかし、判断の基準が「真理」ueritas である理性主義の方法では、判断の対象が論理性に限定され、歴史性を含む主張に対して、聞き手は判断するための基準を、すなわち、語り手の意志的特性をめぐる理解を持ちえないことになる。いずれにせよ、聞き手の信そのものは聞き手の内的世界のみの出来事ではなく、聞き手がもつ人々や世界に対する関係性に多く依存するだろうが、語り手の言葉そのものには、語り手の意志の善性を保証し、聞き手に自発的な同意を与えるだけの開示能力が認められない、と考えられている。この意味で、P・ケリーが述べるように、学びの方法として、『教師論』では内的な意味で「見ること」intuitus に由来する「直観的論証」intuitive reasoning による伝達方法が主張されており[64]、感情の表出や多様な言語表現を包含する「言説的論証」discursive reasoning による伝達方法は最終部で否定されるのである[65]。

確かに、『教師論』の言語は、記号理論的な観点から、記号を超越するリアリティーに聞き手の関心を向けることができる。しかし、『教師論』の言語は、意味理論的な観点から、その文章単位の言語でさえ、語り手の主張的命題をめぐる理解の前提となるような、語り手への信そのものを聞き手に与えるだけの媒介的な力を保持してはいない。それゆえ、聞き手は、言葉を通した「教え」doctrina の伝承とその結果としてのキリスト教共同体の形成という可能性から閉ざされていることになる[66]。

第三節　『三位一体論』の内的言葉

次に問題となるのが、『三位一体論』で扱われる、「内的言葉」に起源をもつような音声を媒介とした伝達の可能性である。『三位一体論』で論じられる人間の類似的な三位一体構造は、経綸的三位一体の第二格としての受肉のキリストと内在的三位一体の第二格としての永遠のキリストの視点から考えられているので、この構造を踏まえつつ分析しなければならない。

本節では、『キリスト教の教え』で「心に保持する言葉」として導入され、『三位一体論』で本格的に論じられる「内的言葉」を扱い、「内的言葉」が含みもたれるような言語表現の特性を把握することを試みる。以下、『キリスト教の教え』の「心に保持する言葉」、『三位一体論』の内的言葉と受肉的音声、および、『三位一体論』の内的言葉と愛について述べたい。

一　『キリスト教の教え』の「心に保持する言葉」

アウグスティヌスによれば、「すべての教え doctrina は事柄の教えか記号の教えかである」（*DDC* 1.2.2）[67]。『キリスト教の教え』第1巻では、キリスト教の事柄そのものの教えと見なされる内容が記述される。神をめぐる教え（1.5.5～1.9.9）に後続するキリストの受肉の議論（1.11.11～1.14.13）の中で、「心に保持する言葉」が「神の言葉」との類似性という視点から、次のように述べられる。

> 同様に、我々が話す loqui とき、我々が魂に宿す gerere ことが肉体の耳を通して聞き手の魂に流れ込むために、我々が心に保持する gestare 言葉 uerbum が音声 sonus となる。そして、それが表現 locutio と呼ばれる。しかし、我々の思考 cogitatio は、この同様な音声に転換されるのではなく、我々の内にそのまま留まって、その変化に基づく何らかの瓦解を被らないまま、それによって自らが耳に入り込むところの声の形 forma uocis を受け取る adsumere のである。同じように、神の言葉 uerbum dei が、我々の内に住まうために、何の変化も被らないで肉体となられたのである[68]。（DDC 1.13.12）

「我々の思考」cogitatio nostra とほぼ同義的に使用される「我々が心に保持する言葉」uerbum quod corde gestamus とは、『三位一体論』で展開される「内的言葉」interior uerbum に相当する概念と思われる。アウグスティヌスによれば、この「心に保持する言葉」が音声となるのであるが、その際、「心に保持する言葉」の実質的内容と思われる「思考」cogitatio は語り手の心の内にそのまま留まって、何の変化も被らないのである。ここでは、「心に保持する言葉」と「音声」との関係、すなわち、心の内に留まる「思考」と具象化される「音声」との関係が、「神の言葉」と「キリストの肉体」との関係に類比されており、口述表現の過程が受肉された音声として神学的にはじめて明示的に捉えられている。この類似性によって、

『キリスト教の教え』では「心に保持する言葉」と「音声」とを結びつける神学的根拠が獲得されている。では、「心に保持する言葉」とは心の内で語られる沈黙の言葉なのか。『説教』187[69]で、「心に保持する言葉」が次のように展開される。

我々がそれを口を通して表現するとき、我々が心に保持する gestare 言葉 uerbum が声 uox となる。しかし、〔心に保持する言葉〕が〔声〕に変換されるのではなく、そこで現れるところの〔声〕は、一方で、理解されることが内に留まるために、他方で、聞かれることが外に響くために、そのまま留まる〔心に保持する言葉〕によって受け取られる adsumi のである。……（言葉が声になるときは）ギリシャ語やラテン語や何であれ他の言語に属するところの声そのものが沈黙のうちに思考される cogitari ときではなく、すべての言語の差異性以前に、述べられたところの事柄そのものが、ここでは、心の座において、語り手の声で着せられたものがそこから現れることになるようなあり方で、知性的人間 intellegens に対して裸である nudus ときである。[70]

(*Sermo* 187.3)

引用文から判断されるように、「我々が心に保持する言葉」uerbum quod corde gestamus とは、特定の言語によって心の内で思考される沈黙の声ではなく、言語的思考以前の心の内の何かであり、すべての記号以前の何かであり、声を受け取ることになる何かである。ここでは、「事柄 res そのもの」が心の内で内的人間に対して「裸であるとき」に、「心に保持する言葉」が声を受け取ると説明される。「裸であるとき」という表現は、思考上の内容が未だ内的に言語化されていないことを意味しているように思われる。ただし、全く分節化されていない思考は思考されること自体がそもそも不可能であるように思われる。であれば、「裸であるとき」というのは、思考上の何かが自然的には分節化されている可能性があるが、少なくとも、内的な言語化は未だ経験されていない状態の謂れであろう。

したがって、受け取られる声は確かに言語的に分節化された言葉であろうが、「思考」の内容と思われる「心に保持する言葉」は、沈黙の声とは違って、言語的に分節化された言葉と一対一で対応しているとは考えられていない。たとえば、舌を出している賢そうなアインシュタインの顔を思考して、「アインシュタインはお茶目な天才だ」という声を受け取る場合のように、「心に保持する言葉」は事柄そのものに対応する単純な内的現れであるにしても、[71]受け取られた声が単語である必要はなく、単純な内的現れに対応する文章単位が受け取られることは十分にありそうである。したがって、ここで述べられる「心に保持する言葉」は、アウグスティヌスの記号理論において注目されるような単語単位に属するものではなく、単位としての思考内容に属するように思われる。だとすれば、『キリスト教の教え』で説明される「心に保持する言葉」と「音声」との関係は、思考内容としての「心に保持する言葉」と文章単位の「表現」locutioとの関係であると考えられる。そうであれば、「心に保持する言葉」と「表現」との関係性の確実性がここで暗示されていることになる。

ところで、『キリスト教の教え』には、記号によっては何も学ばれないとされる『教師論』の主題と矛盾するような発言がある。すなわち、「すべての教えは事柄の教えか記号の教えかである。しかし、事柄は記号を通して学ばれる」(*DDC* 1.2.2)。[72]分かりやすくいえば、事柄そのものの教えは、語り手の記号を通して、聞き手によって学ばれるという主張である。また、『キリスト教の教え』の記号とは、端的に音声としての言葉である。したがって、「神の言葉」がキリストとして肉体を受け取り、キリストの行為と発言を通して、神の言葉が人々に伝達されたように、「心に保持する言葉」が「声の形」を受け取り、この「表現」を媒介にして、語り手の「心に保持する言葉」が聞き手に伝達されうると考えられている。換言すれば、受肉のキリストが、「肉体」による表現を通して、単純形相と考えられる神の言葉を人々に伝達したように、語り手が、「音声」による文章単位の表現を通して、記号を受け取る以前の思考を聞き手に伝達することが考えられている。声の受け取りという発想は、それまでにないアウグスティヌスの新しい考えであるが、「心に保持する言葉」が声をどのようにして受け取るのか、はここでは詳述されない。ただ、確からしいことは、『キリスト教の教え』と『説教』187において、「心に保持する言葉」と「神の言葉」との類似性が主張されることによって、[73]「心に保持する言葉」と「表現」とを結びつける確実な関係性が暗示されていることである。そうであれば、『教師論』で乖離する傾向にあった思考と言語表現との関係性が、『キリスト教の教え』では回復されている可能性がある。

二　『三位一体論』[74]の内的言葉と受肉的音声

「内的言葉」とは何か。『三位一体論』第15巻では、「心に保持する言葉」が「内的言葉」として主題的に展開され、内的言葉が次のように受肉的な観点から述べられる。

そういうわけで、外に響く言葉は内に輝く言葉の記号である――言葉という名 uerbi nomen はこの［内に輝く言葉］にいっそう合致する――。他方で、肉体の口によって述べられるものが言葉の声 uox uerbi であり、そして、それによって外に現れるようになるために受け取られたものであるがゆえに、［声］も言葉 uerbum と呼ばれる。というのも、神の言葉が、肉体を受け取りつつ、肉体となったように――それにおいて［神の言葉］が人間の感覚に明示された――、我々の言葉（内に輝く言葉）は、声を受け取りつつ、何らかの方法で物体的な声となるのである――それにおいて［内に輝く言葉］が人間の感覚に明示される――。[75]（*DT* 15.11.20）

ここで、「内に輝く言葉」uerbum quod intus lucet とは、「言葉という名」が適切に当てはまるところの「内的言葉」interior uerbum である。[76] 一方で、第9巻で「事柄の真正な知 rerum uerax notitia が言葉として受容される」(9.7.12)[77] と説明され、他方で、第15巻で「確かに、我々が知るところのかの事柄から形成された思考 cogitatio は、我々が心の内で述べるところの言葉である」(15.10.19)[78]、さらに、「確かに、我々の思考 cogitatio は、我々が知るものへ到達しそこから形成されるとき、それは我々の真正な言葉である」(15.16.25)[79] と説明される。これより、内的言葉とは「事柄の真正な知」、あるいは、「事柄から形成された思考」であり、まとめていえば、それは事柄の真正な知から形成された思考内容、端的に、事柄の知による思考内容ということになろう。[80] したがって、「外に響く言葉は内に輝く言葉の記号である」ということで、音声が内的言葉の記号であること、すなわち、音声が事柄の知による思考内容の記号であることが意味される。この構造は、第三章第三節（二）で確認されたような表現構造〈主体→記号〉あるいは〈思考内容→音声〉に他ならない。

では、『三位一体論』で新しい記号理論が導入されたのか。上の引用文の直前に「我々の発話における声そのものは、我々が思考するところの事柄の記号 signa rerum である」(15.10.19)[81] と述べられることから、『三位一体論』でも初期著作以来のアウグスティヌスの記号理論は依然として維持されている。しかし、『三位一体論』では、指示構造〈記号→事柄〉で機能する指示作用そのものが考察されているわけではない。『キリスト教の教え』の聖書解釈学で、言葉は事柄の記号であるという記号理論が吟味されたのであるが、『三位一体論』の表現過程の分析では、音声は思考内容の記号であると表記される。ケリーは、この記号概念を「表現主義的記号論」expressionist semiotics と呼ぶが、[82]『三位一体論』で記号理論そのものが吟味されているわけではない。アウグスティヌスが語り手の音声を「内に輝く言葉の記号」と述べるのは、それに続いて、「［声］において［内に輝く言葉］が人間の感覚に明示される」と説明されることからも明らかなように、聞き手が解釈過程においてこの音声を「記号」として受け取るからに他ならない、と思われる。我々はこの記号概念をむしろ記号的表現理論あるいは記号的言語理論と呼ぼう。したがって、『三位一体論』で新しい記号概念が導入されたと考えるべきではなく、[83]アウグスティヌスの従来の記号理論と対比される表現過程が、音声が担う思考内容の記号、すなわち、思考内容の外的表現として記号的言語理論の視点から説明されているにすぎないのである。[84]

では、『三位一体論』において、表現構造は指示作用や解釈過程とどのように関係するのか。音声が内的言葉の記号（すなわち、外的表現）であるという考えは、神の言葉がキリストの受肉を通して、すなわち、キリストの行為と発言を通して理解されることに基礎づけられる。アウグスティヌスによれば、人間としてのキリストは、同時に、神の性質として「神の言葉」Verbum Dei（e.g. *Sermo* 237.4, *DT* 1.12.26, 15.11.20）、あるいは、「はじめにあった永遠の言葉」Verbum in principio aeternum（*Sermo* 293.3）であるので、神の言葉は三位一体の第二格である永遠のキリストと考えられる。[85]そうであれば、受肉のキリストが永遠のキリストの記号と捉えられる。この場合、一方で、受肉のキリストが永遠のキリストを表現するのであり、他方で、受肉のキリストが事柄としての神を指示するのである。[86]『三位一体論』第15巻の議論は、人間の表現過程と永遠のキリストの受肉過程との類似性をめぐるものであり、言語理論の視点から注目されるのは、記号の解釈過程で問題とされる指示作用ではなく、記号の発信過程で問題とされる言語表現である。したがって、一方で、前提的には、記号の受信過程の視点から、事柄を理解するために音声が解釈されることは、事柄としての神を理解するために受肉のキリストが解釈されることの類似である。他方で、記号の発信過程の視点から、音声が内的言葉を表現することは、受肉のキリストが永遠のキリストを表現することの類似である。

以上から、「すべての記号に先立つ」（15.11.20）と説明される内的言葉は、永遠のキリストである内在的三位一体の第二格に類比される。『三位一体論』で問題となるのは、永遠のキリストが肉体を受け取ったように、内的言葉が声を受け取るという表現過程である。そして、永遠のキリストが「明示された」manifestaretur ことが肉体の受け取りの目的であったように、声の受け取りの目的は内的言葉が「明示される」manifestetur ことである。このようにして、永遠のキリストに対して受肉のキリストがもつ開示的特性を基礎に、内的言葉に対して声がもつ十分な開示性が暗示される。この場合、声は事柄の知による思考内容の「衣服」や「肉体」[87]と考えることができ、内的言葉が言葉を通して理解される道が開かれるのである。さらに、四一三年以前に行われたとされる『説教』237でも[88]、神の言葉との類似性から「人間の言葉がどんなに偉大な力 uis を所有するのかは十分に説明されえない」（*Sermo* 237.4）[89]と述べられ、言葉の十分な開示性が暗示される。このように、『キリスト教の教え』から『三位一体論』に至るまで、「内なる言葉」という概念は、一貫して、受肉における「神の言葉」との類似性から捉えられている。

アリーチによれば、声を通した内的言葉の開示性、あるいは、受肉のキリストを通した永遠のキリストの開示性は、外在性と内在性との、あるいは、意味論的地平と存在論的地平との弁証法的な結合に基づく[90]。現象を通した超越的なものの把握という構造は、言語の「即時性」immediatezza と「超越性」ulteriorità との弁証法的な結合によるものであり、言語の即時性を通して超越性に到達しようとする人間固有の生来的な「存在論的志向性」に基礎づけられる[91]。これまでの議論からすれば、言語とは、分節化を通してでなければ理解が与えられない世界の経験一般に対し、関与的に関係性を与えることができる装置である。言語によって世界が文節化される際の関係づけは、世界という「存在論的地平」と内的言語という「意味論的地平」との結合、あるいは、内的言語の「内在性」と音声の「外在性」との結合である。言語の表現過程では内在から外在への表出が主に問題とされ、言語の解釈過程では世界に関連した三極構造が分析的な問題とされた。この場合、表現の視点からすれば、内的言葉の「内在性」が音声の「外在性」として表出される構造は、永遠のキリストの「内在性」が受肉のキリストの「外在性」として表現される構造と類比された。そして、解釈過程では、聞き手にとって、受肉のキリストや音声が「即時性」として受け取られ、永遠のキリストや内的言葉が「超越性」として受け取られることになる。この人間の「存在論的志向性」に土台を与えるのが、受肉のキリストによって永遠のキリストが、あるいは、音声によって内的言葉が十分に開示されるという前提なのである。

最後に附言すれば、フェレッターが述べるように、『三位一体論』第15巻で展開されるアウグスティヌスの言語理論は彼の最終的な立場を表明するものであり、言葉は、音声としての記号であると同時に、記号によって影響されない記号以前の内的言葉、すなわち、「知識の内的光」としての意味でもある(92)。内的言葉は『教師論』で導入された「内的教師」と同様に、「内的に輝く」intus lecet と述べられている。「内的教師」が真理の内的光であるのに対し、「内的言葉」は真理の内的光によって照らされた内的現れであって、真正であるがゆえに輝くものと考えられるのである(93)。

三　『三位一体論』の内的言葉と愛

音声による内的言葉の開示性が暗に確保されたところで、音声による内的言葉の伝播性が次の問題となる。『三位一体論』第9巻では、内的言葉は知との関係性から次のように述べられる。

そして、［永遠の真理において精神の目によって見られる形 forma］から、事柄 res の真正な知 uerax notitia が言葉として受容される。我々はこの言葉を自らに保持し、内的に述べることによって生み出す gignere のであるが、この言葉は生まれる nasci ことによって我々から離れ去るのではない。他方で、我々が他者と話すとき、ある種の感覚的な記憶 commemoratio を通して、語り手の魂から離れ去らないような何事かが聞き手の魂にも生じるために、我々は内的に留まっている言葉に、声の働き ministerium uocis を、あるいは、何らかの身体的な記号の働きを加える。それゆえ、我々の行為と発言において、我々が身体の諸部分ゆえに行うことは何もないのである――この我々の行為と発言において、我々が我々の内で内的に生み出された言葉に追随するところの人間の生き方 mores が是認されたり非難されたりする――。というのは、誰も自らの心ではじめに述べられなかった何事かを喜んで uolens 行うことはないからである。[94]（*DT* 9.7.12）

ここでは、三つの主張が認められる。第一の主張は、内的言葉は生まれ、生まれたところに留まるということ。第二の主張は、語り手の表現の目的は、声を媒介にして語り手の内的言葉が聞き手の心で再生されるということ（cf. *Sermo* 119.7）。第三の主張は、主体的に喜んで行われる人間的活動の前提に内的言葉が置かれなければならないということである。

ところで、第二の主張は、聞き手の心に生じうる語り手の内的言葉の再生が声の媒介によるということを前提とする。第一と第二の主張により、内的言葉の再生は〈語り手の内的言葉A→言語表現→言語表現の解読→聞き手の内的言葉A'〉という構造になる。語り手の内的言葉Aはそのまま語り手に留まるが、言語表現の媒介によって、語り手の内的言葉Aに類似的な内的言葉A'が聞き手の心に再生される。構造中の〈言語表現→言語表現の解読〉では、語り手によって十分な説明が適切に行われれば文章単位の字義的な意味伝達は問題なく行われることが仮定される。問題となるのは、〈語り手の内的言葉A→言語表現〉と〈言語表現の解読→聞き手の内的言葉A′〉という二つの過程の関係性である。すなわち、前者の内的言葉からの表現過程と後者の内的言葉が再生される解釈過程との関係性が問われる。第三の主張から、外的な言語表現と内的言葉を結びつけるものは、人間が何を喜ぶのかという志向性であることになる。したがって、語り手の内的言葉Aから聞き手の内的言葉A′が再生されるためには、内的言葉を生み、声を受け取ることになる語り手の精神における志向性と、言語表現を解読し、内的言葉を再生することになる聞き手の精神における志向性との間に、ある種の志向的な同一性が要請されることになる。[95]

この問題に関しては、内的言語のもつ知識内容が解決の手がかりとなる。アウグスティヌスは、「言葉」という用語の可能的な使用方法を『三位一体論』第9章で次のように述べる。

> というのは、一つには、音節によって時間的空間を占有する言葉が述べられ、それらは述べられたり思考されたりする。また、一つに、知られるすべては、たとえそれらの事柄そのものが気に障る displicere ものであるにしても、記憶から運び出され定義づけられうる限りで、魂に印象づけられた言葉と呼ばれる。また、一つには、精神によって把握されたものが喜ばす placere ときのものである。[96]（*DT* 9.10.15）

ここでは、内的言語が第二と第三の用法を含むのか、第三のみの用法に限定されるのかが問題となる。アウグスティヌスによれば、人間は「事柄の真正な知」（9.7.12）を言葉として受容し、事柄の真正な知は「喜ばせもし、言葉でもある」et placet et uerbum est（9.10.15）。したがって、内的言葉は内的人間を喜ばせるような「事柄の真正な知」であることになる。

同時に、内的言葉は「愛をともなう知」cum amore notitia（9.10.15）とも表現される。

それゆえ、我々がここで見分け捉えたいと欲するところの言葉 uerbum は、愛 amor をともなう知 notitia である。したがって、精神が自らを知り愛するとき、［精神］の言葉は愛によって［精神］と結ばれる。そして、［精神］が知を愛し、愛を知るので、言葉は愛のうちにあり、愛は言葉のうちにあり、（言葉と愛との）両者は愛し述べる人のうちにある。[97]（*DT* 9.10.15）

精神と言葉とを結びつけるもの、すなわち、記憶と内的言葉を結びつけるものが「愛」であると説明される。もし人が記憶の中の真正な知を愛し、その愛を知っているならば、事柄の真正な知から形成される思考としての内的言葉は愛のうちにあり、愛は内的言葉のうちにあることになる。そして、内的言葉と愛とは「愛し、同時に、述べる人」amante atque dicente、すなわち、愛しながら述べ、述べながら愛する人のうちにあることになる。このように、内的言葉と愛とは本来的に不可分であり、そのような思考内容のみが真正な内的言葉として認められるのである。結果として、〈語り手の内的言葉A→言語表現〉という構造をもつ語り手の精神の志向性は、内的言葉が表現される限り、「愛」であることになる。だとすれば、〈言語表現の解読→聞き手の内的言葉A'〉という構造をもつ聞き手の志向性もまた「愛」でなければならない。したがって、内的言葉の誠実な表現をめざしたであろう聖書記者の主なる動機も「愛」であると思われ、それゆえ、その解釈を主題とする『キリスト教の教え』では、解釈の基準性として「愛」caritas が主張されたのである。[98]

ところで、愛とは「聖霊」である。『三位一体論』第15巻では、内在的三位一体の構造が説明されるが、そこで、愛は聖霊の働きとして把握される。

聖書によれば、この聖霊は父だけに属するのでも子だけに属するのでもなく、両者に属する。そして、それゆえ、［聖霊］はそれによって父と子が互いに愛するところの共通の愛 communis caritas を我々にもたらすのである。[99]（*DT* 15.17.27）

アウグスティヌスによれば、子は父と同じ本性 substantia に属し（1.6.9）、聖霊は父と子とに等しい本性である consubstantialis が（1.6.13）、他方で、子は父から生まれ nasci、聖霊は「被造物を浄化する sanctificare ために子から発出し procedere、同時に、［父と子との］両者から発出する」（強調は筆者による）[100]。そして、父と子は聖霊によって互いに愛するものと説明される。

また、「神の愛を通して、全体の三位一体が我々（のうち）に住まう」[101]と述べられるように、愛を通して、類似的な三位一体性が人間の心に宿ることが主張される。さらに、理解 intellegentia と愛 dilectio[102] は記憶 memoria の中にあり、記憶の知の内的現れ uisio と思考の内的現れとを親子のように結びつけるものは愛であると説明される（15.21.41）。換言すれば、思考の内的言葉は記憶の知から生まれ（15.21.40）、第三のものである意志 uoluntas や愛 dilectio が（記憶と）思考から発出し、この両者を結びつける（15.27.50）。ここに、聖霊の子からの発出に喩えられる愛の思考からの発出が主張され、この愛を基として人間の心に類似的な三位一体性が形成されるのである。

内的言葉の伝達過程においても、愛が重要な働きを担うことになる。一方で、〈語り手の内的言葉A→言語表現〉という構造をもつ語り手の心において、記憶の知と内的言葉が愛によって結びつけられた類似的な三位一体性が形成されているはずであり、他方で、〈言語表現の解読→聞き手の内的言葉A'〉という構造をもつ聞き手の心において、愛によってその源泉である内的言葉が見いだされなければならない。そうでなければ、聞き手の構造は〈口述表現の解読→聞き手の単なる思考B（≠内的言葉A'）〉に逸脱してしまうことになる。このように、語り手と聞き手の愛を前提に、言語表現を媒介とした内的言葉の伝播過程が考えられており、その結果、内的言語によって生じる語り手の喜びもまた聞き手に伝播されることになる。そして、この喜びは意志が神に向けられるときに生じるものなのである。「〔三位一体〕を思い起こし recordari、観想し contemplari、喜ぶ delectari ために、人は生きるすべてを、思い出され注目され愛されるべきかの至高の三位一体に方向づけることが必要である」[103]（*DT* 15.20.39）。すべてを三位一体に方向づけるということは、神に方向づけられた愛の秩序のうちにすべてを置くことであり、愛の秩序において知から生まれる思考としての内的言葉は、それが内的に見られることで神を愛する者を喜ばせることになる。だとすれば、類似的な三位一体性において、喜びが常に共存し、内的言語の伝播を試みる語り手の動機は愛だけではなく、喜びでもあることになる。したがって、言語表現を媒介として、内的言語と喜びとが聞き手に伝播されるためには、聞き手に愛の志向性が要請されるのである。ただし、聞き手が愛の秩序のうちにすべてを置くことができるためには信が要請されようが、『三位一体論』では、『キリスト教の教え』と同様に、信そのものは議論の前提とされている。

既述したように、『教師論』では、語り手の意志は聞き手の学びの基準性としてほとんど無視された。ルースが述べるように、『教師論』において認められる、真正なコミュニケーションの可能性に対する懐疑は、語り手の意志の不透明性という問題にその原因の一つがあるように思われる[104]。『教師論』で扱われたのは単なる与えられた文章であったのに対し、『キリスト教の教え』と『三位一体論』では、愛しながら述べ、述べながら愛する語り手の主張的命題（としての聖書）が、すなわち、信仰的問題に必然的に付随する「行為された事柄としての歴史性」[105]を含む主張文が第一に問題とされる。確かに、後期のアウグスティヌスでも、内的真理を基準とする理性主義の方法は堅持されており、この点で、アウグスティヌスは一貫している。[106] しかし、『キリスト教の教え』や『三位一体論』で積極的に扱われる問題は、信を媒介とする方法が要求される主張文なのである。[107]『教師論』をめぐる議論で確認されたように、歴史性を含む主張文は、理性主義の方法に基づく判断では対応できないため、その対策には意味を方向づける語り手の意志や動機が関わらざるをえなかった。愛しながら述べ、述べながら愛する語り手の心では、愛によって精神と内的言葉が一致し、言語表現の動機も愛に置かれるであろう。また、『キリスト教の教え』では、記号受信者である聖書解釈者に対して「神への愛」と「隣人への愛」との漸進的な愛の実践が説かれており、[108] 聞き手側にも愛が要請されている。

以上より、言語表現において成立する媒介内容の伝達性、すなわち、内的言葉についての言語表現がもつ構成要素が語り手の愛によって保証され、愛に動機づけられた語り手の思考と類似したものとしての真正な内的言葉が、愛を求める聞き手の心に形成される、と解釈される。このようにして、『キリスト教の教え』や『三位一体論』では、『教師論』で主張された内的真理に基づく直観的論証に加えて、語り手と聞き手における愛の存在を前提に、彼らの三位一体との類似性に基づいて言説的論証が確保され、こうして、語り手が言語表現を通して「知識」scientia を教えることの可能性、さらに、聞き手が以前に知られなかった内容を言語表現において学ぶことの可能性が確保されたのである。したがって、フェレッターが述べるように、真正なコミュニケーションは愛の絆によって生じるものであり、『キリスト教の教え』では、『教師論』において閉ざされていた言語表現を通した「教え」doctrina の伝承とその結果としてのキリスト教共同体の形成という可能性が、愛において開かれている。結果として、聞き手は、言葉の勧めを通して互いの内的認識を促す『教師論』における孤独のモナド的存在[109] から、言語表現において互いの内的言語を共有し、教えを伝承する『キリスト教の教え』の愛の共同体へと開放され、この愛の源泉は基本的に神の恩恵として捉えられているのである。

第四節　結語

本章では、『教師論』の言語理論と『三位一体論』の内的言葉との間に介在する差異性を考察した。その結果、『教師論』をめぐり、以下の結論を得た。第一に、単語単位が問題とされる『教師論』の記号理論では、文法的構造と辞書的語義とに基づく文章の意味理解が前提とされること。第二に、聞き手が学ぶことができるのは、語り手の表現内容が理解されるときではなく、内的真理に基づいてそれが真実であると判断されるときであること。第三に、『教師論』における語り手の言語表現は、聞き手の学びを促すことに限定されること。第四に、内的真理を基準とする理性主義の方法では、理解するために信が要請されるような歴史性を含む主張的命題に対応できないこと。第五に、『教師論』では内的真理に由来する直観的論証が主張されており、感情の表出を含む多様な言語表現に支えられる言説的論証は最終的に否定されること。すなわち、「記号によっては何も学ばれない」ことが主張される。

次に、『キリスト教の教え』と『三位一体論』をめぐり、以下の結論を得た。第六に、『キリスト教の教え』では、思考内容としての「心に保持する言葉」と「音声」の関係が、「神の言葉」と「キリストの受肉」の関係に対応した類似と捉えられており、その確実な関係性が暗示されること。すなわち、「事柄は記号によって学ばれる」ことが主張される。第七に、『キリスト教の教え』から『三位一体論』に至るまで、記号によって思考される以前の「内なる言葉」という概念は、「神の言葉」である永遠のキリストとの類似性から一貫して捉えられていること。第八に、『三位一体論』で本来的に言葉と呼ばれるものは、愛しながら述べ、述べながら愛する人の内に認められる「愛をともなう知」としての「内的言葉」であること。第九に、『三位一体論』では、語り手と聞き手との両者がもつ志向性としての愛を前提に、言語表現を媒介とした「内的言葉」の伝播性が考えられており、「内的言葉」に由来する語り手の「喜び」も聞き手に伝播されること。最後に、『キリスト教の教え』や『三位一体論』では、『教師論』で主張された内的真理に基づく直観的論証に加え、語り手と聞き手との両者がもつ類似的な三位一体性に基づいた言説的論証が確保されていること。

このようにして、『教師論』の言語理論と『キリスト教の教え』や『三位一体論』の「内なる言葉」に基づく言語理論との差異性が明らかにされた。『教師論』で、キリストと呼ばれる内的真理に基礎づけられて、解釈者の理解過程における孤立性が暗示され、言語表現を直接的な媒介とした「教え」doctrina の伝播性が否定された。これに対し、『キリスト教の教え』や『三位一体論』では、永遠のキリストと受肉のキリストとの類似的な関係性を基礎に言語表現の十分な開示性が確保される。同時に、内在的三位一体との類似関係に由来する「内的言語」と「愛」との必然的な共存性に基づいて、「内的言語」や「教え」の愛による伝播性が確保され、伝授し合い喜び合う愛の共同体へ開放されている。このように、アウグスティヌスの思想は、特に彼の司祭叙階以降、神学的基礎づけである教義に沿って展開される傾向がある。『三位一体論』で論じられるアウグスティヌスの言語理解は正にその典型であり、この意味で、愛と喜びから発せられる言葉表現は、『教師論』で主張される勧めの機能をもつ単なる記号ではなく、「教え」を共有する愛の共同体を形成する媒介として十分な開示能力をもつ知の衣と解されている。

だとすれば、『教師論』（三八九年）と『キリスト教の教え』（三九六／三九七年）との間に介在する教えの伝播性をめぐる差異性は、どのように説明されるのか。何らかの神学的な裏づけに基づいた言語理解の転換が、三八九年から三九六年の間のアウグスティヌスに生じた可能性が大きい。この第一の候補に挙げられるのが、三九六年にミラノの司教に宛てた『シンプリキアヌスへ』*Ad Simplicianum* なのである。

注

(1)『三位一体論』の執筆時期は、Ferretter によれば、四〇〇～四一七年であると見積もられ（Ferretter, 260）、Fitzgerald らによる編集の *Augustine through the Ages* によれば、三九九～四二二／四二六年と推定される（Allan D. Fitzgerald, et al., eds., *Augustine through the Ages: An Encyclopedia* [Grand Rapids and Cambridge: W. B. Eerdmans, 1999], il）。ここでは、Ferretter に従った。

(2) アウグスティヌスの記号理論では「指し示す」という言葉の記号的機能が注目される。これに対し、彼の言語理論では音声が言語による分節化以前の精神内の概念的要素を「表出する」という表現的機能が注目される。

(3) ここでは、言語表現（分節化された記号）と文章理解との関係性をめぐる議論を「意味理論」と呼ぶ。

(4) Goulven Madec, "Analyse du *De magistro*," *Revue des Études Augustiniennes* 21 (1975): 63–71.

(5) François-Joseph Thonnard, trans., *Saint Augustin, Le Maître, Du libre arbitre, La musique* (Oeuvres de Saint Augustin 6; Paris: Desclée de Brouwer, 1952), 15, 103.

(6) Bernd Reiner Voss, *Der Dialog in der frühchristlichen Literatur* (München: Wilhelm Fink Verlag, 1970), 272.

(7) Madec, "Analyse du *De magistro*," 63–64.

(8) Ibid., 64.

(9) Ibid., 65.

(10) Ibid.: un exercice d'accommodation de l'esprit à l'éclat de la lumière spirituelle.

(11) Ibid., 71.
(12) Jordan, "Words and Word : Incarnation and Signification in Augustine's *De Doctrina Christiana*," 177–196.
(13) Ibid., 183.
(14) Ibid.
(15) Ibid.
(16) Louis H. Mackey, "The Mediator Mediated : Faith and Reason in Augustine's "De Magistro"," *Franciscan Studies* 42 (1982) : 135–155.
(17) Ibid., 136. Mackey は、パラドックスの後者を Madec や Jordan のように「記号によっては何も教えられない」と考えず、「記号によっては何も学ばれない」と見なす。
(18) Ibid., 144.
(19) Ibid., 136.
(20) Ibid., 151.
(21) Ibid., 153.
(22) Ibid., 143–145.
(23) Ibid., 154 : Without illumination the divine reality cannot be acknowledged in the human sign, but without faith we cannot reach through the human signifier to the divine signified.
(24) Ibid., 145–146. Mackey によれば、「記号と信仰との媒介」がなければ、人間は「真理の光」に対して心を開くことができない (145)。
(25) Ibid., 153.
(26) M. F. Burnyeat, "Wittgenstein and Augustine *De Magistro*," *The Aristotelian Society* 61 (1987) : 1–24.
(27) Ibid., 8.
(28) Ibid.
(29) Ibid., 9.
(30) Ibid., 12–13.

（31）Ibid., 14–15.

（32）Ibid., 8. この意見は『再考録』におけるアウグスティヌスの発言と一致する（*Retractationes* 6）。「人間に知識scientiaを教える教師は神以外にないことが、そこで議論され、探求され、発見される」（*Retractationes* 1.12 [CCSL 57, 36]：in quo disputatur et quaeritur et inuenitur, magistrum non esse qui docet hominem scientiam nisi deum）。

（33）Frederick J. Crosson, "The Structure of the *De magistro*," *Revue des Études Augustiniennes* 35 1/2（1989）：120–127.

（34）Ibid., 122.

（35）Ibid. この主張は、アウグスティヌス自身が*DM* 4.7で暗示する分類に基づく。

（36）Ibid., 125–126.

（37）Ibid., 123.

（38）Ibid., 125.

（39）Ibid., 126.

（40）Jason P. Drucker, "Teaching as Pointing in 'The Teacher,'" *Augustinian Studies* 28 2/2（1997）：101–132.

（41）Clifford Ando, "Augustine on Language," *Revue des Études Augustiniennes* 40 1/2（1994）：45–78.

（42）Drucker, 118.

（43）Ibid.

（44）Ibid., 120.

（45）Ibid., 123：Man can learn or understand without the mediation of signs, but teaching itself cannot be accomplished without them.

（46）Ibid.

（47）Ibid., 128；cf. 121.

（48）*DM* 2.3（CCSL 29, 160）：
Aug. Credo te hunc uersum intellegere.

Ad. Satis arbitror.

Aug. Dic mihi, quid singula uerba significent.

（49） *DM* 4.9（CCSL 29, 167）: uerba sunt nec tamen nómina ....

（50） Cf. *DM* 6.18（CCSL 29, 176）: omnes partes orationis et nomina posse dici et uocabula, ...（すべての発話の部分［品詞］は名称とも名詞とも呼ばれる）; G. Christopher Stead, "Augustine's «De Magistro»: a philosopher's view," *Signum Pietatis: Festgabe für Cornelius Petrus Mayer OSA zum 60. Geburtstag* [Cassiciacum 40; Würzburg, 1989], 63–73, esp. 66–67. Stead によれば、常識的見解に反駁される「すべての言葉は名詞である」all words are nouns という主張が『教師論』の前半部分（4.7~8.21）の主題である。

（51） *DM* 4.8（CCSL 29, 165）: uerbum sit, quod cum aliquo significatu articulata uoce profertur ....

（52） *DM* 5.14（CCSL 29, 172）: nomen esse id, quo res aliqua nominatur ....

（53） もしアウグスティヌスが言葉の文法的機能を考慮せず、言葉が名称であり、従って、文章が名称の結合であると考えたのであれば、『哲学的探求』で展開されるウィトゲンシュタインのアウグスティヌス批判は正しいことになろう（Burnyeat, 9）。しかし、アウグスティヌスの言語理論は言葉の二重性に基づくものであり、接続詞かつ名称である 'si（if）' が名称かつ名称である 'table' や 'Socrates' と同じであるのではない（Burnyeat, 9）。たとえば、"if Socrates touches a table" という文章において、'Socrates' は主格としての名称、'table' は対格としての名称、'if' は接続詞としての名称と考えることができる。

（54） *DM* 10.33（CCSL 29, 192）: quod si diligentius consideremus, fortasse nihil inuenies, quod per sua signa discatur.

（55） 最近では P. Cary がこの立場を支持し、次のように述べる。「教えの前半は「我々は教えるために記号を用いる」と読まれるべきである。我々が記号を用いるときはいつも、何かを教えようとしている。［教えの］後半である「我々は記号からは何も学ばない」という『教師論』の主題は我々に次のことを教えようとする。すなわち、教えることの達成は教師が述べる何事かに依存するのではなく、真理そのもの、つまり、すべての永遠的言葉と意味を越える内的現れによって教えることとして、アウグスティヌスが描写するところのより内的な何事かに依存する」（Cary, *Outward Signs: The Powerlessness of External Things in Augustine's Thought*, 92:

The first half of the lesson, "we use signs to teach," should be read: whenever we use signs, we are trying to teach something. The second half, the *On the Teacher* thesis that "we learn nothing from signs," tries to teach us that the success of teaching does not depend on anything the teacher says but on something more inward, which Augustine depicts as a teaching by Truth itself, a vision beyond all external words and signification)。

（56）Crosson, 125–126.

（57）Burnyeat, 14–15.

（58）Drucker, 122.

（59）Burnyeat, 14.

（60）クロッソンの三分割構造は、M. Bettetini によって支持される（Bettetini, "Agostino d'Ippona: i segni, il linguaggio," 221）。

（61）*DM* 14.45（CCSL 29, 202）: Num hoc magistri profitentur, ut cogitata eorum ac non ipsae disciplinae, quas loquendo se tradere putant, percipiantur atque teneantur ? Nam quis tam stulte curiosus est, qui filium suum mittat in scolam, ut quid magister cogitet discat ? At istas omnes disciplinas, quas se docere profitentur, ipsius uirtutis atque sapientiae cum uerbis explicauerint, tum illi, qui discipuli uocantur, utrum uera dicta sint, apud semetipsos considerant interiorem scilicet illam ueritatem pro uiribus intuentes. Tunc ergo discunt. ...

（62）*DM* 1.2（CCSL 29, 158）: Qui enim loquitur, suae uoluntatis signum foras dat per articulatum sonum, ...

（63）ここでは、歴史性をめぐる語り手の主張が含まれ、論理性を通してのみでは理解することができない命題を「主張的命題」と呼ぶ。

（64）カントの『倫理学』によれば、命題は「その確実性が諸概念の（つまり述語の、主語である思念との）同一性に基づく」ような「分析的命題」と「命題の真理が諸概念の同一性を根拠とするのではない」ような「総合的命題」とに分類され、前者の分析的命題によって、認識は形式的に増大するにすぎず、実質的な増大は見込めないことが主張される（カント『カント全集17，論理学・教育学』、湯浅正彦・井上義彦・加藤泰史訳、東京、岩波書店、二〇〇一年、152–153頁）。カントの議論に従えば、『教師論』における認識過程はアプリオリな「直観的論証」に限定され、それによって、認識の実質的な増大が見込めない、と考えることもできる。

(65) Cary, *Outward Signs*, 100.

(66) 言葉を通した教えの伝承と共同体の形成との関係性をめぐり、本書第五章第三節（一）で論じられる。

(67) *DDC* 1.2.2（CCSL 32, 7）: Omnis doctrina uel rerum est uel signorum, ...

(68) *DDC* 1.13.12（CCSL 32, 13）: Sicuti cum loquimur, ut id, quod animo gerimus, in audientis animum per aures carneas inlabatur, *fit sonus* uerbum quod corde gestamus, et locutio uocatur, nec tamen in eundem sonum cogitatio nostra conuertitur, sed apud se manens integra, formam uocis qua se insinuet auribus, sine aliqua labe suae mutationis adsumit : ita uerbum dei non commutatum caro tamen factum est, ut habitaret in nobis.

(69) E. Hill によれば、『説教』187の執筆時期は四一一年以前であると、あるいは、四〇〇年以前でさえあるかもしれないと推定される（Edmund Hill, trans. and notes, *The Works of Saint Augustine, Sermons* III/6（184–229Z）[New York: New City Press, 1993], 30, n. 1）。

(70) *Sermo* 187.3（PL 38）: Sicut verbum quod corde gestamus, fit vox cum id ore proferimus, non tamen illud in hanc commutatur, sed illo integro ista in qua procedat assumitur, ut et intus maneat quod intellegatur, et foris sonet quod audiatur: .... Non cum ipsa vox in silentio cogitatur, quae vel graecae est, vel latinae, vel linguae alterius cuiuslibet: sed cum ante omnem linguarum diversitatem res ipsa quae dicenda est, adhuc in cubili cordis quodam modo nuda est intellegenti, quae ut inde procedat loquentis voce vestitur.

(71) 「心に保持する言葉」に内的現れ（内的像）の要素が含まれることは、『三位一体論』第15巻で次のように指摘される。「というのは、誰が自らの思考を見ないだろうか」（*DT* 15.9.16［CCSL 50A, 482］: Quis enim non uidet cogitationem suam ?）、あるいは、「しかし、音声も音声の思考ももたないものである我々の言葉は、それを見ることによって uidendo 我々が内的に述べるところの事柄 res の［言葉］である」（*DT* 15.14.24［CCSL 50A, 497］: Verbum autem nostrum, illud quod non habet sonum neque cogitationem soni, sed eius rei quam uidendo intus dicimus, ...）。

(72) *DDC* 1.2.2（CCSL 32, 7）: Omnis doctrina uel rerum est uel signorum, sed res per signa discuntur.

(73) この類似性をめぐり、『三位一体論』第15巻で次のように説明される。「［音声も音声の思考ももたないものである我々の言葉］は神でもあるところのかの神の言葉と、この謎 aenigma においてどんな仕方であれ類似している。なぜなら、［神の言葉］が父の知識から生まれたように、［我々の言葉］は我々から生まれるからである」（*DT* 15.14.24［CCSL 50A, 497］: utcumque simile est in hoc aenigmate illi uerbo dei quod etiam deus est quoniam sic et hoc de nostra nascitur quemadmodum et illud de scientia patris natum est）。

（74）『三位一体論』の前半部分（第1巻～第7巻）で、三位一体の教義が聖書的あるいは哲学的視点から説明され、その後半部分（第8巻～第15巻）で、前半で展開された信仰のための説明に関して、より内的な方法を通した解明が試みられる。この後半部分で、不完全ではあるが三位一体との類似性を形成する内的人間の三位一体性が多様な視点から吟味される（Ferretter, 262–263）。

（75）*DT* 15.11.20（CCSL 50A, 486–487）: Proinde uerbum quod foris sonat signum est uerbi quod intus lucet cui magis uerbi competit nomen. Nam illud quod profertur carnis ore uox uerbi est, uerbumque et ipsum dicitur propter illud a quo ut foris appareret assumptum est. Ita enim uerbum nostrum uox quodam modo corporis fit assumendo eam in qua manifestetur sensibus hominum sicut *uerbum* dei *caro factum est* assumendo eam in qua et ipsum manifestaretur sensibus hominum.

（76）'Interior uerbum' という表記は『三位一体論』14巻7章10節に見受けられる。

（77）*DT* 9.7.12（CCSL 50, 304）: conceptam rerum ueracem notitiam tamquam uerbum ....

（78）*DT* 15.10.19（CCSL 50A, 486）: Formata quippe cogitatio ab ea re quam scimus uerbum est quod in corde dicimus, ...

（79）*DT* 15.16.25（CCSL 50A, 500）: Cogitatio quippe nostra perueniens ad id quod scimus atque inde formata uerbum nostrum uerum est.

（80）Watson によれば、内的言葉は「我々の記憶において保持される知識から形成された思考」（a thought formed from the knowledge which is held in our memory）である（Watson, 19）。さらに、Ferretter によれば、それは「思考されることでなく、知られることが思考されるような、意識的思考における知られる知識の像」（the image of known knowledge in conscious thought as a thing that is known but not though of is thought of）である（Ferretter, 262）。

（81）*DT* 15.10.19（CCSL 50A, 486）: ipsae uoces in sermone nostro earum quas cogitamus signa sint rerum.

（82）Cary, *Outward Signs*, 17, 18, 21. Caryによれば、「外的言語」external *words*は、「内的思考」inner *thoughts*を表現することを通して、「事柄」*things*を意味するようになる（ibid., 21）。

（83）ただし、本書第2章で、ストア学派の記号理論の、特にその「暗示的（想起的）記号」σημεῖον ὑπομνηστικόν の言語に対する適用という点で、アウグスティヌスの記号理論の独自性が確認されたのであるが、ここでは、言語の開示性が暗示されているため、ストア学派の「開示的記号」σημεῖον ἐνδεικτικόν の言語に対する適用が考えられているのかもしれない。

（84）この観点から、Watsonは「アウグスティヌスが言語の〈単一言語―単一対象〉理論に制限されているわけではないことを理解するためには、［第15巻］を読みさえすればよい」（One has only to read this passage to see that Augustine is not confined to a one word-one object theory of language）と述べる（Watson, 19）。Watsonの発言を言い換えれば、受信型記号で〈単一言語―単一対象〉理論であった記号理論が、発信型記号ではその限りでない、ということになる。

（85）以降、受肉されたキリストを「受肉のキリスト」と呼び、三位一体の永遠性を構成する第二格を「永遠のキリスト」と呼ぶ。

（86）『三位一体論』第15章では、「三位一体」trinitasが「事柄そのもの」res ipsaと述べられる（15.22.43）。

（87）Louthによれば、言葉は「心の内の言葉」uerbum cordisの「衣服」clothingあるいは「肉体」bodyである（Louth, 155）。

（88）『説教』237の説教時期をめぐり、Hillによれば、Kunzelmannやvan Bavelは四〇三～四〇九年と見積もり、FischerやPoqueは四一二／四一三年と推定し、Hillは後者を支持する（Edmund Hill, trans. and notes, *The Works of Saint Augustine : Sermons* III/7［New York : New City Press, 1993］, 54, n. 1）。

（89）*Sermo* 237.4（PL 38）: non potest satis explicari quantam vim habet verbum hominis ....

（90）Alici, XXX.

（91）Ibid., XXX–XXXI.

（92）Ferretter, 262.

（93）Ibid.

（94）*DT* 9.7.12（CCSL 50, 304）：atque inde conceptam rerum ueracem notitiam tamquam uerbum apud nos habemus et dicendo intus gignimus, nec a nobis nascendo discedit. Cum autem ad alios loquimur, uerbo intus manenti ministerium uocis adhibemus aut alicuius signi corporalis ut per quandam commemorationem sensibilem tale aliquid fiat etiam in animo audientis quale de loquentis animo non recedit. Nihil itaque agimus per membra corporis in factis dictisque nostris quibus uel approbantur uel improbantur mores hominum quod non uerbo apud nos intus edito praeuenimus. Nemo enim aliquid uolens facit quod non in corde suo prius dixerit.

（95）語り手と聞き手との間の志向的同一性が、内的言葉の伝達に対して突破口となると思われる。Cf. *Confessiones* 10.34「というのは、愛caritasは、これによって我々が善良なのであるが、愛は私について告白するとき私が偽っていないことを彼らに語り、また、彼らの内の［愛］が私を信じる」（CCSL 27, 157：Dicit enim eis caritas, qua boni sunt, non mentiri me de me confitentem, et ipsa in eis credit mihi）. 山田晶は話し手の告白に対して三種類の聞き手を想定する。「かくてアウグスティヌスが、神の面前においてなす告白を、外なる言葉によって人々の前に表すとき、その告白をきく人々は三つの群に分かたれるであろう。第一は、その告白をきいて彼を冷笑する人々である。第二は、その告白をきいて疑惑の目をもって彼を眺める人々である。第三は、愛をもって彼の言葉を信じ、彼とともに泣き、彼とともに喜び、彼とともに讃える人々である」（山田『アウグスティヌスの根本問題』、46）。

（96）*DT* 9.10.15（CCSL 50, 306）：Aliter enim dicuntur uerba quae spatia temporum syllabis tenent siue pronuntientur siue cogitentur；aliter omne quod notum est uerbum dicitur animo impressum quamdiu de memoria proferri et definiri potest, quamuis res ipsa displiceat；aliter cum placet quod mente concipitur.

（97）*DT* 9.10.15（CCSL 50, 307）：Verbum est igitur quod nunc discernere et insinuare uolumus, cum amore notitia. Cum itaque se mens nouit et amat, iungitur ei amore uerbum eius. Et quoniam amat notitiam et nouit amorem, et uerbum in amore est et amor in uerbo et utrumque in amante atque dicente.

（98）スウェーデンの神学者であるA・ニーグレンは、アウグスティヌスのcaritas概念がエロース・モチーフとアガペー・モチーフとの総合であると主張する（ニーグレン『アガペーとエロース』（I, II, III）、岸千年・大内弘助訳、東京、新教出版社、一九五四、一九五五、一九六三年、特にIII, 3-130）。ニーグレンは、アウグスティヌスの愛が「奪う愛」であるという前提の下で（III, 33, 36, 98, 103）、それを「自己中心的」な「自己愛」と規定し（III, 106–109）、さらに、広い意味の caritas を「己自身の〈善〉を求めること」と捉え、他方で、狭い意味の caritas を愛の対象が神である場合の〈神の愛〉と見なす（III, 110）。アウグスティヌスは神への愛と隣人への愛とを区別する目的で、「享受すること」frui、すなわち、「それ自身のために愛すること」diligere propter se と「使用すること」uti、すなわち、「他のために愛すること」diligere propter aliud という概念を『キリスト教の教え』で導入するが、ニーグレンによれば、「享受すること」さえ「奪う愛」である（III, 109）。

　これに対し、J. Burnaby は、ニーグレンの議論が philia の愛を全く無視することを指摘しつつ、アウグスティヌスの愛概念におけるエロース的要素を「必要性の単純な表現」としてでなく、「宗教の精神性」として捉えるニーグレンを批判する（John Burnaby, *Amor Dei: A Study of the Religion of St. Augustine* [Norwich: Cantebury Press, 1938], 16, 18）。Burnaby によれば、ニーグレンの議論の要は、人間が神の意志に服従するとき、この服従は人間に対して直接的に作用した神自身の愛によるという前提にある（19）。結果として、Burnaby は、「魔術的」magical で「機械的」mechanical であるニーグレンの恩恵理解に問題点を見いだし、彼の主張に反対する（313–314）。Burnaby によれば、神秘主義は「神秘主義者の生と信仰」によって判断されるべきであり、十字架は「信仰の冒険的企てに日々の刷新を要求する」のであるから（314）、キリストの愛を自ら求める者にはその生における信仰的前進が神の助けによって可能と見なされるべきであり、この点で、神の祝福には「終末的」要素だけでなく、「実現された終末論」という要素が含まれることになる（315）。したがって、アウグスティヌスにとって、「永遠の命」は「内的現れ」としてだけでなく、「愛」love としても捉えられることになる（316）。山田晶は、ニーグレンの誤りを「愛の構造契機をもって具体的現実的な愛の行為そのものと混同した点」とし、アウグスティヌスの具体的な愛の本質を「愛し愛される」という点に見て取る（山田『アウグスティヌスの根本問題』、362）。

（99）*DT* 15.17.27（CCSL 50A, 501）: Qui spiritus sanctus secundum scripturas sanctas nec patris est solius nec filii solius sed amborum, et ideo communem qua inuicem se diligunt pater et filius nobis insinuat caritatem.

（100）*DT* 15.27.48（CCSL 50A, 530）: *Spiritus autem sanctus ... de filio procedit ad sanctificandam creaturam, sed simul de utroque procedit, ...*

(101) *DT* 15.18.32（CCSL 50A, 508）: dei caritas per quam nos tota inhabitet trinitas.

(102) 『三位一体論』では、'dilectio' と 'caritas' とが「同一の事柄 unus res の名称 nomen」として使用される（*DT* 15.18.32）。

(103) *DT* 15.20.39（CCSL 50A, 517）: Ad quam summam trinitatem reminiscendam, uidendam, diligendam ut eam recordetur, eam contempletur, ea delectetur totum debet referre quod uiuit.

(104) Louth, 156.

(105) Alici, XL. Alici によれば、『キリスト教の教え』の比喩的解釈でも、「行為された事柄の歴史性」la storicità delle *res gestae* を堅固に保つことを意志することが要求される。

(106) Cary, *Outward Signs*, 121–122. Cary は内的真理による照明的な内的現れを「知性的現れ」intellectual vision と呼び（100）、アウグスティヌスの後期著作でも、彼の前期著作と同様に、知性的現れの目的をめぐり、プラトン主義の要素とキリスト教の要素との一致が見受けられることを主張する。

(107) もちろん、信仰を媒介とする方法が理性主義的な方法を排除するわけではない。初期著作では「権威の道」と「理性の道」が選択的に対置されたが（cf. 片柳栄一『初期アウグスティヌス哲学の形成』、349–378）、『キリスト教の教え』では、神の内的光に耐えるための、浄化された精神性に至る過程において、「権威の道」が、すなわち、聖書解釈と愛の実践という実際的な「信仰の道」が必然として組み込まれた、と見るべきであろう。

(108) Alici によれば、四一五年にヒエロニムスに宛てたアウグスティヌスの『書簡』167では、ストア学派が主張する知恵への即時的転換が否定され、代わりに、人間的弱さと神の恩恵とに基づく「知恵における漸進的前進」と徳の性質に比例した愛の概念とが主張される。同様に、『キリスト教の教え』の基礎に置かれた哲学的立場を構成するのは、愛の実践を通した、歴史的に限定され、弱さと罪に倫理的に曝される「知恵における前進」という考え方である（Alici, XXVII）。

(109) Louth, 153.

第五章　『シンプリキアヌスへ』の言語理解と『キリスト教の教え』

第一節　問題と方法

前章で、『教師論』*DM*（三八九年）と『キリスト教の教え』*DDC*（三九六／三九七年）との間に介在する言語理論の差異性を確認した。本章では、これら二著作に挟まれた中間期のどこかで生じたことが予想される、アウグスティヌスの言語理論における転換点の特定を試みる。ヒッポの司祭に叙任された三九一年から司教に叙階された三九六年へ至る時期に、アウグスティヌスは、三九三年以降、パウロ書簡の解釈に取り組み、三九六年執筆の『シンプリキアヌスへ答える諸問題』*De diversis quaestionibus ad Simplicianum*（以降、『シンプリキアヌスへ』*AS*と略す）第1部第2問で、「歴史」と「恩恵」をめぐる彼自身の思想的頂点に達したと考えられている。[1][2] この見地から、『告白』*Confessiones*（三九七〜四〇一年）で回想される彼自身の回心過程をめぐる記述には、『シンプリキアヌスへ』で見いだされた恩恵概念の影響が予想される。

シンプリキアヌスはアンブロシウスに洗礼を施したミラノの指導者で、アウグスティヌスの尊老恩師の一人であった。[3]『シンプリキアヌスへ』は、「ローマ人への手紙」と「第一サムエル記」をめぐるシンプリキアヌスの質問に対してアウグスティヌスが真摯に答えた著作であることが、『書簡』37[4]から窺い知ることができる。『シンプリキアヌスへ』第1部第2問で扱われるのは、信を保持しない人間がどのようにして信を保持するに至るのか、という回心問題である。換言すれば、信を保持するに至る過程で、人間の自由意志と神の恩恵との関係性が問われる。この過程で、信に至る必要条件とされるのが、言語表現としての伝道者の証言、すなわち、「神の呼びかけ」という概念である。『シンプリキアヌスへ』で論じられる核心部分は、実は、『教師論』で提起された問題、すなわち、聞き手は語り手の言語表現を通して学ぶことができるのか、別の言い方をすれば、聞き手は信が自発的に誘発されるような新しい知識を語り手の言語表現を通して獲得できるのか、という問題である。

本章では、『シンプリキアヌスへ』の本来的な議論である「自由意志」と「恩恵」との関係性をめぐる問題を追跡し、その結果として、『シンプリキアヌスへ』を構成する一要素である言語問題を捉える。その後、『キリスト教の教え』で見受けられる言語理論の特性を把握し、それまでの著作にない新しい相が『キリスト教の教え』で形成されている事実を突き止める。そこで、第一に、『シンプリキアヌスへ』の「自由意志」と「恩恵」をめぐる研究者の諸見解を検討し、それ以前の著作で提出された回心構造と比較しつつ、『シンプリキアヌスへ』の特徴的な回心構造を探求する。この作業でえた理解をもとに、『シンプリキアヌスへ』で見受けられる言語理論の特性を明らかにする。第二に、『キリスト教の教え』の「恩恵」や「魂の動き」などの諸概念の把握を通して、『キリスト教の教え』の言語理論とその恩恵的要素がもつ特性を明らかにする。

第二節　『シンプリキアヌスへ』の言語理論をめぐる転換

本節では、『シンプリキアヌスへ』の回心構造の問題、すなわち、自由意志と恩恵との関係性を探求し、それを通して、その言語理論の特性の把握を試みる。ここでは、『使徒のローマ人への手紙諸論題の注解』の回心構造、『シンプリキアヌスへ』の「相応しい呼びかけ」、「相応しい呼びかけ」をめぐる諸見解、「相応しい呼びかけ」をめぐる諸見解の検討、「相応しい呼びかけ」の回心構造と自由意志、および、『シンプリキアヌスへ』の言語理論について述べたい。

一　『ローマ人への手紙諸論題の注解』の回心構造

『ローマ人への手紙諸論題の注解』*Expositio quarundam propositionum ex epistola ad Romanos*（以降、『ローマ書諸論題』*Exp. ad Romanos* と略す）は、三九四／三九五年にヒッポの司祭として書かれた注解書である。[6] この注解書で提案される回心構造を思想的に把握するためには、アウグスティヌスがミラノからアフリカへの帰還途上のローマで三八八年に書き上げられたと考えられる、[7]『自由意志論』*De libero arbitrio* 第1巻を分析することが有効である。『自由意志論』第1巻で最も重要と思われる議論は、「欲望」libido や「情念」cupiditas をもつ魂がどのようにして「自由」で「幸福」になりうるのか、という問題である。『自由意志論』によれば、「欲望」libido に対する「精神の支配」[8] であるところの「知恵」sapientia は「魂」animus の内に生来的に存在するため、[9] 人は「知者」sapiens であろうと欲するだけで、「善意志」bona uoluntas が魂に存在するようになる。[10]「善意志」は、すなわち、「それによって、正しく recte 誠実に honeste 生きることと、至高の知恵 summa sapientia に至ることとを我々が追求するところの意志 uoluntas[11] と定義される「善意志」は、ただ欲するだけで所有するに至ると主張される。具体的にいえば、「それゆえ、もしこの意志を同じ善意志によって愛する diligere ならば[12]」、「魂の情動」animae adfectio である「徳」uirtus——「思慮」prudentia、「剛毅」fortitudo、「節制」temperantia、「正義」iustitia——が魂の内に生じ[13]、その結果、「正しく誠実に生きる」ようになり、「善」bonum の所有から「喜び」laetitia/gaudium が生じて「幸福な生」beata uita を受けることになる[14]。こうして、自由な魂において、正しく生きることと幸福であることが一つとされている[15]。

『幸福な生』*De beata uita*（三八六／三八七年）では、魂が充実はするものの、神を所持しているとはいえない探求者の姿が浮き彫りにされるのに対し[16]、『自由意志論』第1巻では、探求者はそれにもかかわらず欲しさえすれば「至高の知恵」に至るところの「善意志」を所持することができ、それによって幸福である可能性が開かれている。換言すれば、これは、能動的に神を探求し、意志の力で欲望や情念に打ち勝つことができる理想的人間像であり、この人間像の神探求は善意志を欲する自由意志に基礎づけられている。

『ローマ書諸論題』（三九四／三九五年）では、自由意志と回心の問題が「ローマ書」の解釈において論じられ、神を探求する理想的人間像が「ローマ書」の回心問題に適用される。アウグスティヌスは、回心構造の分析のため、次の四段階の救済過程を導入する。

> したがって、我々は次のような人間の四段階を区分する。すなわち、律法以前 ante legem、律法の下 sub lege、恩恵の下 sub gratia、平和のうち in pace である。律法以前、我々は肉の欲 concupiscentia carnis を追い求め、律法の下で我々は［肉の欲］に引きずられ、恵みの下で我々は［肉の欲］を追い求めず、引きずられ

ず、平和のうちでは肉の欲は存在しない。[17]（*Exp. ad Romanos* 12［13–18］.2）

ここで、回心が「律法の下」sub lege から「恩恵の下」sub gratia への移行として捉えられている。信じることと罪を犯さなくなることが、「律法の下」で生きる人間の意志の自由選択に帰され、回心の決定権が人間の自由意志として、すなわち、意志が善意志を欲することとして、人間の能力内に確保される。[18]

アウグスティヌスはパウロの信仰義認との整合性を保ちつつ、「選び」electio を「神の予知」praescientia dei と解釈し、呼びかけに応答する自由選択としての信仰をめぐり、神の予知を主張する。そこで、神の予知の原因が問題となる。『自由意志論』第1巻で「正義」が「それによって各人のものが各人へ与えられる徳」と説明されるが、[19]『ローマ書諸論題』でも「神の正義」iustitia dei の配分的な側面として功績概念が強調されており、[20] 神の助けは人間の「功績」meritum に応じて与えられるものとされる。[21]

というのは、もし功績 meritum が何もなければ、選び electio もない。というのも、功績以前にはすべてが等しいのであって、全く等しい事柄では選びと名づけることができないからである。[22]（*Exp. ad Romanos* 52［60］.8）

『ローマ書諸論題』第52～57章で、「ローマ書」9章の解釈を通して、アウグスティヌスは神が人間に「呼びかける」uocare ことと呼びかけられた人間の「自由意志」との関係性に注目する。[23]「恵み」gratia は人間が何の功績も所持しないときに与えられる「神の呼びかけ」と解釈され、[24] それに応答する者と応答しない者に共通して向けられる「神の呼びかけ」自体には差異性が見受けられないので、「恩恵」は一様にすべての人々に開放されていることになる。[25]「呼びかけ」に応じるか応じないかは人間の自由意志に依存しており、応答する者には、神の贈り物として「聖霊」が心に与えられるが、応答しない者には、罰として心が頑なにされる。[27] すなわち、この構造によれば、もし「呼びかけ」に応じるならば、自由選択の功績として聖霊が与えられ、さらに、聖霊が愛を生み、愛がその者を憐れみ深くし、その者は憐れみから善を働くようになり、神は善行の報いとして永遠の命をその者に与える。[28] 他方、もし「呼びかけ」に応じなければ、報いとして心が頑なにされ、その者は頑なな心から悪を働くようになる。[29]

さらに、「我々が呼びかけられるのでなければ、我々は意志することができない」(54[62].3)[30] のではあるが、「信じることと意志することとは我々に属する」(53[61].7)[31] と述べられることから、「呼びかけ」に応じることは、呼びかけがなければ応じることができないにしても、徹頭徹尾、自由意志の問題とされる。そして、善を働くことは、自由意志による人間の同意を前提とした神の賜物の産物として捉えられる。換言すれば、「律法の下」から「恩恵の下」への移行である回心過程では、肉の欲に引きずられる「律法の下」においてさえ、自由意志は欲望に打ち勝ちつつ呼びかけに同意することができるのであって、その結果、「恩恵の下」へ移行することができる、と考えられている。したがって、「律法の下」であっても自由意志は「善意志」を自らが望みさえすれば所有することができるのであり、この点で、『自由意志論』で「精神 mens は情念 cupiditas よりいっそう強力であることができる」[32] と述べられた確信と一致する。このように、『ローマ書諸論題』のアウグスティヌスは自由意志を最大限に擁護しつつ、「ローマ書」9章を解釈する。

二　『シンプリキアヌスへ』の「相応しい呼びかけ」

『ローマ書諸論題』の予知としての選びという考えに代わって、三九六年執筆の『シンプリキアヌスへ』第1部第2問では新たに恩恵としての選びという概念が導入された結果、「神の憐れみ」が選びの根拠とされ、〈呼びかけ―応答〉構造と「神の憐れみ」との関係性が新たな問題となった。選びが「神の憐れみ」の結果であるということは、後述するように、「相応しい呼びかけ」uocatio congruens[33]が「神の憐れみ」に基礎づけられることを意味する。信じることをめぐり、『ローマ書諸論題』では、「信じること credere と意志すること uelle とは我々に属する」(53[61].7)[34]と述べられたのに対し、『シンプリキアヌスへ』では、「我々が意志する ut uelimus のは〔神〕と我々とに属することを、〔神〕は欲した」(1.2.10)[35]と説明される。前者では、応答としての信じることが自由意志の能力内の出来事として神とは独立的に考えられたのに対し、後者では、応答としての信じることが神と人間との共同作業として捉えられている。

では、神と人間との共同作業へ至らしめる「呼びかけ」とは、どのようなものか。『シンプリキアヌスへ』第12章[36]では、憐れみと意志との関係性が次のように説明される。

> というのは、もし神が憐れむのであれば、我々も意志する。確かに、我々が意志することは、憐れみ misericordia そのものに属する。……というのも、善意志 uoluntas bona が呼びかけ uocatio に先立つのではなく、呼びかけが善意志に先立つのであるから、それゆえに、我々が善く意志するということは、正しく呼びかける神に帰され、これに対し、私たちが呼びかけられるということは、我々に帰されることはできない[37]。(AS 1.2.12)

ここでは、「善意志」が神の「呼びかけ」に帰因するものとされ、同時に、「意志する」ことが「憐れみ」に属するものとされるので、意志が善意志を所有することは「憐れみ」から生じる神の「呼びかけ」に依存することになり、この点で、善意志が呼びかけに直接的には関係づけられなかった『ローマ書諸論題』の捉え方と異なる。

この捉え方の変化は、第16章[38]で説明される「罪の塊」massa peccati という概念の導入に起因する。

したがって，使徒が「アダムにおいてすべての人々は死んでいる」（Ⅰコリント15：22）と述べるとき，「アダム」によって，全人類の種族のうちに神を害する起源 origo がもたらされたのであるから，すべての人々はあるひとつの罪の塊 massa peccati であって，至高の神の正義に対して罰 supplicium を担う[39]。（AS 1.2.16）

ここで，アウグスティヌスは，「ローマ書」9章21節の「同じ土くれ」eadem consparsio という表現を糸口に「罪の塊」massa peccati という概念[40]を導入し，アダムにおいて，全人類は共に罪を犯し共に霊的に死んでいるのであるから，すべての人間は神に抵抗する源泉としての「罪」を常に保持している，という考えを表明する。これは，「律法の下」においてさえ善意志の選択が可能と考えられた『ローマ書諸論題』の意志能力が覆されたことを意味する。

結果として，「罪の塊」と見なされる全人類において，意志は罪としての欲望にもはや打ち勝つ力をもつことができず，第21章では「意志」の問題が次のように述べられる。

意志の自由選択は極めて価値がある。それどころか，確実にそれは存在する。しかし，罪の下に sub peccato 売られた人々において，それはどのような力がある ualere のか。［パウロ］は述べる。「肉 caro は霊 spiritus に反して欲求し concupiscere，霊は肉に反して［欲求する］。その結果，あなた方は欲する uelle ことを行わない」（Gal. 5：17）[41]。（AS 1.2.21）

「罪の塊」である人間は意志を確実に保持しているにもかかわらず，肉の思いと霊の思いとが対立し合い，善意志を欲してもそれを所有することができないのであって，『自由意志論』第1巻で述べられる「精神は情念よりいっそう強力であることができる」という前提が暗に否定される。この表明は『ローマ書諸論題』

で考えられた自立的な理想的人間像を基礎とした「ローマ書」解釈の否定であり、罪と罰とに絡み付かれた人間の悲惨性が直視された結果、アウグスティヌスの人間理解が恩恵的救済を絶対的に必要とする宗教的人間理解へ深められている。この変化をめぐり、「はじめて、アウグスティヌスは全く神に依存的なものとして人間を見るようになった[42]」と、P・ブラウンは適切に述べる。このような悲惨性がともなう罪の状況では、自由意志が独力で善意志を選択できる可能性はもはや考えにくく、「呼びかけ」が単なる呼びかけとしてでは、人間は応答したくとも応答できないという状況に陥らざるをえない。

「相応しい呼びかけ」という概念はこのような状況の下で導入されたものであり、第13章[43]で、それが以下のように表現される。

［神］は、呼びかけに従った人々にとって、適切である aptus ような方法で呼びかけた[44]。（AS 1.2.13）

というのは、もし［神］が彼ら自身を憐れもうと欲するならば、彼らが動かされ moueri 理解し intellegere 従う sequi ために、彼らにとって適切な aptus 方法で、神は呼びかけることができる[45]。（AS 1.2.13）

というのは、相応しく congruenter 呼びかけられた人々が選ばれた人々 electi である[46]。（AS 1.2.13）

しかし、彼が呼びかけを拒否しないように、彼に適合する congruere ことを［神］が知っている方法で［神］は彼に呼びかけ、そのようにして、［神］は彼を憐れむ[47]。（AS 1.2.13）

このように、神は「憐れみ」misericordia から、選ぶ者をその者の状況に「適した」aptus 方法で、すなわち、その者の同意が後続するような方法で、「相応しく」congruenter 呼びかけることを通して、神は神の憐れみの十分性を示すのである。「相応しく呼びかけられる」ということは、その者の精神的状況や環境的状況に合致した方法で、同意を引き出すのに相応しい仕方で、神が招きつつ呼びかけた結果であると理解される。結果として、神の憐れみは罪と罰の下にあって情念の習慣に押しつぶされている人間に対しても同意を導き出すことができる神の力である、と考えられている。

三　「相応しい呼びかけ」をめぐる諸見解

『シンプリキアヌスへ』第1部第2問で最も重要な議論は、信仰の入口の段階で「相応しい呼びかけ」が「意志」に対してどのように働くのか、という問題である。この問題をめぐる研究者の解釈が、以下の三つの立場に分類される。第一の立場は、「相応しい呼びかけ」が文字通り「信仰の注入」[48]と見なされ、応答する者は、自らの意志の自由選択によって決定することなく、呼びかけへの同意そのものが付与されるというものである。すなわち、応答する者は、主体的にでもなく、自由のうちにでもなく、「相応しい呼びかけ」に自動的に従うという立場である。H・ヨナスは一九六五年に「相応しい呼びかけ」を「注入」と捉え、それが意志自体を魔術的に精神に注入することで、主体的な意志決定が人間から奪われたと考える[49]。

第二の立場は、「相応しい呼びかけ」が意志に直接的に介入し、応答する者は、神によって意志が善くされた結果、呼びかけに同意するというものである[50]。すなわち、応答する者は、主体的にではあろうが、はじめに善くされた意志が善を拒絶する自由を所持しない状態で、「相応しい呼びかけ」に同意するという立場である。W・S・バブコックは一九七九年に「恵みは――古い我を打ち破ることを新しい我に可能ならしめるような、悪から善へと意志に変化を与える transform ところの恵みは――決して功績に対する報いではなく、最小限の信仰の功績ですらないという彼の新しい確信の神学的な代価に、アウグスティヌスは気づいていた。……アウグスティヌスは神の恵みの純粋な贈り物という祭壇の上に人間の自由と神の正義の両方を実質的に犠牲にした」と述べる。[51] また、C・ハリソンは二〇〇六年に「[意志] に呼びかけ、あるいは続いて [意志] を助けることによってのみだけでなく、[意志] の同意を引き出すために実際に [意志] の内側で within [the will] 働くことによっても、神は意志の選択を生み出す、ということをアウグスティヌスは提案する」と主張する。[52]

第三の立場は、「相応しい呼びかけ」が意志自体には直接的に介入せずに働き、応答する者は自由意志によって呼びかけに同意するというものである。[53] すなわち、応答する者は、呼びかけを拒否する自由を所持しつつ、意志の自由選択によって、主体的に「相応しい呼びかけ」に同意するという立場である。E・テセールは一九七〇年に「[憐れみを受けた人々] だけが彼らの状況に適した方法で相応しく congruenter 呼びかけられる。……それから、アウグスティヌスは効力ある呼びかけ efficacious calling と自由な応答 free response との間の完全な調和を提示するために (次のような) 言葉遊びをする……」と述べる。[54] また、J・P・バーンズは一九八〇年に「[効力ある恵みと内的照明と律法の勧めの] 三者すべては意志の同意を得ることにおいて効果的であるが、三者すべてとも [意志] の外側 external to [the will] にあり、理知的人間のうちに置かれる。……アウグスティヌスは注意深く、自由を破壊してしまうような意志の内側にある効力ある恵み operative grace を避けた」と主張する。[55]

四　「相応しい呼びかけ」をめぐる諸見解の検討

「恩恵」の強調は、『シンプリキアヌスへ』の特徴の一つである。第9章では「[神] は信仰を吹き込む inspirare ことによって憐れんだ者を憐れむ」[56] と、第10章では「呼びかけられた者に信仰が吹き込まれる」[57] と述べられる。この信仰の吹き込みは文字通りに理解されるべきなのか。もし文字通りに捉えるならば、第一の見解が正しいことになる。この問題をめぐり、第21章で次のように述べられる。

> それゆえ、それによって我々が神へ前進するところの事象が我々に喜びをもたらす delectare とき、これは吹き込まれるのであり inspirari、神の恩恵によって与えられるのであって、我々の同意 nutus や勤勉 industria によって、あるいは、働きの功績 operum merita によって備えられるのではない。[58]（AS 1.2.21）

第9章と第10章で「信仰」が「吹き込まれる」対象と見なされたのに対し、第21章では、「それによって我々が神へ前進するところの事象が我々に喜びをもたらす」ことと言い換えられている。したがって、「恩恵」が強調されているものの、「信仰」そのものが「吹き込まれる」と短絡的に解すべきではない。だとしても、「吹き込まれる」と繰り返し述べられるからには、何かが精神に吹き込まれると考えるべきであろう。既述したように、『シンプリキアヌスへ』では、罪と罰に絡み付かれた「罪の塊」massa peccati としての人間が、自由な独立的存在として善意志を選択することは不可能と考えられるようになった。罪人の「意志」は単なる呼びかけによってでは神を自発的に選ぶことができず、「動かされ理解し従う」（1.2.13）ためには「相応しい呼びかけ」を待たなければならない。だとしても、「自由意志」は「確実に存在する」（1.2.21）のであり、さらに、「意志」によらなければ人間は信じることができない[59]。

では、人間の「意志」と神の「憐れみ」はどのような関係にあるのか。神の憐れみをめぐり、第12章で次のように述べられる。

> これに対し、神が憐れむのでなければ、我々は無駄に frustra 意志することは明らかである。しかし、我々が

意志するのでなければ、神が無駄に frustra 憐れむ、とどのようにして述べられるのか、私には分からない。というのは、もし神が憐れむのであれば、我々もまた意志する。我々が意志することは、確かに同じ憐れみに属するのだから。[60]（AS 1.2.12）

神の「憐れみ」には必然的に人間の「意志」がともなうのであるから、神は「無駄に」frustra 憐れむことがない。ところで、一方で、人間の意志は神の憐れみとは無関係に働く。他方で、神の憐れみが働けば人間の意志もまた動く。前者の意志は神の憐れみとは無関係な恣意的なものであり、後者こそ「呼びかけ」に応じる神と共に働く意志である。しかし、この神と共に働く意志にしても人間の生来的な意志に属することはいうまでもない。したがって、何かが精神に「吹き込まれる」inspirari にしても、「呼びかけ」に応じるものは人間の生来的な「意志」に他ならない。それゆえ、神に「吹き込まれる」ことを魔術的な「信仰の注入」、すなわち、意志そのものの注入と見なす第一の見解は否定されよう。[61]

残る問題は、「相応しい呼びかけ」が意志への直接介入と見なされるのか、あるいは、意志そのものに介入しない働きと捉えられるのか、である。呼びかけと喜びをめぐり、第21章で次のように述べられる。

しかし、何らかの呼びかけ uocatio によってでなければ、すなわち、何らかの事柄の証言 rerum testificatio に触れられる tangeri のでなければ、誰が信じることができるだろうか。それによって彼の意志 uoluntas が信仰 fides へ動かされる、そのような内的光景 uisum が、彼の精神 mens にもたらされる attingi ことを、誰が能力内にもつだろうか。しかし、誰が彼に喜びをもたらすことのない何かを魂において抱擁するだろうか。あるいは、彼に喜びをもたらす delectare ことができることに出会うことを、あるいは、出会ったときに彼が喜ぶということを、誰が能力内にもつだろうか。[62]（AS 1.2.21）

最も重要な概念、すなわち、喜びをもたらすことの原因として「内的光景」uisum が導入される。[63]「相応しい呼びかけ」が〈証言→内的光景→喜び〉という構図から捉えられ、「証言」testificatio という外的な促しが「内的光景」uisum として精神の目に見られるようになる。「内的光景」とは、精神における単なる内的現れというより、「証言」に呼応するところの物語性を内包するようなあり方で精神に映し出される表象と思われる。[64] ここで重要な点は、精神に「喜び」をもたらすことになるような関係性の下で「内的光景」が与えられることである。この「内的光景」が精神に「喜び」をもたらす結果、「意志」は呼びかけに応じることができるようになる。『ローマ書諸論題』では、神の「恩恵」は呼びかけとしてあくまで外的なものに留まっていた。これに対し、『シンプリキアヌスへ』の「相応しい呼びかけ」は〈証言（呼びかけ）→内的光景→喜び〉として、この三契機からなる構図は一体的なものと見なされ、一方で、恩恵は「証言」としては外的なものであるが、他方で、それに呼応して「喜び」をもたらす「内的光景」としては精神の内に及ぶものである。これが、すなわち、アウグスティヌスが印象的な仕方で伏線を張った「吹き込まれる」ことの真正な意味内容となろう。

『告白』*Confessiones*（以下、*Conf.*と略す）第8巻で描写されるように、回心直前のアウグスティヌスはシンプリキアヌスとポンティキアヌスの各々の証言に心動かされ、世の希望を捨てて神にのみ従うことを願うが、「部分的に欲し、部分的に欲しない」partim uelle, partim nolle という意志の「分裂」disspatio を経験する（8.9.21–22）。[65] この意志の「分裂」は、転倒した意志である「欲望」libido と「あなた（神）を喜びたい frui te uelle 意志」との分裂（8.5.10）、換言すれば、永遠なものを見つめ神を享受したいと思う知性的意志と現在を絶対視する欲望に起因する意志との分裂であると考えることもできる。だとすれば、「相応しい呼びかけ」によって吹き込まれた「内的光景」が神に関する「喜び」を精神にもたらすことで、知性は神の永遠性と喜びという現在性との結び付きを理解し[66]、欲望によって誘発された疑惑が永遠的喜びによって乗り越えられつつ、知性的意志は自ら進んで神の呼びかけに従うようになる、と考えることができる。すなわち、これがアウグスティヌスの考える「信」へ至る過程である。

しかし、「内的光景」による「喜び」そのものを「理解する」intellegere ことと考えるならば、誤りを犯すことになろう。むしろ、「意志の分裂」をもたらすものは、部分的な理解、いわば、「知識」scientia と思われる。したがって、「相応しい呼びかけ」は〈証言（呼びかけ）→内的光景→喜び→知識〉という構図であり、他方、「動かされ理解し従う」（1.2.13）という回心構造は〈内的光景→喜び→理解→信（応答）〉という構図であるとひとまず見なすことができる。「喜び」と「理解」の因果関係は不明瞭なまま留まるにしても、「信」とは、「欲望」が克服されつつ、神をめぐる根源的な事柄を「理解」し、精神においてそれを喜び抱きしめることである。したがって、人間的状況に適合された「相応しい呼びかけ」を通して、聞き手は意志が善くされた結果、神を信じるのではなく、喜びをもたらす神を理解した結果、神を信じることになる。このように、「吹き込まれる」ことを「内的光景」の精神への吹き込みと捉えるならば、意志は「喜び」と「理解」を通して呼びかけに応ずることとなり、そして、このような仕方で神は自由意志を尊重するのであれば、第二の見解のように、「相応しい呼びかけ」を意志への直接的な介入と見なすことはできない。

五　「相応しい呼びかけ」による回心構造と自由意志

では、喜びと理解はどのような関係にあるのか。この関係性は『シンプリキアヌスへ』では必ずしも明白でないため、『キリスト教の教え』の中断直後に書き始められた『告白』に手掛かりを求めたい。『シンプリキアヌスへ』では、「相応しい呼びかけ」によって精神に喜ばしい内的光景が吹き込まれた。精神が「動かされる」のは、彼自身の意志の「分裂」の体験から推測されるように、外的な証言が与えられた直後である。『告白』の描写では、この体験は「喜び」を与えるものではなく、「惨め」miser であり（8.5.12）、「魂の病気」aegritudo animi である（8.9.21）。ではあるが、そもそも「意志の分裂」が生じた原因は、シンプリキアヌスが証言したウィクトリヌスの回心談によって引き起こされた「新しい意志」uoluntas noua、すなわち、「あなた（神）を私欲なく讃美し歓喜したいと欲した」te gratis colerem fruique te uellem ところの意志が「出現し始めた」esse coeperat ことにある[67]。

『告白』では明確に言及されないものの、ここでも喜ばしい内的光景が彼の精神に与えられたとすれば、その結果、「喜び」に随伴する「新しい意志」の出現によって心に闘争が生じたことも頷ける。だとしても、「信」へ至るのは、あの「取れ読め」tolle lege による出来事、すなわち、「主イエス・キリストを着なさい。肉の欲を満たすことに心を向けてはならない」を含む「ローマ書」13章13～14節を開くその時まで待たなければならない（8.12.29）。聖書を媒介に獲得された理解の末、「平安の光のようなものが私の心に注ぎ込み、あらゆる疑惑の暗闇が散り去った[68]」のであり、ここで、欲望の世界とそれに拘束された古き我からの解放が経験される。だとすれば、外的証言によって「新しい意志」が生じたのは、喜ばしい内的光景が精神に吹き込まれることで新しい知識が与えられたときであり、さらに、聖書によって「平安の光のようなもの」に満たされたのは、欲望の疑惑が払拭されるほどの神の理解が与えられたときである、と考えると上手く説明がつく。

以上より、『告白』を参考にした「相応しい呼びかけ」による回心構造は、〈証言（呼びかけ）→内的光景→喜び→知識→意志の分裂→理解→信（応答）〉となる。回心へ至る最終的な理解は聖書を媒介に獲得されたにしても、理解へ至るには「意志の分裂」の一方側である「神を歓喜したい意志」を引き起こした知識が前提とされ、それは喜びをもたらす内的光景が起点となって生じたものと思われる。ここで、「喜び」が生じる条件は呼びかけられた者の精神そのものの気質とその状況に依存する。それにもかかわらず、精神を根源的に方向づけるものは、喜びを選び取る「意志」そのものに他ならない。だとすれば、呼びかけられた者が最終的に神の理解を獲得する過程の端緒はやはり意志の動きであることになろう。結果として、「喜び」が精神に生み出されるように呼びかけられる点で「相応しい呼びかけ」が恩恵であるのは確かだが、喜ばしい内的光景が精神に吹き込まれるにしても、すなわち、神の側からすれば「意志」が必然的に「相応しい呼びかけ」に従うことになるにしても、人間の側からすれば「呼びかけ」を拒絶する自由が確保されており、「相応しい呼びかけ」はこのように意志の自由選択が尊重された形で「意志」に向けて与えられることになる。それゆえ、この構造では、「呼びかけ」に応じる主体性と意志の自由選択が呼びかけられる側に確保されており、「相応しい呼びかけ」は第三の見解である意志自体には介入しない働きとして捉えることができる。

『シンプリキアヌスへ』第1部第2問の最終章では、「意志の分裂」を経験しないかのようなパウロの回心例が取り上げられる。

> けれども、上からの一なる声によって打ち倒された「サウロ」は、それによって彼の精神と意志が野放しにされた狂暴から引き戻されて信仰へ矯正されたところの、そのような内的光景 uisum にともかくも出会うことによって、突然、福音の驚嘆すべき迫害者から、そのいっそう驚嘆すべき伝道者とされた。[69]（AS 1.2.22）

パウロの場合、アウグスティヌスが経験した「意志の分裂」が彼の回心過程に見られず、「上からの一なる声」によって一挙に「信」へ至ったような印象を受けるが、ここでも、「意志」に始まって「理解」へ至る「相応しい呼びかけ」の回心構造が期待される。パウロの回心に「内的光景」uisum の概念を適用するアウグスティヌスの目的は、一方で、回心は、徹頭徹尾、神の力強い恩恵に基づくものだが、他方で、パウロの回心でさえ「相応しい呼びかけ」という回心構造の一例であり、たとえ、恩恵の圧倒的な支配の下においてさえ、主体性と意志の自由選択が確保されるべきだ、という主張にある。もし人間から主体性と意志の自由選択が剥奪されるならば、あらゆる種類の迷いと罪の苦悩から解放される代わりに、魂を突き動かす衝動や創造性は全く意味のないものとなり、人間は意志的な善に歓喜することもなく、生き生きとした生の営みをめざすこともそれを継続することも不可能となろう。アウグスティヌスに一貫するこのような人間理解とパウロ研究の成果としての力強い神の恩恵概念がここに至って和解している。このようにして、『シンプリキアヌスへ』において、神の恩恵を歓喜する罪人にして自由人なる私という明確な意識が、アウグスティヌスに生まれたのである。

六　『シンプリキアヌスへ』の言語理解

以上のように、『シンプリキアヌスへ』では、神の恩恵として「相応しい呼びかけ」が先行しなければ回心は生じえず、それにもかかわらず、神の恩恵は呼びかけられた者の主体性と意志の自由選択を破棄しないあり方で作用することが見いだされた。では、『シンプリキアヌスへ』で展開された回心構造は、言語理解の観点からどのように再評価されるのか。『教師論』の視点からこの問題を捉え直すならば、〈言語表現（呼びかけ）→内的光景→喜び→理解（知識）〉という言語表現から理解へ至る構造において、語り手の言語表現によって獲得される聞き手の理解は、内的光景と喜びを起因に生じる聞き手の新しい知識といえる。

ところで、『ローマ書諸論題』では、神の証言としての語り手の「呼びかけ」、すなわち、歴史的命題の主張は、聞き手に直接的に喜びを与える表現とは考えられていなかった。聞き手は歴史的命題をめぐる新しい知識を内的真理によって獲得することができないため、歴史をめぐる語り手の主張的命題に対して、聞き手には信じることが第一に要請され、しかも、そこでは意志の独力による働きが求められた。この点で、『ローマ書諸論題』の言語理論は『教師論』のそれと一致する。

これに対し、『シンプリキアヌスへ』では、『教師論』で主張された内的真理による知識獲得が、意志を信へ動かす原動力とはなりえないことが暗示される。

> しかし、意志それ自体は、もし魂を喜ばせ喚起させる何らかのものと出会わなければ、どんな方法によっても動かされえない。[70]（AS 1.2.22）

『シンプリキアヌスへ』では、語り手の言語表現に対応して聞き手の心に喜ばしい内的光景が与えられ、それが媒介となって、聞き手は喜びに随伴する新しい知識を獲得する。「相応しい呼びかけ」の場合、聞き手が獲得する新しい知識は、語り手が保持し伝達しようと欲する知識内容と一致するものと思われ、そうであるならば、神の恩恵が先行するという条件の下で、言語表現による知識伝達の可能性がはじめて開かれたことになる。

同時に、この知識は、語り手の言語表現が冷静に解釈されるだけでは伝達されえないものであり、魂そのものを動かして回心へ至らしめる、聞き手にとって全く新しい志向性が随伴されるという意味の新しい知識である。したがって、魂を信へ動かすことが可能となるのは、内的真理が教示するときではなく、語り手の言語表現そのものの意味内容が聞き手の魂に喜びを与えつつ魂を喚起するときである。そもそも、神の証言は、内的真理によって明確に判断される論理的命題ではなく、歴史をめぐる主張的命題である。アウグスティヌスがここで主張することは、内的真理を否定することではなく、語り手の言語表現、すなわち、証人や聖書記者による言語表現が、神の恩恵によって、聞き手や読み手に「喜び」を与えることができる、ということである。

アウグスティヌスの回心をめぐる『告白』の描写によれば、アウグスティヌスの魂を動かす起点としてのシンプリキアヌスの証言やパウロの手紙は、動機としての愛に根差されたものと考えられ、この意味で、語り手の志向性としての愛が言語表現による知識伝達の可能性の前提と見なされることは、前章で見た通り、『キリスト教の教え』以降のアウグスティヌスの思想を構成する一要素である。結果として、ブラウンが述べるように、『シンプリキアヌスへ』第1部第2問において、「決定的変化がアウグスティヌスに生じた[71]」のであり、この思想的変化は恩恵理解の転換であると同時に、言語理解の転換でもあった。それは、愛に基礎づけられた言語表現において、学び合い教え合うという新しい共同体理解を方向づけるものなのである。

第三節　『キリスト教の教え』の言語理論とその恩恵的前提

本節では、『キリスト教の教え』の言語理解を恩恵という視点から捉え、『シンプリキアヌスへ』の言語理解との関係性を探る。ここでは、『キリスト教の教え』序論の言語理論と恩恵、『キリスト教の教え』と表現内容としての魂の動き、言語理論の発展性をめぐるアリーチとフレテレンの見解、および、照明の方法と言語の方法について述べたい。

一　『キリスト教の教え』序論の言語理解と恩恵

『キリスト教の教え』の「事柄は記号を通して学ばれる」という主張は、第1巻冒頭で述べられる著作全体の俯瞰的説明の直後に置かれるため、『キリスト教の教え』序論がその背景を理解するための重要な手がかりとなる。「〔聖書〕に熱心な人々に向けて有効に non incommode 伝授され tradi うると私が洞見するところの、聖書を解釈するためのある規則 praecepta がある」(pro.1)という言葉で始まる序論で、アウグスティヌスは聖書解釈の規則に反論することが想定される人々に対してあらかじめ反駁している。規則を理解できない第一の人々と規則を適用できない第二の人々に対して、アウグスティヌスは彼らが非難することを差し控え、識別力としての「目の光」lumen oculorum が「神から」diuinitus 与えられるように祈るべきことを勧告する(pro.3)。[72]

問題となるのは、「実際に上手く聖書を解釈しているか、上手く解釈すると自ら思っている」[73]第三の人々である。アウグスティヌスは、彼らに対して次のように主張する。

結局、いかなる規則によっても教えられず、神の賜物 diuinum munus によって、聖書のどんな不明瞭な箇所をも理解できると誇る人は誰であれ、その彼の能力があたかも彼自身から生じたのではなく、天から与えられたことを確かによく信じているし、そして、それは真実である。このようにして、彼は彼自身の栄光ではなく、神の栄光を求めている。しかし、彼は(聖書を)読んで、人間の解釈者 exponens を自らにもたぬままで理解するとき、なぜ彼自身は他の人々に解き明かすこと exponere を熱心に求めるのか。また、人間を通してではなく、かの方が内的に教える intus docere ことによって、彼らも同様に理解する intellegere ようになるために、なぜむしろ彼らを神に送り返さ remittere ないのか。[74] (*DDC* pro.8)

アウグスティヌスは、解釈の規則に助けられることなく、また、他者の力を借りることなく、神の賜物のみによって、聖書の不明瞭な箇所を理解したと信じる人々の理解方法を、暫定的には認める。[75] この神の賜物による理解方法は、『教師論』の内的照明による理解方法（11.38）と同様な思想であり、『教師論』の認識構造が単純に否定されているわけではないことが分かる。『教師論』の主張から判断すれば、多様性に富む聖書そのものに勧められた読み手が、内的真理によって照らされつつ神の真理を理解するようになることはある程度可能であろうと思われる。

次に、アウグスティヌスは、第三の人々の「傲慢」superbia を指摘する。彼らは他者の力を借りずに神の賜物によってのみ聖書の難解な箇所を理解したと主張しながら、他者に教えようとする。換言すれば、彼らは聖書解釈学の規則なしに聖書解釈が可能であるという彼ら自身の伝承に基づき、神の賜物によってのみ不明瞭な箇所を解釈し、解釈内容を伝授しようとする。彼らは傲慢であるがゆえに、人間を通して与えられる方法論的な神の助けとしての「キリスト教の教え」doctrina christiana を受け入れることができない、と考えられている。[76] さらにいえば、聖書は神の真理が理解されるための絶対的な媒体である必要はなく、神の賜物である内的照明によって、神を理解する直観的方法が開かれていることを、第三の人々は信じることができる。[77] この意味で、第三の人々は、聖書解釈における理性主義の方法の十分性を確保するのである。

これに対し、『キリスト教の教え』のアウグスティヌスは聖書の「権威」auctoritas を擁護しつつ（1.37.41, 2.7.10）、学び合い伝授し合うことの重要性を強調する。

それゆえ、いま問おう。聖霊が到来してから時の一瞬にして満たされた使徒たちがあらゆる民族の言葉を話したのであるから、彼らの小さな子供たちにこれらの［諸言語］を教えることのないように、我々はすべての兄弟に勧めるべきだろうか。あるいは、そのようなことが起こらなかった人に対して、キリスト者であると自ら思うことのないように、あるいは、聖霊を受けたことを自ら疑うように、我々は勧めるべきだろうか。（確かに、そうではない。）人間を通して per hominem 学ばれるべきことは高ぶらずに sine superbia 学ぶべきであり、その者を通して学ばれる他の者は高ぶらずに妬まずに sine inuidia 受けたことを伝授すべきである。[78]

（*DDC* pro.5）

『キリスト教の教え』のアウグスティヌスにとって、聖霊に満たされるということはペンテコステに代表される超自然的な現象だけが意味されるのではなく、外的な言語表現に随伴する内的な神の助けが同時に暗示される。ここでは、神の賜物としての聖霊が直観的な神の理解と結びつけられず、むしろ、相互に学び合い伝授し合うことに関連づけられる。したがって、人間同士が「高ぶらずに」学び合い「妬まずに」伝授し合うということは、『教師論』で彼が主張した単なる勧めとしての言語の能力を超越する実質的な方法と内容を伝達することができる言葉の力が前提とされ、しかも、それが可能となるのは、常に共有性を促すところの聖霊に満たされるときであることが暗示される。

この点から、第三の人々は、外的な言葉と内的な知識を峻別する『教師論』の主張と重なり合い、外的世界と内的世界との間に交通不可能な大きな隔たりを保持しようとする人々と見なされる。このように、アウグスティヌスが第三の人々を非難する理由は、外と内と間の言語の媒介性を否定することで、彼らが内的世界を相互的に共有する可能性を失い、その結果、健全な共同体形成の拒絶に陥る危険性を常にはらんでいるからに他ならない[79]。

『キリスト教の教え』で、アウグスティヌスは「人間を通して」という言語の媒介性の重要性を強調し、

「記号によって何も学ばれない」とする『教師論』の主張を覆す。

> また、まさに、すべては天使を通して起こりえた。しかし、もし神が人間を通して per homines 人間に自らの言葉を与えることを欲しないように見なされるならば、人間間の同意 humana condicio は破棄されたであろう。というのは、もし神が応答 responsa を人間の宮に帰属させることをせず、［神］が人間に伝授させようと欲した教えのすべてを、天から、また、天使を通して鳴り響かせたのであれば、「実際、神の宮は清く、それはあなた方である」と述べられたことは、どのように真実であるだろうか。さらに、もし人間が人間を通して何も学ばなかったのであれば、人間が一致の結び目によって相互に結び合う愛 caritas そのものは、まるで魂が互いに混ぜ合わされるかのようにして、魂が注ぎ出される方法を所持しなかったであろう。[80]（*DDC* pro.6）

Humana condicio は「人間の条件」と訳されることが多いが、文脈から判断してより根源的な意味の「人間間の同意」とした（condicio には「条件」の他に「同意」という意味もある）。『教師論』の言葉の役割が真理探求の勧めであったのに対し、『キリスト教の教え』では「人間間の同意」の内容が正確に伝達されうるという言葉のもつ新たな可能性が加えられている。もちろん、内的真理に助言が求められて真理認識に至る認識構造は『キリスト教の教え』でも堅持されていると見なされるべきだろうが、他方で、人間相互に魂を注ぎ出すこと、いわば、愛による魂の融合が、今や人間の言語表現を通して達成されるのである。このようにして、アウグスティヌスは『教師論』の主張と真っ向から立ち向かう「事柄は記号を通して学ばれる」という主張を、『キリスト教の教え』第1巻のはじめ（1.2.2）で宣言する。

『シンプリキアヌスへ』では、言葉の理解方法、あるいは、解釈方法が吟味され、特定の言語表現に随伴して喜ばしい内的光景が吹き込まれるという恩恵概念を基礎に、言葉による知識の伝達可能性がはじめて積極的に確保された。『キリスト教の教え』の「人間を通して」学び合うことの勧めは、言葉による知識の伝達可能性が前提とされており、この点で、『キリスト教の教え』は『シンプリキアヌスへ』に基礎づけらている。さらに、『キリスト教の教え』では、「人間を通して」学び合う可能性が確保された結果、「愛」によって生じる「魂が注ぎ出される方法」、すなわち、愛を基礎にした言葉の表現方法が注目されるようになる。前章で見たように、言語表現は「心に保持する言葉」(1.13.12) が「音声」を受け取る方法であり、これがキリストの受肉と類比されることから、言葉の表現方法も神の恩恵的な側面をもつことになる。このように、『キリスト教の教え』では、言葉の解釈方法だけでなく、言葉の表現方法も神の恩恵に支えられる構造と見なされるようになった。もし『シンプリキアヌスへ』で恩恵概念の確立が達成されていなければ、「事柄は記号を通して学ばれる」というアウグスティヌスの積極的な宣言は、おそらく、『キリスト教の教え』で表明されなかったであろう。

二　『キリスト教の教え』と表現内容としての魂の動き

では、「魂が注ぎ出される方法」としての表現方法とはどのようなものか。まず、『キリスト教の教え』の表現過程を『問答法』の口述過程と比較したい。既述したように、『問答法』では、言葉が「言葉自体」uerbum、「口述可能なもの」dicibile、「口述」dictio、「事柄」res の四つに分類される。他方、『キリスト教の教え』では、記号が「自然記号」signa naturalia と「所与記号」sigana data とに分類され、言葉は「意志」が随伴されつつ表現される「所与記号」の一部と見なされる。この文脈の下で、「口述」と「所与記号」が次のように述べられる。

『問答法』
口述 dictio と私が呼んだものは、言葉であるが、同時にかの二つのもの、すなわち、言葉自体と魂の内に生じるもの quod fit とを言葉を通して指示する significare ものである。[81]（*DD* 5）

『キリスト教の教え』
実際に、所与記号 data signa というものは、それぞれの生き物が、自らの魂の動き motus animi、あるいは、どんなものであれ知覚されたり sensa 理解されたり intellecta するものを可能な限り表現する demonstrare ために、互いに与え合うものである。[82]（*DDD* 2.2.3）

『問答法』では、口述の目的が「魂の内に生じるもの」quod fit in animo を「指示する」ことであるのに対し、『キリスト教の教え』では、それが「魂の動き」motus animi、「知覚されるもの」sensa、「理解されるもの」intellecta を「表現する」ことである。『キリスト教の教え』の伝達可能な表現内容が知覚内容や理解内容だけでなく、「魂の動き」とされることに注目したい。一般的に、「知覚されるもの」や「理解されるもの」が表現される場合、人は単に「説明する」と述べるのに対し、より包括的な「魂の動き」が表現される場合、人は「魂を注ぎ出す」と述べるかもしれない。[83] こうして、言葉には「説明する」という側面と「魂を注ぎ出す」という側面があることになる。

では、「魂の動き」motus animi とは何か。「魂の動き」の用法をめぐり、『キリスト教の教え』第1～3巻（3.25.35まで）が書かれた三九六年頃までの著作（説教集を除く）を追跡すると、以下のようにまとめることができる。

追跡調査の結果、『キリスト教の教え』の「魂の動き」の用法をめぐり、次の三点を指摘することができ

表5．396年頃までの著作における「魂の動き」motus animi の用法

［1］感情としての用法	
［a］感情全般	『書簡』7.3.7, 9.3；『詩編注解』9.8；『キリスト教の教え』2.2.3
［b］怒り iratus/indignans	『山上の主の教説』1.9.23, 1.9.24；『詩編注解』4.6；『キリスト教の教え』2.1.2, 2.11.16
［c］悲しみ tristis	『キリスト教の教え』2.1.2
［d］喜び laetans	『書簡』7.7；『キリスト教の教え』2.11.16
［2］意志としての用法	
［a］意志 uoluntas	『自由意志論』3.1.1；『二つの魂』10.14, 12.16, 12.17
［b］意志的要素	『書簡』34.1
［3］愛としての用法	
［a］情愛 affectus	『山上の主の教説』1.10.27
［b］愛 caritas	『キリスト教の教え』3.10.16
［4］欲望としての用法	
［a］動物的欲望	『マニ教徒に対する創世記』1.20.31
［b］精神的混沌	『アカデミア派駁論』2.2.4
［c］名誉欲・支配欲	『自由意志論』1.8.18；『秩序論』1.10.29；『83の諸問題集』69.10
［d］肉欲 concupiscentia	『山上の主の教説』1.2.9
［e］情念 cupiditas	『キリスト教の教え』3.10.16
［5］音楽的要素としての用法	
［a］魂の活動 actio/operatio	『音楽論』6.5.11, 6.8.21, 6.8.22, 6.11.32, 6.12.34
［6］内的活動としての用法	
［a］霊的体として	『83の諸問題集』47；『マニ教徒に対する創世記』2.21.32
［b］可視的行為に対して	『真正な宗教』50.99

る。第一に、「魂の動き」という概念がそれまでの著作と比べれば積極的に用いられていること。第二に、「愛」caritasと「情念」cupiditasの定義を除けば、「魂の動き」が感情全体[84]に適用されていること。第三に、「愛」caritasがはじめて「魂の動き」として捉えられていること。

そもそも『キリスト教の教え』の「魂の動き」は所与記号による表現内容として捉えられている。動物が何かを伝えようとするとき、彼らの所与記号である鳴き声やある種の行動を通して感情一般や知覚内容を表現する。人間の場合は、それに加えて、言語表現によって理解内容や「意志」を表現する。『キリスト教の教え』では、意志が「魂の動き」として列挙されず、聖書で勧められる「愛」とそこで叱責される「情念」が、次のように定義される。

神を神自身のために propter ipsum 享受する frui ことを目的とした、また、自己と隣人を神のために享受することを目的とした魂の動き motus animi を、私は愛 caritas と呼ぶ。しかし、自己と隣人と何らかの物事を神のためにではなく享受することを目的とした魂の動きを、私は情念 cupiditas と呼ぶ[85]。(*DDC* 3.10.16)

アウグスティヌスによる愛と情念の定義は、心の動きそのものを注目するものではなく、ある対象や人間を求めることが「神のために」実践された行為であるのか否かに重点を置くものである。換言すれば、愛は目的の方向が神以外のものへ逸れれば情念に堕落し、反対に、情念は目的の方向が神へ矯正されれば愛に変わることになる。この意味で、彼の愛と情念は意志としての意味合いが強い。実際に、三九二／三九三年に書かれた『二つの魂』*De duabus animabus* では、「意志」uoluntas が「誰にも強要されずに、何かを手放さないことを目的とした、あるいは、何かを獲得することを目的とした魂の動き animi motus」(10.14)[86]と述べられ、意志も「魂の動き」と定義される。このようにして、神へ方向づけられた何らかの意志を「愛」と呼び、神以外のものへ方向づけられた何らかの意志を「情念」と呼ぶこともできる。したがって、『キリスト教の教え』の「魂の動き」には、感情全般と意志的な愛と情念が含まれるため、言葉による表現内容は、知覚内容と理解内容に加え、感情全般と、意志的な愛と情念とが認められることになる。[87] このようにして、『問答法』で「魂の内に生じるもの」と表現された指示内容は、『キリスト教の教え』では、伝達可能な言語表現の内容として、「喜び」や「愛」を含む意識内の心理的全領域に及ぶまで、内的世界が具体的に分析されている。[88]

　上述したように、言語表現には「説明する」と「魂を注ぎ出す」という各側面が認められる。知覚内容や理解内容の表現は「説明する」ことと述べられよう。もちろん、「説明する」ことには何らかの感情が付随するだろうが、通常これを「注ぎ出す」とは述べない。「魂を注ぎ出す」ことの表現内容は「魂の動き」に他ならず、その中でも「喜び」を必然的にともなう「愛」が重要となる。『キリスト教の教え』序論では、語り手と聞き手との「人間間の同意」を目的として、「喜び」をともなった「愛」が注ぎ出される言語表現の重要性が考えられている。『シンプリキアヌスへ』の議論を参照すれば、話し手が知覚内容や理解内容を説明する行為は、聞き手の理性に訴える論証に対応し、他方で、話し手が「魂の動き」を注ぎ出す行為は、聞き手の意志と感情に訴える論証に対応する。ジョンソンやケリーに追随すれば、[89] 前者は、内的真理や理性に訴える「直観的論証」intuitive reasoning と呼ばれるものであり、後者は、包括的な魂の動きに訴える「言説的論証」discursive reasoning と呼ばれるものである。

　『キリスト教の教え』の伝達可能な表現内容の豊かさをめぐり、ケリーはこれを「表現主義的な記号論」expressionist semiotics と呼び、次のように述べる。

表現主義的記号論を根本的に新しい何かにするものは、その内的深み inner depth の次元である。表現主義的記号論を考案することで、アウグスティヌスは、文字通りに異なる存在の二つの次元である外側 outer と内側 inner との間に、身体と魂との間の決定的な認識連関として記号を受け取るはじめての人であった(90)。

『キリスト教の教え』の記号理論は、受信型記号と発信型記号が暗黙裏に峻別され、受信型記号が指示過程から、発信型記号がいわば「表現主義的」expressionist な表現過程から分析されるところにその特徴の一つがある。したがって、「人間を通して」学ばれることの前提である表現主義的な表現過程には、すなわち、愛によって引き出される「魂が注ぎ出される方法」には、『教師論』で暗示されるような知覚内容と理解内容だけでなく、「内的深みの次元」である感情全般と意志、特に「愛」と「喜び」が発信型記号による言語表現の内容として含まれるようになったのである。

『シンプリキアヌスへ』では、神の証言としての言語表現と共に、神が聞き手に喜ばしい内的光景を恩恵として相応しく与えることができ、それを媒介として、聞き手は喜びを契機に新しい知識を獲得することができると考えられるようになった。しかも、聞き手の知識獲得は彼自身の主体性と意志の自由選択が確保されつつ達成されることが、本章第二節で結論づけられた。確かに、この「相応しい呼びかけ」は神の証言に限定される。しかし、何よりも重要なことは、語り手の愛を前提に、言葉による知識の伝達可能性が開かれた点であり、この突破口から、アウグスティヌスはその伝達可能性が最大になるような表現方法を探求し始めるのである。したがって、『キリスト教の教え』で展開される発信型記号の表現主義的な表現過程は、『シンプリキアヌスへ』で発見された受信型記号の恩恵理解に基礎づけられており、語り手が「内的深みの次元」から「愛」と「喜び」を汲み上げれば汲み上げるほど、聞き手に「喜び」が伝播される可能性が増大し、そのため、聞き手の「喜び」を契機とした新しい知識獲得の可能性も増大することが暗示される(91)。それゆえ、言葉による知識の伝達可能性は、「愛」に根差しつつ「喜び」が汲み上げられた、語り手の表現としての深みに依存することになる。

三　言語理論の発展性をめぐるアリーチとフレテレンの見解

ここで、アウグスティヌスにおける言語理論の発展性をめぐるアリーチとフレテレンの見解を瞥見しつつ、『教師論』と『キリスト教の教え』との間の言語媒介の差異性を総括的に確認したい。多くの研究者は、『教師論』を含む前期著作と中後期著作との間に、罪と恩恵をめぐるアウグスティヌスの思想の差異性を認める(92)。それにもかかわらず、一九六〇年代頃まで、『教師論』と『キリスト教の教え』との間に介在する言語理論の差異性に注目する研究者はほとんど存在しなかった。一九九二年にアリーチはこの差異性を主張し、次のように述べる。

『キリスト教の教え』において言語の媒介的機能 la funzione mediatrice が復権されることを通して成し遂げられた著者による進歩は、『教師論』と比較されて今や測られうる。[この言語の媒介的機能」は、霊的な生について質が落とされた表出 manifestazione degradata としてではなく、むしろ、すべての被造物について確実な意図の投射 proiezione intenzionale として考えられる(93)。

アリーチは、アウグスティヌスにおける「言語の媒介的機能」が「霊的な生について質が落とされた表出」として暗示される『教師論』から『キリスト教の教え』の「すべての被造物について確実な意図の投射」に変化したことを主張する。前章で論じた『教師論』をめぐる議論を思い起こすならば、言葉の確実な媒介的機能をめぐるアリーチの主張は真正なものと見なされなければならない。

本章でこれまでに示そうとしたことは、アウグスティヌスに生じた言語の媒介性の変化が『シンプリキアヌスへ』の回心構造における「相応しい呼びかけ」という恩恵概念の発見に主な原因がある、ということである。これをめぐって、二〇〇一年にF・V・フレテレンは引用文献を提示しないまま、次のように述べる。

これらの相違（『キリスト教の教え』の執筆動機をめぐる見解の相違）にもかかわらず、学者の意見は、『シンプリキアヌスへ』（三九六年）で生じたアウグスティヌスの恩恵理解における変化が『キリスト教の教え』に影響を及ぼしている、というほぼ合意的なもの near unanimity に達した。(94)

さらに、言葉の媒介性をめぐるアウグスティヌスの変化は、用語の使用方法からも支持される。アリーチは、D・W・ジョンソンの主張（一九七二年）を紹介して、次のように述べる。

他の注解者とは異なり、ジョンソンは、アウグスティヌスのキリスト論における擬人化が、verbum の増加した使用方法にともなって、キリストの人格を真理／知恵という新プラトン主義の範疇から漸進的に開放するという点を指摘する。三八六～三八九年間に含まれる著作で、アウグスティヌスは固有名詞として Verbum を決して使用していないが、『マニ教徒に対する創世記』にはじまり『キリスト教の教え』に至るまで、この用語（Verbum）は、その重要性の減ぜられない複雑性においてではあるが、受肉へのいっそう明白な言及を引き受けている。(95)

「固有名詞」として Verbum が決して使用されない三八六～三八九年間の著作に『教師論』が含まれる。

『教師論』で、uerbum が固有名詞として使用されないということは、「真理」ueritas や「知恵」sapientia と見なされる内在的キリストが「言葉」uerbum と考えられていないことである。[96]

ところで、アウグスティヌスの根本的な関心の一つに、幸福が賦与される知恵の段階へ到達するという目標があるが[97]、アリーチの指摘によって意味されることは、知恵の段階への上昇過程に、言葉による接近方法が『教師論』以降に追加されたということである。前期著作では、教養教科の習得を通して[98]、内在的キリストである知恵を所有するという直接的な方法が主張されたが[99]、幸福へ至るこの直接的な方法が断念されて以来、「固有名詞」Verbum の使用頻度が増大し、『キリスト教の教え』で、言葉の受肉との類似性が明白に述べられるようになった。

フレテレンは、この状況を次のように述べる。

> シンプリキアヌスの第2問に答えることで、アウグスティヌスは、救済が専ら恩恵のみを通して到来することをはじめて明白に示す。三九三年頃、神の内的現れ the vision of God をこの世の生において獲得する人間的な可能性をめぐり、彼は自らの意見を変えた。これらの両方の変化は、教養教科の役割における変化を要請した。初期に、アウグスティヌスは、美や一者の内的現れを得るための、精神の修練としての教養教科をめぐるポルフィリオス的理解を受け入れた。……（しかし、今や）アウグスティヌスは、教養教科の学問が聖書を解釈するために役立つであろうという彼の新しい立場を提供するのである。[100]

確かに、前期著作で、教養教科の習得が幸福な生を享受するための方法と捉えられたが、『キリスト教の教え』では、それが聖書の「未知記号」ignota signa を解釈するための有益な手段と捉え直される（2.10.11～2.42.63）。これは、教養教科が聖書解釈学の下部構造に組み込まれたことを意味する。[101]したがって、照明の方法そのものは教養教科の修得の前提として保持されるものの、教養教科による方法は「神の内的現れ」である内在的キリストの獲得手段としては否定されたのである。換言すれば、「神の内的現れ」を通した新プラトン主義的な直接的知識による幸福な生が断念され、ケリーが暗示するように、[102]外的な言語表現を通した間接的知識による道が追求され始めたのである。[103]

以上のように、アリーチは『教師論』と『キリスト教の教え』との間に介在する言語媒介の差異性を主張し、フレテレンは、バーンズの研究を念頭に、[104]『シンプリキアヌスへ』で発見された恩恵概念が『キリスト教の教え』の言語の媒介性に影響していることを認め、この意見がアウグスティヌス研究者の間でほぼ合意に達しつつあることを主張する。しかし、アウグスティヌスにおける言語媒介の発展性がどのようにして包括的に説明されるのかをめぐる問題は二一世紀のはじめの段階で未解決のままであった。本書では、この問題を言語理論の発展であると捉え、彼の記号理論と言語理論を峻別しつつ、アウグスティヌスにおける言語媒介の発展性の原因とその過程を考察してきた。その結果、『教師論』と『キリスト教の教え』との間に介在する言語媒介の差異性を言語理論の視点から証明し、その原因が『シンプリキアヌスへ』で発見された「相応しい呼びかけ」の概念であることを論じ、言語表現による知識伝達という新しい理解から、人間を通して作用する神の恩恵が強調される点で、『シンプリキアヌスへ』と『キリスト教の教え』の序論が共鳴していることを発見した。

四　照明の方法と言語の方法

最後に、内的現れを通した直接的知識と言語表現を通した間接的知識との関係性、簡単にいえば、内的真理と外的言葉との関係性を考えたい。この問題をめぐって、ジョンソンは一九七二年に次のように述べる。

啓示 revelation の方法と照明 illumination の方法というアウグスティヌスの思想を通して流れる、別個であるが決して完全に分離されないところの二つの流れが存在することを、ラグナー・ホルテは提示した。三位一体の第二格をめぐるこれらの二つの流れは、キリストは神の力と知恵との両方であるというパウロの発言に表現される。この同じ二重性が言葉と知恵との関係に適応されることを、私は付け加えるにすぎない。アウグスティヌスにとって、キリストは神の力と知恵だけでなく、確かに、*Verbum* と神の *Sapientia* のような方である。[105]

既述したように、論理的命題に対して、聞き手は内的真理による「照明の方法」によって、いわば、言葉の勧めを通して理解することができる。この照明の方法は、「知恵」としても理解される。これに対し、神の証言という主張的命題に対して、聞き手は愛を志向する信を通して、神の恩恵に助けられつつ、いわば、言葉そのものにおいて理解するという言語の方法が『シンプリキアヌスへ』で開かれた。照明の方法が『教師論』の「神の知恵」Sapientia Dei、すなわち、内在的キリストに依存するのに対し、言語の方法は、『シンプリキアヌスへ』の喜びを通した神の恩恵による理解方法に依存するばかりでなく、「神の言葉」Verbum がキリストの肉体を受け取る受肉と類似するところの『キリスト教の教え』の表現方法、すなわち、内的言葉が音声を受け取る言語表現にも依存する。[106] したがって、『キリスト教の教え』で、キリスト教本来の方法である「啓示の方法」が、すなわち、言葉による知識の伝達方法がはじめて理論づけられた、と考えられるのである。

さらに、「啓示の方法」は、アリーチによれば、愛に基づく聖書解釈によって集積されたものとしての、あるいは、愛から出る言語表現によって伝達されたものとしての、公同教会が共有する「教義的な支え」を要請する。

同時に、『教師論』で述べられた主張と比較されて、キリストの特性 figura と唯一の教師の優位性とは、堕落した人間の文脈において再考されるようになる。［この堕落した人間］は、真理である神と何らかの直接的な内的接触 contatto interiore を実現することができないある種の無能性によって根本的に傷つけられており、したがって、聖書の確実な証言 messaggio に基礎づけられ、教会の権威 autorità によって保証された、言明的で信頼できる教義的な支え sostegno dottrinale を必要とする。[107]

アウグスティヌスによれば、『キリスト教の教え』で主張される聖書解釈学のための「教義的な支え」とは、聖書の目的が信仰・希望・愛（1.37.41～1.40.44）であること、なかんずく、それが神への愛と隣人への愛であることを理解することである（1.35.39～1.36.40）。

アウグスティヌスにとって、聖書解釈学の中心部分である「多義記号」signa ambigua の真正な解釈は、愛の支配に服するものでなければならない（3.10.14～3.15.23）。これをめぐり、アウグスティヌスは次のように述べる。

それゆえ、比喩的表現 locutio figurata において、次のような規則 regula が堅持されよう。すなわち、解釈が愛の王国 regnum caritatis へ導かれるまで、読まれる箇所が熱心な考察によって長い間あれこれ思案されること。[108]（*DDC* 3.15.23）

アウグスティヌスによれば、「愛の王国」と呼ばれるような愛の支配が解釈そのものを充満するまで、解釈者は比喩的表現を吟味しなければならない。この解釈の努力の目的は、聖書記者に共通な内的世界としての「愛の王国」に属する聖書が、換言すれば、聖書記者の魂が愛によって注ぎ出されたものとしての聖書が、同じ愛を熱心に志向する解釈者によって真正に解釈されるためである。このようにして、『キリスト教の教え』序論で主張された、人間の言語表現において達成される愛による魂の融合が、聖書解釈でも成立することになる。

総括的にいえば、『教師論』の主題は「記号によっては何も学ばれない」と見なされたのに対し、『キリスト教の教え』では「事柄は記号を通して学ばれる」と主張され、アウグスティヌスの言語理論に生じる重大な転換が確認される。この言語理論の転換にはいくつかの要素が含まれる。第一に、論理的命題の理解方法としては依然として照明の方法が堅持されるが、新たに、主張的命題の理解方法として言語の方法が追加された。第二に、アリーチが説明するように、魂の上昇構造において、内的真理との直接的な接触方法が罪人としての人間理解から実質的に断念された。第三に、フレテレンが指摘するように、幸福へ至る道と考えられていた内的真理に基づく教養教科の方法が聖書解釈学の下部構造に組み込まれ、代わりに、知恵へ至る道として、聖書解釈による愛の方法が考えられるようになった。

第一の要素で問題とされた言語の方法とは、聞き手側からすれば、『シンプリキアヌスへ』における喜びを通した神の恩恵による理解方法であり、語り手側からすれば、『キリスト教の教え』における内的言葉が受肉との類似性により音声を受け取る表現方法である。この前者の理解方法と後者の表現方法を繋ぐものが、『キリスト教の教え』序論で論じられた言語表現において達成される愛による魂の融合という考えであった。そして、第三の要素で問題とされる解釈方法は、このようにして知識の媒介性が確保された言語表現を前提に展開された理論であり、それは照明の方法を下部構造にもつ啓示の方法である。結果として、『キリスト教の教え』の解釈方法は、言葉による知識伝達が愛の方法によって保証されるという啓示の方法、すなわち、愛による言語の方法なのである。

第四節　結語

本章では、前半部で、『シンプリキアヌスへ』第1部第2問の回心構造における「自由意志」と「恩恵」との関係性を追跡し、その恩恵的視点から言語問題を考察した。後半部では、『キリスト教の教え』の言語理解を恩恵的視点から探求した。

その結果、『シンプリキアヌスへ』の回心構造をめぐり、以下の結論を得た。第一に、『シンプリキアヌスへ』では、「罪の塊」という人間理解から回心構造が捉え直され、意志は独力で善意志を選択することができるという初期著作の考え方が否定されること。第二に、『シンプリキアヌスへ』では、必然的に人間の同意が後続するような、神の恩恵に基礎づけられる「相応しい呼びかけ」概念が考案されたこと。第三に、「相応しい呼びかけ」をめぐる研究者の解釈は、（第一）意志としての信仰の魔術的な注入、（第二）意志への直接介入、（第三）意志の自由選択の確保という三つに分類されること。第四に、「相応しい呼びかけ」の構造が〈証言（呼びかけ）→内的光景→喜び→知識〉と考えられ、意志は「喜び」とそれを通した新しい「知識」の獲得によって呼びかけに応答すると見なされるため、「相応しい呼びかけ」を意志の注入や意志への直接介入と見なすことができないこと。第五に、『告白』を参照して得られた回心構造は〈証言（呼びかけ）→内的光景→喜び→知識→意志の分裂→理解→信（応答）〉となり、呼びかけられた者は呼びかけを拒絶する自由が、すなわち、主体性と意志の自由選択が構造的に確保されること。第六に、『シンプリキアヌスへ』

では、『教師論』の内的真理に基づく照明説が原理的に否定されているわけではなく、神の恩恵の先行性という条件の下で、「喜び」を契機とした言語表現による知識の伝達可能性が新たに加えられていること。

次に、『キリスト教の教え』の言語理解をめぐり、以下の結論を得た。第七に、『キリスト教の教え』では、「記号によっては何も学ばれない」という『教師論』の主張が暗に反駁され、「事柄は記号を通して学ばれる」と宣言されること。第八に、『キリスト教の教え』序論では、「人間を通して」学び合い伝授し合うことの重要性が主張され、『シンプリキアヌスへ』で確立された恩恵概念に基づく言語理解が前提されること。第九に、『キリスト教の教え』の伝達可能な表現内容には、知覚内容と理解内容に加え、内的深みの次元から汲み上げられる「愛」と「喜び」とが含まれ、また、言葉による知識の伝達可能性は、「愛」と「喜び」とが汲み上げられる程度に、すなわち、語り手の表現としての深みの程度に依存するものと思われること。最後に、前章で確認された『教師論』と『キリスト教の教え』との間の言語理論の差異性は、『教師論』の「照明の方法」から『キリスト教の教え』の愛による「言語の方法」へ移行した言語理論の展開として捉えられ、この言語の方法は『シンプリキアヌスへ』の言語理論の転換を起点に生じていると考えられること。

言語媒介をめぐるアウグスティヌスの理解の変化は、一方で、『シンプリキアヌスへ』で発見された喜びを契機とした知識の理解方法と、他方で、『キリスト教の教え』で主張される内的深みの次元から愛と喜びが汲み上げられた表現方法とに基づくものであり、アウグスティヌスの記号理論からは説明することができなかった。『キリスト教の教え』の聖書解釈学は、言語媒介をめぐる彼の理解の変化をその前提とし、記号理論を直接に利用するものである。したがって、記号としての聖書テキストは、聖書記者の知識内容が説明される言葉であるばかりでなく、彼らの魂の動きが注ぎ出される言葉でもあり、内的深みの次元から愛と喜びが汲み上げられた聖書記者の言語表現は、喜びを契機として読者にその理解内容を伝えることができる、と恩恵的に捉えられるのである。

　結果として、アウグスティヌスにとって、聖書こそが「人間を通して」学び合い伝授し合う愛の共同体の最大の遺産であり、同時に、それは先行的な神の恩恵に対する人間の飽くなき応答の記録でもある。このように、『キリスト教の教え』で、アウグスティヌスは彼の哲学的知識を最大限に利用しつつ、学び合い伝授し合う方法としての聖書解釈学を創造的に展開するのである。

注

（1）『シンプリキアヌスへ』の執筆時期をめぐり、E. TeSelle は三九六／三九七年とし（TeSelle, *Augustine the Theologian*, 12）、K. Flasch は三九五年の終わりから三九八年のはじめまでの時期である可能性を指摘しつつ、三九七年とし（Kurt Flasch, *Logik des Schreckens: Die Gnadenlehre von 397* [Frankfurt: Dieterich'sche Verlagsbuchhandlung, 1990], 24）、J. Wetzelは三九六年とする（James Wetzel, "*Simplicianum, Ad*," in *Augustine through the Ages: An Encyclopedia*, 798–799）。ここでは、Wetzel に従った。晩年にアウグスティヌスが自著の訂正箇所を執筆順に記した『再考録』*Retractationes*（四二六／四二七年）では、第2巻第1章に『シンプリキアヌスへ』が、第2巻第4章に『キリスト教の教え』が置かれており、このアウグスティヌス自身の証言に従えば、『シンプリキアヌスへ』は『キリスト教の教え』以前に書かれた著作である。

（2）F. Edward Cranz, "The Development of Augustine's Ideas on Society before the Donatist Controversy," *The Harvard Theological Review* 47 4/4（1954）: 255–316, esp. 281.

（3）Brown は、キリスト教的なプラトン主義の流行が起きた四世紀のミラノで、シンプリキアヌスが果たした役割の大きさを推論する（Peter Brown, *Augustine of Hippo: A Biography* [new ed.; Berkeley and Los Angeles: University of California Press, 1967; 2000], 84）。プロティノスや新プラトン主義の書物をラテン語へ翻訳したアフリカ出身でローマの修辞学者、マリウス・ウィクトリヌスはアウグスティヌス以前にキリスト教へ回心したわけであるが、Brown によれば、ミラノの司祭であったシンプリキアヌスがウィクトリヌスの知人であったことから、シンプリキアヌスがもつウィクトリヌスの回心に対する影響が考えられ、また、シンプリキアヌスがアンブロシウスの「神学研究」theological studies を導いたであろうことから、ミラノの司教アンブロシウスの「霊的な父」the ‘spiritual father’ として、シンプリキアヌスは「プラトン主義とキリスト教との統合」をめざす企ての「影の助言者」*éminence grise* として働いていたと考えられる。

（4）Teske によれば、『書簡』37は三九七年頃に書かれ、おそらく、『シンプリキアヌスへ』に添えられた書簡であろう（Roland Teske, trans. and notes, *The Works of Saint Augustine*: *Letters 1–99* II/1［New York: New City Press, 2001］, 143）。本書序論二（三）参照。『書簡』37では、アウグスティヌスがシンプリキアヌスに次のように嘆願する。「親切にも、そして、父親のように、私に従事することをあなたが欲せられたこれらの［問題］においても、また、他のことにおいても、すなわち、あなたの聖なる手におそらく届いたでしょう私たちのどんな［問題］においても、読むことの労を取ってくださるだけでなく、修正するための検閲をも引き受けてくださりますように。なぜなら、それらは神の贈り物であるのと同様に、私の誤謬でもある、と私は考えるからです」（*Epistula* 37［CCSL 44, 4］: siue in his quibus me exercere benigne paterneque uoluisti siue in aliis quaecumque nostra in tuas sanctas manus forte peruenerint, quia sicut dei data sic etiam mea errata cogito, non solum curam legentis inpendas, sed etiam censuram corrigentis adsumas）。

（5）Paula Fredriksen, “*Expositio quarundam propositionum ex epistula apostoli ad Romanos*,” in *Augustine through the Ages*: *An Encyclopedia*, 345–346.

（6）*Retractationes* 1.23.1（CCSL 57, 66–67）.

（7）Roland J. Teske, “*Libero arbitrio, De*,” in *Augustine through the Ages*: *An Encyclopedia*, 494–495.

（8）Cf. *De libero arbitrio* 1.9.19.69（CCSL 29, 224）: Eos enim sapientes uoco, ... qui regno mentis omni libidinis subiugatione pacati sunt（というのは、私は、精神の支配による欲望の完全な服従によって平和とされた人々を知者と呼ぶ）.

（9）*De libero arbitrio* 1.12.24.81（CCSL 29, 227）.

（10）*Ibid.*, 1.12.25.83（CCSL 29, 227).

（11）*Ibid.*, 1.12.25.83（CCSL 29, 227）: Voluntas, qua adpetimus recte honesteque uiuere et ad summam sapientiam peruenire.

（12）*Ibid.*, 1.13.29.97（CCSL 29, 230）: Hanc igitur uoluntatem si bona itidem uoluntate diligamus ...

（13）*Ibid.*, 1.13.27.89–93（CCSL 29, 228–229).

（14）*Ibid.*, 1.13.29.97–98（CCSL 29, 230–231).

（15）*Ibid.*, 1.14.30.100（CCSL 29, 231).

（16）清水正照『アウグスティーヌス形而上学研究』、東京、錦正社、一九六八年、56-60頁。

（17）*Exp. ad Romanos* 12 [13–18].2（CSEL 84, 6–7）: Itaque quattuor istos gradus hominis distinguamus: ante legem, sub lege, sub gratia, in pace. Ante legem sequimur concupiscentiam carnis, sub lege trahimur ab ea, sub gratia nec sequimur eam nec trahimur ab ea, in pace nulla est concupiscentia carnis.

（18）*Ibid.*, 37 [44].3（CSEL 84, 19).

（19）『ローマ書諸論題』とほぼ同時期に書かれたと思われる『自由意志論』第3巻第2～4章において、アウグスティヌスは「神の予知」が人間の「自由意志」を制限するものでないことを主張する（*De libero arbitrio* 3.2.4～3.4.11）。

（20）*De libero arbitrio* 1.13.27.90（CCSL 29, 228）: Iam iustitiam quid dicamus esse nisi uirtutem, qua sua cuique tribuuntur?（さらに、それによって各人のものが各人へ与えられる徳でなければ、正義とは何であるのか、と私たちは述べる）.

（21）『秩序論』（三八六／三八七年）では、「神の正義」が「善と悪との功績」bonorum malorumque merita と関連づけられる（*De ordine*, 1.7.19）。

（22）*Exp. ad Romanos* 52 [60].8, 15（CSEL 84, 34–35).

（23）*Ibid.*, 52 [60].8（CSEL 84, 34）: Si enim nullo merito non est electio, aequales enim omnes sunt ante meritum nec potest in rebus omnino aequalibus electio nominari.

（24）*OLD* によれば、uoco には、他動詞で（1）「（人や神に）呼びかける」（call; call upon, invoke; call out, address by name)、(2)「呼び出す、招集する」(summon; call up or out)、(3)「招待する」(invite)などの意味がある(*OLD*, 2096–2097)。ここでは、神の「呼びかけ」uocatio が人間の自由意志を無視しない行為であるとすれば、神が「呼び出す」行為は「招集する」という強制的行為ではなく、神の善に「招待する」という意味となり、uocatio は「呼び出し」ではなく、「呼び招き」と解される。なお、「神の呼びかけ」uocatio dei とは、端的に神の「証言」testificatio であり(cf. *Ad Simplicianum* 1.2.21)、口述表現、聖書を含む文書表現、自然の解釈などを通して成就されるものと考えられる。

(25) *Exp. ad Romanos* 52 [60].14 (CSEL 84, 35).

(26) TeSelle, *Augustine the Theologian*, 177.

(27) *Exp. ad Romanos* 52 [60].15; 53 [61].3; 54 [62].6–8, 12.

(28) *Ibid*., 52 [60].5, 11 ,15; 53 [61].3–4,7; 54 [62].1.

(29) *Ibid*., 54 [62].6–8, 12.

(30) *Ibid*., 54 [62].3 (CSEL 84, 36): neque velle possumus, nisi vocemur, ...

(31) *Ibid*., 53 [61].7 (CSEL 84, 36): Nostrum enim est credere et velle, ...

(32) *De libero arbitrio* 1.10.20.71 (CCSL 29, 224): plus possit mens quam cupiditas, ...

(33)『シンプリキアヌスへ』の原文では「相応しい呼びかけ」uocatio congruens という表現自体は見いだせないが、研究者の間で便宜的に使用される(e.g. Wetzel, 158)。

(34) *Exp. ad Romanos* 53 [61].7 (CSEL 84, 36): Nostrum enim est credere et velle, ...

(35) *AS* 1.2.10 (CCSL 44, 35): Vt uelimus enim et suum esse uoluit et nostrum, ...

(36) 第12章では、「ローマ書」9章16節「それゆえ、それは意志する人々のものでも、走る人々のものでもなく、憐れまれる神のものである(IGITVR NON VOLENTIS NEQVE CVRRENTIS SED MISERENTIS EST DEI)」が解釈される。

(37) *AS* 1.2.12 (CCSL 44, 37): Si enim deus miseretur, etiam uolumus. Ad eandem quippe misericordiam pertinet ut uelimus; ... At enim quia non praecedit uoluntas bona uocationem sed uocatio bonam uoluntatem, propterea uocanti deo recte tribuitur quod bene uolumus, nobis uero tribui non potest quod uocamur.

（38）第16章では、「ローマ書」9章20A節「おお、人よ。神に言い逆らうあなたは何者なのか（O HOMO, TV QVIS ES, QVI RESPONDEAS DEO ?)」が解釈される。

（39）AS 1.2.16（CCSL 44, 41-42）: Sunt igitur omnes homines -- quando quidem, ut apostolus ait, *in Adam omnes moriuntur*, a quo in uniuersum genus humanum origo ducitur offensionis dei -- una quaedam massa peccati supplicium debens diuinae summaeque iustitiae, ...

（40）「罪の塊」massa peccati という概念がはじめて導入されるのは、『83の諸問題集』（三八八～三九六年）の第68問においてである（*De diuersis quaestionibus octoginta tribus* 68.3 [CCSL 44A, 177]）。Babcock によれば、第68問が書かれた時期は三九四年頃と推定される（William S. Babcock, "Augustine's Interpretation of Romans (A.D. 394-396)," *Augustinian Studies* 10（1979）: 55-74, esp. 62）。

（41）AS 1.2.21（CCSL 44, 53）: Liberum uoluntatis arbitrium plurimum ualet, immo uero est quidem, sed in uenundatis sub peccato quid ualet ? *Caro*, inquid, *concupiscit aduersus spiritum et spiritus aduersus carnem, ut non ea quae uultis faciatis.*

（42）Brown, *Augustine of Hippo*, 148: For the first time, Augustine came to see man as utterly dependent on God, ...

（43）第13章では、「ローマ書」9章16節「それゆえ、それは意志する人々のものでも、走る人々のものでもなく、憐れまれる神のものである」と、「マタイ伝」20章16節「多数の者が呼びかけられたが、少数の者だけが選ばれた」が解釈される。

（44）AS 1.2.13（CCSL 44, 37-38）: qui hoc modo uocauit, quomodo aptum erat eis qui secuti sunt uocationem ...

（45）AS 1.2.13（CCSL 44, 38）: quia si uellet etiam ipsorum misereri, posset ita uocare, quomodo illis aptum esset, ut et mouerentur et intellegerent et sequerentur.

（46）AS 1.2.13（CCSL 44, 38）: Illi enim electi qui congruenter uocati, ...

（47）AS 1.2.13（CCSL 44, 38）: Cuius autem miseretur, sic eum uocat, quomodo scit ei congruere, ut uocantem non respuat.

（48）第9章では、「未だ信仰のない者に呼びかけを与えるため、［神］は信仰を吹き込む inspirare ことによって憐れんだ者を憐れむ」(qui miseretur inspirando fidem cuius misertus est, ut adhuc infideli uocationem impertiret) と述べられる(1.2.9 [CCSL 44, 34])。

(49) Hans Jonas, *Augustin und das paulinische Freiheitsproblem: Eine philosophische Studie zum pelagianischen Streit* (Göttingen: Vandenhoeck & Ruprecht, 1965), 74: „(1.) *daß er gerufen werde,* (2.) *daß dem Gerufenen auch der Glaube eingeflößt werde,* (3.) *daß* (*der Glaubende*) *gute Werke tue.*“ ... und so gleichen sich die beiden letzten Stufen in diesem magischen „Infusions“ — oder „Inspirations“ — Charakter völlig.

(50) この考え方は、A. M. Jacqin の解釈(一九〇四年)まで遡ることができる(J. Patout Burns, *The Development of Augustine's Doctrine of Operative Grace* [Paris: Études Augustiniennes, 1980], 11)。主体的であるが自由ではないというこの立場は一見自己矛盾するかのように思われるが、次のストア学派の捉え方を参考にすると理解できよう。ロングによれば、ストア学派において「「理性的な承認」が、主観的意識の次元では、「われわれの能力次第のこと」であると考えられ、他方、客観的には、原因と結果の必然的繋がりのゆえに決定済みのこと」と考えられていた(A.A.ロング『ヘレニズム哲学——ストア派、エピクロス派、懐疑派』(金山弥平訳、京都大学学術出版会、二〇〇三年、313頁)。

(51) Babcock, 66–67: "Augustine was aware of the theological cost of his new conviction that grace--the grace which transforms the will from the evil to the good, enabling the new self to defeat the old--is in no sense a reward for merit, not even the minimal merit of belief. ... Augustine has, in effect, sacrificed both man's freedom and God's justice on the altar of the sheer gratuity of God's grace. ..."

(52) Carol Harrison, *Rethinking Augustine's Early Theology: An Argument for Continuity* (New York: Oxford University Press, 2006), 276: "Augustine suggests that God effects the choice of the will not only by calling it or subsequently helping it, but by actually working within it to bring about its assent."

(53) この考え方は、E. Portaliéの解釈(一九〇二年)まで遡ることができる(Burns, *The Development of Augustine's Doctrine of Operative Grace*, 10)。Portaliéによれば、「『シンプリキアヌスへ』とそれに続く著作において、反対者はアウグスティヌスが三九七年には既に選択の自由を破壊したのだと主張するかもしれない。しかしながら、これらの著作は、ヤンセニウスがペラギウス主義であるとしてそれらを非難するほどまでに自由を支持していた」（Eugène Portalié, *A Guide to the Thought of Saint Augustine* [trans. Ralph J. Bastian; Chicago: Henry Regnery Company, 1960], 197）。

（54）TeSelle, *Augustine the Theologian*, 179: “they alone, are called *congruenter*, in a way suited to their condition ... and then Augustine plays on words to suggest the perfect harmony between an efficacious calling and a free response, ...”

（55）Burns, *The Development of Augustine's Doctrine of Operative Grace*, 44: “All three are effective in gaining the consent of the will, but all three are external to it, located in the intellect. ... Augustine carefully avoided an operative grace in the will which have destroy that freedom ...” Burnsは相応しい呼びかけの外界的なexternal効果と内面的なinternal効果を了解した上で、内面的な心的効果をめぐり、直接に意志の内部に働く「内的恵み」interior graceと、心の内ではあるが意志に対し外的に働く「環境的恵み」environmental graceとを区別して議論する（Burns, 7）。

（56）*AS* 1.2.9（CCSL 44, 34）: qui miseretur inspirando fidem cuius misertus est, ...

（57）*AS* 1.2.10（CCSL 44, 34）: uocato inspiraretur fides ....

（58）*AS* 1.2.21（CCSL 44, 54）: Cum ergo nos ea delectant quibus proficiamus ad deum, inspiratur hoc et praebetur gratia dei, non nutu nostro et industria aut operum meritis comparatur, ...

（59）Cf. *AS* 1.2.10「誰も意志することなしに信じることはできない」（CCSL 44, 34–35: nemo potest credere nisi uelit, ...）.

（60）*AS* 1.2.12（CCSL 44, 37）: At illud manifestum est, frustra nos uelle, nisi deus misereatur. Illud autem nescio, quomodo dicatur frustra deum misereri, nisi nos uelimus. Si enim deus miseretur, etiam uolumus. Ad eandem quippe misericordiam pertinet ut uelimus; ....

（61）Cf. 赤木善光『信仰と権威』、東京、日本基督教団出版局、一九七一年、457–461頁：片柳栄一「「相応しい呼びかけcongrua uocatio」について」、神戸大学教養部紀要『論集』第四三号、一九八九年、1–22頁、特に17頁。赤木によれば、Jonasのアウグスティヌス解釈は単なる傀儡としての人間理解しか所持していないとして否定される。

(62) *AS* 1.2.21 (CCSL 44, 53–54): Sed quis potest credere, nisi aliqua uocatione, hoc est aliqua rerum testificatione, tangatur ? Quis habet in potestate tali uiso attingi mentem suam, quo eius uoluntas moueatur ad fidem ? Quis autem animo amplectitur aliquid quod eum non delectat ? Aut quis habet in potestate, ut uel occurrat quod eum delectare possit, uel delectet cum occurrerit ?「呼びかけ」と「信仰」との関係性をめぐるアウグスティヌスの聖書的土台は、「ローマ書」10章14節「聞いたことのない者を、どうして信じることがあろうか。宣べ伝える者がいなくては、どうして聞くことがあろうか」を基礎にする (1.2.7, 1.2.10)。

(63)「内的光景」uisum を含む節の直訳は「彼の精神 mentem suam がそのような内的光景によって tali uiso 到達させられることを attingi」となるが、'uiso' は意訳される場合が多い。たとえば、Burleigh は 'to have such a motive present to his mind' とし、'uiso' を 'a motive'（内的衝動）と訳す (J. H. S. Burleigh, *Augustine : Earlier Writings* [London: SCM Press, 1953], 405.)。これに対し、Ceriotti は 'il suo animo venga colpito da una così forte impression' とし、'uiso' を 'forte impression'（強い印象／表象）と訳す (Giancarlo Ceriotti, trans., *Sant'Agostino, La Vera Religione* VI/2 [Rome: Città Nuova Editrice, 1995], 340–343)。これまで、uisum の重要性に注目した研究者はほとんどいない。例外的に、P. Cary による uisum の言及箇所を本書出版直前に発見した (Phillip Cary, *Inner Grace : Augustine in the Traditions of Plato and Paul* [New York: Oxford University Press, 2008], 61)。

(64) 単なる「内的現れ」mental image を言及するのであれば、'uiso' ではなく 'uisione' が使用された可能性がある。*OLD* の 'uisum' には、'That which is seen, an appearance, sight; esp. one of supernational or imaginary character, a vision (usu. as presented in a dream)' と 'a sense-impression received by the eye (Gk. φαντασία)' との意味が掲載され (*OLD*, 2077)、一方で、'uisum' には物語性を含む意味合いがあるが、他方で、キケロがストア学派の 'φαντασία' を 'uisum' と翻訳していることから、アウグスティヌスの 'uisum' 概念はストア学派の 'φαντασία' 概念に影響を受けている可能性もある (cf. Cary, *Outward Signs*, 48–49)。

(65) *Conf.* 8.9.21–22 (CCSL 27, 126–127).

(66) 三八八〜三九六年頃に書かれた『83の諸問題集』では、次のように述べられる。「あらゆる過去の事象はもはやない。あらゆる将来の事象は未だない。それゆえ、あらゆる過去の事象と将来の事象とは不在である。しかし、神の前では、何ものも不在なるものはない。それゆえ、過去の事象や将来の事象ではなく、あらゆる現在の事象が神の前にはあるのである」（*De diuersis quaestionibus octoginta tribus* 17 [CCSL 44A, 22]：Omne praeteritum iam non est, omne futurum nondum est；omne igitur et praeteritum et futurum deest. Apud deum autem nihil deest, nec praeteritum igitur nec futurum, sed omne praesens est apud deum）。神の永遠性を現在の出来事として捉えるところに、「喜び」の源泉の一つがあるように思われる。

（67）*Conf.* 8.5.10（CCSL 27, 119）.

（68）*Conf.* 8.12.29（CCSL 27, 131）：quasi luce securitatis infusa cordi meo omnes dubitationis tenebrae diffugerunt.

（69）*AS* 1.2.22（CCSL 44, 55）：Qui tamen una desuper uoce prostratus occurrente utique tali uiso, quo mens illa et uoluntas refracta saeuitia retorqueretur et corrigeretur ad fidem, repente ex euangelii mirabili persecutore mirabilior praedicator effectus est.

（70）*AS* 1.2.22（CCSL 44, 55）：Sed uoluntas ipsa, nisi aliquid occurrerit quod delectet atque inuitet animum, moueri nullo modo potest.

（71）Brown, *Augustine of Hippo*, 149：For a crucial change had taken place in Augustine.

（72）*DDC* pro.1（CCSL 32, 1）：Sunt praecepta quaedam tractandarum scripturarum, quae studiosis earum uideo non incommode posse tradi, ...

（73）*DDC* pro.2（CCSL 32, 1）：qui diuinas scripturas uel re uera bene tractant uel bene tractare sibi uidentur：...

（74）*DDC* pro.8（CCSL 32, 5）：Postremo quisquis se nullis praeceptis instructum diuino munere, quaecumque in scripturis obscura sunt intellegere gloriatur, bene quidem credit, et uerum est, non esse illam suam facultatem quasi a se ipso existentem, sed diuinitus traditam；ita enim dei gloriam quaerit et non suam；sed cum legit et nullo sibi hominum exponente intellegit, cur ipse aliis affectat exponere ac non potius eos remittit deo, ut ipsi quoque non per hominem, sed illo intus docente intellegant？

（75）Kevaneによれば、「アウグスティヌスは、祈りと「カリスマ的要素」とが聖書を理解することにおいて演じる役割を否定しない」（Kevane, "Paideia and Anti-Paideia," 178：Augustine does not deny that prayer and "charismatic factors" play a role in understanding the Scriptures, ...）。

(76) Cf. Walter A. Hannam, "*Nodo unitatis et caritatis*: The Structure and Argument of Augustine's *De doctrina christiana*," *Florilegium: Carleton University Annual Papers on Classical Antiquity and the Middle Ages* 15 (1998): 145–165, esp. 149. Hannamによれば、「キリスト教の教え」doctrina christianaを受け入れない第三の人々は、同時に、受肉の十分な意義を受け入れることができない。

(77) Brunner, "Charismatische und methodische Schriftauslegung nach Augustins Prolog zu De doctrina christiana," 59–69.

(78) *DDC* pro.5 (CCSL 32, 3): Iam ergo si placet, moneamus omnes fratres, ne paruulos suos ista doceant, quia momento uno temporis adueniente spiritu sancto repleti apostoli omnium gentium linguis locuti sunt, aut cui talia non prouenerint, non se arbitretur esse christianum aut spiritum sanctum accepisse se dubitet?
Immo uero et quod per hominem discendum est, sine superbia discat et, per quem docetur alius, sine superbia *et sine inuidia* tradat, quod accepit, ...

(79) Cf. Kevane, "Paideia and Anti-Paideia," 165「真理の知識に到達する過程で、我々人間が相互に依存することは神によって確立された人間的コミュニケーションの法則である」(It is a law of human communication, established by God, that we humans depend on each other in coming to the knowledge of the truth).

(80) *DDC* pro.6 (CCSL 32, 4): Et poterant utique omnia per angelum fieri, sed abiecta esset humana condicio, si per homines hominibus deus uerbum suum ministrare nolle uideretur. Quomodo enim uerum esset, quod dictum est: *Templum enim dei sanctum est, quod estis uos*, si deus de humano templo responsa non redderet et totum, quod discendum hominibus tradi uellet, de caelo atque per angelos personaret? Deinde ipsa caritas, quae sibi homines inuicem nodo unitatis adstringit, non haberet aditum refundendorum et quasi miscendorum sibimet animorum, si homines per homines nihil discerent.

(81) *DD* 5 (Pinborg, 90): Quod dixi dictionem, verbum est, sed quod iam illa duo simul id est et ipsum verbum et quod fit in animo per verbum significat.

(82) *DDC* 2.2.3 (CCSL 32, 33): Data uero signa sunt, quae sibi quaeque uiuentia inuicem dant ad demonstrandos, quantum possunt, motus animi sui uel sensa aut intellecta quaelibet.

（83）Dawsonによれば、『キリスト教の教え』の「魂の動き」は顔つきなどの「自然記号」signa naturaliaによってだけでなく、「所与記号」signa dataによっても意図的に指示される（Dawson, "Sign Theory, Allegorical Reading, and the Motions of the Soul," 125–126）。

（84）ストア学派で四つの原則的な感情と考えられていたものは「喜び」laetitia、「悲しみ」tristitia、「情念」cupiditas、「恐れ」metus/timorである（Dawson, 124）。

（85）*DDC* 3.10.16（CCSL 32, 87）：Caritatem uoco motum animi ad fruendum deo propter ipsum et se atque proximo propter deum; cupiditatem autem motum animi ad fruendum se et proximo et quolibet corpore non propter deum.

（86）*De duabus animabus* 10.14（PL 42）：Voluntas est animi motus, cogente nullo, ad aliquid vel non amittendum, vel adipiscendum.

（87）Jacksonは'sensa aut intellect'と'motus animi'との差異性に注目するが、「魂の動き」を'emotion, or perhaps attitude'と説明するに留まる（"The Theory of Signs," 18–19）。

（88）Cf. *DDC* 2.2.3（CCSL 32, 33）：Nec ulla causa est nobis significandi, id est signi dandi, nisi ad depromendum et traiciendum in alterius animum id, quod animo gerit, qui signum dat（我々にとって指示するsignificareことの、すなわち、記号を与えることの理由は、記号を与える人の魂に宿すgerereことを引き出し、他者の魂に移すことに他ならない）.

（89）Jordan, "Words and Word," 191; Cary, *Outward Signs*, 100.

（90）Cary, *Outward Signs*, 18: What makes expressionist semiotics something fundamentally new is its dimension of inner depth. In inventing expressionist semiotics Augustine was the first to conceive signs as the crucial epistemic link between outer and inner, body and soul, which are literally two different dimensions of being.

（91）アウグスティヌスが回心に至る最終的な契機となった「ローマ書」がパウロの愛に根差した手紙であるのと同様に、回心の端緒となったウィクトリヌスをめぐるシンプリキアヌスの口述表現も、彼の「愛」に根差した「喜び」に溢れる言語表現であったことが予想される。

（92）Cf. Cary, *Outward Signs*, 293, n. 96.

（93）Alici, "I segni e il linguaggio," XXIX：*Rispetto al* De magistro *si può ora misurare nel* De doctrina christiana *il cammino compiuto dall'Autore nel riabilitare la funzione mediatrice del linguaggio, considerato non tanto come manifestazione degradata della vita spirituale, quanto come positiva proiezione intenzionale dell'universo creato.*

（94）Frederick Van Fleteren, "Principles of Augustine's Hermeneutic：An Overview," in *Augustine：Biblical Exegete*（ed. F. V. Fleteren and J. C. Schnaubelt；New York：Peter Lang, 2001；2004）, 1–32, esp. 11：Despite these differences, scholarly opinion has achieved near unanimity that Augustine's change in view concerning grace in *Ad Simplicianum*（396）influences *De doctrina christiana.* Fleteren の発言は、J. P. Burns の研究が前提されているものと思われる（cf. Burns, "Delighting the Spirit：Augustine's Practice of Figurative Interpretation）。本書序論第三節（二）バーンズの項目（vii）参照。

（95）Alici, XXIX–XXX：*Rileva in proposito Johnson, distinguendosi da altri interpreti, che all'uso crescente di* verbum *si accompagna una personalizzazione della cristologia agostiniana, liberando progressivamente la figura di Cristo dalle categorie neoplatoniche di verità/sapienza：mentre negli scritti compresi fra il 386–389 Agostino non usa mai* Verbum *come un nome proprio, a partire dal* De Genesi contra Manichaeos *fino al* De doctrina christiana *il termine, pur nella complessità irriducibile delle sue valenze, assume un riferimento sempre piú esplicito all'Incarnazione.*

（96）Johnson, "*Verbum* in the early Augustine（386–397）," 33.

（97）Marrou によれば、初期著作で提示される「知恵の追求」studium sapientiae という最高位の知性的な生を探求する構造は後期のアウグスティヌスでも保持される（Marrou, *Saint Augustin et la fin de la culture antique*, 362–363）。

（98）『秩序論』（三八六／三八七年）では、「教養教科の学問」eruditio disciplinarum liberalium によって形成された「徳」uirtus が人間に「至高な生」uita beatissima を享受させる、と考えられている（*De ordine* 1.8.24）。

（99）『幸福な生』（三八六／三八七年）では、「知恵」sapientia を「魂の尺度」modus animi として所有することが幸福と考えられ、さらに、知恵は神の子である内在的キリストと見なされることから、内在的キリストを所有し享受することが幸福である、と考えられている（*De beata uita* 4.33–34）。

(100) Fleteren, "Principles of Augustine's Hermeneutic: An Overview," 11: In answering Simplicianus' second question, Augustine clearly shows for the first time that salvation comes entirely through grace and grace alone. Circa 393, he had changed his mind concerning the human possibility of achieving the vision of God in this life. Both of these changes necessitated a change in the role of the liberal arts. Earlier, Augustine had accepted the Porphyrian notion of the liberal arts as a training of the mind for the vision of Beauty or the One. ... Augustine presents his new position that study of the liberal arts should help exegize Scripture.

(101) Fleteren はこの事実を認め、キリスト教が「言葉と聖書の宗教」a religion of the Word and of the Book であることを鑑み、教養教科を聖書解釈のために利用するアウグスティヌスの先見性に注目する（Frederick van Fleteren, "St. Augustine, Neoplatonism, and the Liberal Arts: The Background to *De doctrina christiana*," De doctrina christiana: *A Classic of Western Culture* [Notre Dame and London: University of Notre Dame Press, 1995], 14–24, esp. 23）。Cf. Marrou, 380: Il faut bien voir que pour saint Augustin c'est toute la culture qui gravite autour de l'étude de la Bible, la seule culture qu'il admette pour un intellectuel chrétien（知性的なキリスト者に許される唯一の教養が、アウグスティヌスにとって聖書研究を取り巻く教養だけだということは、注目されなければならない）；Schäublin, "*De doctrina christiana*: A Classic of Western Culture?" 53–54: For *artes liberales* in themselves bring him not a step nearer to divine truth; in that respect, Augustine's evaluation of them has changed radically since book 2 of the *De ordine*（というのは、教養教科そのものは神の真理の近くへ彼を一歩近づけるものではない。その点で、［教養教科］のアウグスティヌスの評価は、『秩序論』第2巻から急進的に変化した）。

(102) Cary, *Outward Signs*, 150: The question, rather, is whether secondhand knowledge, hearing without seeing, can really be conductive to beatific union with God（むしろ、問題は、間接的知識が、見ることによらず聞くことによって、神との幸福的合一へ実際に導くことが可能であるのか否かである）。

(103) Marrou が暗示するように、この「外的言葉を通した間接的知識による道」は、「知識」scientia を通した「知恵」sapientia への道、すなわち、「経験的時間」le temps empirique の「歴史的知得」cognitio historica の「知識」scientia を通した「永遠的真理」les vérités éternelles の「知恵」sapientia へ至る道でもある（Marrou,

373)。

(104) 本書序論第三節（二）バーンズの項目（vii）参照。

(105) Johnson, "*Verbum* in the early Augustine," 53: Ragnar Holte has suggested that there are two streams running through Augustine's thought which are distinct but never completely separated: the way of revelation and the way of illumination. With regard to the Second Person of the Trinity, these two streams are captured in Paul's statement that Christ is both the power *and* the Wisdom of God. I would only add that this same doubleness applies in the relation of Word and Wisdom. For Augustine, Christ is not only the Power *and* Wisdom of God, but just as certainly the *Verbum* and *Sapientia Dei*.

(106) Kato によれば、『キリスト教の教え』の「媒体としての人間の存在論的特性」は Mayer が考えるように新プラトン主義の反映ではなく、「神の受肉」に基礎づけられたものである（Takashi Kato, "*Sonus et Verbum: De doctrina christiana* 1.13.12," De doctrina christiana: *A Classic of Western Culture* [Notre Dame and London: University of Notre Dame Press, 1995], 87–94, esp. 91）。

(107) Alici, XXIX: *Parallelamente la figura di Cristo e il primato dell'unico Maestro, rispetto alla tesi enunciata nel* De magistro, *vengono ripensati nel contesto di un'umanità decaduta, radicalmente segnata da una sorta di impotenza a realizzare un qualche contatto interiore immediato con Dio-verità, e quindi bisognosa di un sostegno dottrinale articolato e affidabile, fondato sul messaggio positivo della Scrittura e garantito dall'autorità della Chiesa.* 続いて、次のように述べられる。*Non si può non convenire su questo punto con tutti quegli interpreti, da Trapè a Madec, che hanno visto nell'orientamento cristocentrico l'evento decisivo nella stessa esperienza della conversione e, di conseguenza, una chiave interpretativa fondamentale dell'intero pensiero agostiniano*（この点で、回心の経験そのものにおける決定的な出来事と、その結果としての、アウグスティヌスのすべての考えをめぐる基本的な解釈的な鍵概念とを、キリスト中心の方向性 orientamento cristocentrico で理解するところの、Trapè から Madec に至るすべての注解者に同意することはできない）.

(108) *DDC* 3.15.23（CCSL 32, 91）: Seruabitur ergo in locutionibus figuratis regula huiusmodi, ut tam diu uersetur diligenti consideratione quod legitur, donec ad regnum caritatis interpretatio perducatur.

第Ⅲ部　『キリスト教の教え』の聖書解釈学

ヒッポの司教であったアウグスティヌスの全集には、約四〇〇に及ぶ説教から構成される*Sermones*（三九一〜四三〇年）を別にしても、多くの聖書注解や聖書講解が含まれる。代表的なものを挙げれば、『創世記逐語注解』*De Genesi ad litteram*（四〇一〜四一五年）、『詩編注解』*Enarrationes in Psalmos*（三九二〜四二二年）、『ヨハネの福音書講解』*In Johannis euangelium tractatus*（四〇六〜四二一年頃）などがある。

アウグスティヌスの聖書解釈の構造を解明するためには、第一に、学的方法である彼の「聖書解釈学」hermeneutics を理解する必要がある。第Ⅰ部と第Ⅱ部の研究によって明らかにされたように、アウグスティヌスの言語へのアプローチが依拠する土台は、第一に、言語が記号であるという前提、第二に、解釈過程において喜びを媒介に言語による知識伝達が達成されること、第三に、表現過程において深みの次元から愛と喜びが表現されることにある。このような哲学的神学的思索に基づくアウグスティヌスの考えは、注解書にではなく、聖書解釈学に期待される。なぜなら、書かれた背景や年代を異にするアウグスティヌスの注解書から彼の聖書解釈の方法を一般化することは容易でないからである。幸運にも、古代末期としては例外的に、彼は「聖書解釈学」を一冊の著作にまとめた。それが司教叙階直後に書き始められた『キリスト教の教え』*De doctrina christiana*であり、「理解されるべき事柄を発見する方法」が扱われる解釈学（第1〜3巻）の主要部分は三九六／三九七年に書かれている。したがって、それ以降に著された彼の注解書の多くは、少なからず、『キリスト教の教え』で提示される聖書解釈学から影響を受けていると見なければならない。

第Ⅲ部の目的は、『キリスト教の教え』の聖書解釈学そのものの特性を把握することである。第六章では、聖書解釈学の解釈の基準性をめぐる議論を通して、聖書解釈学とキリスト教共同体との関係性を追求する。聖書言語の解釈に当たって慎重に扱われるべき問題に、字義的解釈と比喩的解釈との選別方法がある。アウグスティヌスが主張する解釈の選別基準、すなわち、解釈のクライテリアはキリスト教共同体が共有する倫理と教義に立脚することを論じる。そして、この条件の下で、旧約聖書がその非難から救われることになるような、創造的な比喩的解釈が可能となるはずである。

第七章では、アウグスティヌスが提示する、七段階の人生の発展過程で果たされる聖書言語の役割を議論する。『キリスト教の教え』では、一見して、すべての聖書解釈が第三段階の「知識」scientiaに属する印象を受けるが、この印象は精査によって克服されよう。確かに、字義的解釈による知得は第三段階として捉えられるが、それにもかかわらず、適切な解釈の基準性によって選別された比喩的解釈、すなわち、多義記号の転義的用法は、「知識」の第三段階に留まらず、第七段階の「知恵」sapientiaを垣間見せるものとなろう。聖書言語がもつ人間の生に対する潜在性は意志を「愛」に一致せしめる能力に認められるが、その潜在性は解釈者の「悲しみ」や「喜び」に依存し、したがって、それは解釈者と実存的に関わり合うことを論じる。

第Ⅲ部の探求を通して把握される『キリスト教の教え』の聖書解釈学は、第Ⅰ部と第Ⅱ部で追求されたアウグスティヌスの記号理論と言語理論をめぐる研究結果に基礎づけられると同時に、それらを裏づけることが期待される。

第六章　『キリスト教の教え』の聖書解釈学とクライテリア

第一節　問題と方法

アウグスティヌスの『キリスト教の教え』*De doctrina christiana* には、中世の神学に直接的に甚大な影響を及ぼした聖書解釈学が含まれる。[1] おそらく、『キリスト教の教え』に反映される時代背景の特異性や古代末期の修辞学的方法論などの要因によって、現代の実践的聖書解釈学の参考書に本書が取り上げられることは希であろう。しかし、D・サイモンが述べるように、[2] 解釈学をめぐる現代の危機的状況、すなわち、学的に「集積された情報」と人間の「総合的生」との乖離という危機を乗り越える手がかりとして、『キリスト教の教え』がもつ可能性は小さくなく、そのエッセンスを現代的視点から捉え直すことは決して無益な企てではない。

本章で取り上げるのは、『キリスト教の教え』[3] で扱われる聖書解釈学、特に選別の基準であるクライテリア[4] をめぐる問題である。『キリスト教の教え』で展開されるアウグスティヌスの聖書解釈学の原則は、字義的表現と比喩的表現とを、すなわち、文字通りの読み方と転義的な読み方とを聖書記者の意図通りに峻別して読むべきことである（3.5.9, 3.10.14）。そこで、解釈のクライテリアが、アウグスティヌスの聖書解釈学を理解する上で鍵概念となる。比喩的解釈が具体的に扱われる第3巻第10章以降の冒頭部分で、アウグスティヌスは聖書解釈のクライテリアの輪郭を示し、それを「行為の正しさ」morum honestas と「信仰の真理」fidei ueritas と定め、前者を「神と隣人を愛すること」diligere deum et proximum と、後者を「神と隣人を知ること」cognoscere deum et proximum と内容規定する（3.10.14）。

本章では、二つの問いを立てる。第一の問いは、『キリスト教の教え』とその約八年前の受洗直後に書かれた『マニ教徒に対する創世記』*De Genesi contra Manichaeos* との間のクライテリアの差異性をめぐる問題であり、第二の問いは、両クライテリアの比較検討を通して明らかにされる『キリスト教の教え』のクライテリアの特殊性をめぐる問題である。そこで、本章では、まず、回心後間もなくして書かれた『マニ教徒に対する創世記』に登場する聖書解釈のクライテリアを論じ、次に、『キリスト教の教え』のクライテリアの背景とその意義を検討する。その後、両クライテリアの関連性、および、『キリスト教の教え』のクライテリアの特殊性をめぐり、R・J・テスケ論文を手がかりに検証した後、『キリスト教の教え』のクライテリアとキリスト教共同体との関係性を探求する。

第一節　『マニ教徒に対する創世記』のクライテリア

本節では、『マニ教徒に対する創世記』のクライテリアを検討する。ここでは、アンブロシウスの説教と馬鹿げたこと、および、『マニ教徒に対する創世記』のクライテリアとペパン説について述べたい。

一　アンブロシウスの説教と馬鹿げたこと

若い頃に、アウグスティヌスが聖書に躓いた出来事は有名である。聖書、特に旧約聖書は理性に耐ええないと考えていた彼に修正の道を提示したのが、当時のミラノ司教であったアンブロシウスの説教である。アウグスティヌスはその状況を『告白』*Confessiones* 第6巻で、次のように振り返る。

> 律法と預言者との旧約聖書 uetera scripta が、以前は馬鹿げたこと absurda と思われたところの視点から読まれるべきではないものとして、そのとき私に提示されたことを私は喜んだ。私があなたの聖徒たちをそのように（馬鹿げたことを）考える人々として非難したのであるが、しかし、実際は、彼らはそのように考えていなかった。そして、アンブロシウスは規則 regula として最も熱心に勧め、しばしば、民衆に対する彼の説教で「文字は殺すが、霊は活かす」Littera occidit, spiritus autem uiuificat（IIコリント3:6）と彼が述べるのを、私は喜んで聞いた。字義通りに（受け取れば）よこしまなこと peruersitas が教えられるように思われる事柄を、秘儀の覆いが取り除かれ、アンブロシウスが霊的に解き明かしたとき、それらが真実かどうか私にはまだ分からなかった事柄を彼は述べたであろうが、私を困らせたであろうことを彼は述べなかった。[5]（*Conf.* 6.4.6）

アウグスティヌスは、「文字は殺すが霊は活かす」を規準にして字義通りの意味でない霊的な理解を与えるアンブロシウスの説教を三八五年前後に聞いた。その結果、「馬鹿げたこと」と思われていた旧約聖書の箇所が馬鹿げていない意味として理解される道が開かれることになる。

このようにして、はじめは聖書文体の稚拙さのゆえに、次いで、マニ教に馴染んでからはその物質主義に基づく一辺倒な字義解釈によって、旧約聖書を「馬鹿げたこと」absurdusと見なしていたアウグスティヌスに、新たな解釈方法が提示された。もちろん、マニ教的物質主義が即座に修正されたわけではなく、三八七年の回心に至るには、「プラトン主義者の書物」Platonicorum liberi（*Conf.* 7.9.13）を通して非物質的で霊的な実体という哲学概念を理解する必要があった[6]。いずれにせよ、「文字は殺すが霊は活かす」という規準は、字義的意味では「馬鹿げたこと」と思われてしまう聖書箇所が霊的に解釈されて、妥当な意味が与えられる工程の謂れであろう。したがって、文字通りの意味が「馬鹿げたこと」になるのか否かが、字義的解釈と霊的解釈との選別規準（クライテリア）として、アンブロシウスが旧約聖書に適用した手法であることが暗示される。

二　『マニ教徒に対する創世記』のクライテリアとペパン説

回心直後の三八八／三八九年に、アウグスティヌスは彼のはじめての注解書となる『マニ教徒に対する創世記』*De Genesi contra Manichaeos* を執筆し、マニ教徒を反駁する。その中で、アウグスティヌスは聖書解釈のクライテリアを次のように述べる。

もちろん、もし誰であろうと書かれたすべてを文字通りに受け取ることを欲し、すなわち、文字が響くこととは別様にそれを理解することを欲せず、同時に、冒瀆blasphemiaを避けることができ、公同教会の信仰fides catholicaeに相応しいものとしてすべてを言及することができるならば、その人は拒否されるべきでないばかりか、先導的で高く賞讃に値する理解者と見なされるべきである。しかし、比喩figuraによって、あるいは、謎 aenigma においてそれらが置かれたと我々が信じる他に、書かれた事柄が敬虔に pie 神に適って digne Deo 理解されるようなどんな出口も与えられない場合、我々は使徒的権威 auctoritas apostolica を所持するので、それによって旧約聖書に由来する多くの謎が解き明かされる。(7)（*De Genesi contra Manichaeos* 2.2.3）

ここでは、解釈のクライテリアとして、「公同教会の信仰」から逸脱した「冒瀆」blasphemia を挙げることができる。旧約聖書の読解箇所に字義的意味で「冒瀆」が含まれなければ、字義的解釈が第一に推奨され、文字通りの読解では「公同教会の信仰」から逸脱した「冒瀆」に陥ってしまう場合、パウロの旧約解釈に習った比喩的解釈を通して旧約聖書の謎が解き明かされることになる。したがって、一方で、『告白』第6巻の解釈のクライテリアは「馬鹿げたこと」であり、他方で、『マニ教徒に対する創世記』の解釈のクライテリアは「冒瀆」と考えることができる。

では、前者の「馬鹿げたこと」というクライテリアと後者の「冒瀆」というクライテリアは、どのように関係するのか。J・ペパンは古代キリスト教の聖書解釈のクライテリアを見いだし(8)、オリゲネスの著作とアウグスティヌスの『創世記逐語注解』*De Genesi ad litteram* や『マニ教徒に対する創世記』を検討しながら、次のように述べる。

初期の数世紀におけるキリスト教徒の対応は明白である。それは、聖書の文章が比喩的な意図で書かれ、文字通りの意味に固執する限りそれは馬鹿げたこと absurdité であるかのように聞かれるべきだ、という主要な指針である。この解釈理論の証言は、キリスト教の世界でおそらく頻繁に見いだされるかもしれない。この立場を支持するため、東方と西方のより優れた二人の代表者であるオリゲネスとアウグスティヌスとを引用することで我々は満足しよう。(9)

ペパンによれば、オリゲネスやアウグスティヌスの聖書解釈のクライテリアは異教徒が用いた古典文学をめぐる解釈のクライテリアと共通するもの、すなわち、「馬鹿げたこと」というクライテリアである。[10]テスケが述べるように、『マニ教徒に対する創世記』の「冒瀆」というクライテリアを「公同教会の信仰」から逸脱した「馬鹿げたこと」と理解することも可能である。[11]ペパンの立場に立てば、『マニ教徒に対する創世記』の「冒瀆」というクライテリアは、広い意味で「馬鹿げたこと」に内包され、アンブロシウスの説教に接して以来『マニ教徒に対する創世記』に至るまで、アウグスティヌスの聖書解釈のクライテリアは包括的に「馬鹿げたこと」としてその一貫性が保持されることになる。

第三節　『キリスト教の教え』のクライテリア

次に、『キリスト教の教え』のクライテリアを検討する。ここでは、『キリスト教の教え』における res と signa、多義記号の解釈とその意義、および、『キリスト教の教え』のクライテリアとマルー説について述べたい。

一　『キリスト教の教え』の res と signa

はじめに、繰り返しになるが、三九六／三九七年に書かれた『キリスト教の教え』の聖書解釈学に適用される記号理論を確認したい。「あらゆる教えは事柄か記号かに属する」[12](1.2.2) と冒頭部分で述べられ、第1巻で「事柄」res が、第2～3巻で「記号」signa がそれぞれ詳述される。「記号」は意志的でない「自然記号」signa naturaliaと意志的な「所与記号」signa dataとに分類され、後者の「所与記号」は「動物の記号」signa bestiaeと「人間」hominesが使用する記号とに分類され、さらに、後者の一部に「言葉」uerbaが属する（2.1.2～2.1.4）。『キリスト教の教え』で実際に議論される「記号」は端的にこの「言葉」であり、「文字」は「音声の記号」として理解される[13]。

聖書解釈で問題となる箇所は、「未知記号」signa ignotaか「多義記号」signa ambiguaを含む部分である（2.10.15）。「未知記号」に対する解釈の対策として、聖書原語の習得、聖書翻訳の比較、写本の校正等（2.14.21）と、叙述narratio、教養ars、学問disciplina等の修養（2.27.41～2.38.57）が第2巻で奨励される。これらの基本的な素養学問によって探求された結果、「未知記号」はどうしても解明されない「未知記号」に留まるか、明白な記号となるか、あるいは、「多義記号」になるかである。どうしても解明されない「未知記号」の解決は学問の進展を待たなければならないだろう。であれば、最終的に問題となるのは「多義記号」の解釈である。

聖書解釈は「事柄は記号を通して学ばれる[14]」（1.2.2）という理解構造に基礎づけられる。要するに、キリスト教の事柄resは聖書という記号signaを通して理解されることになる。ではあるが、『キリスト教の教え』では、事柄の知識が記号の議論よりも先に提示されているのである。ところで、もし、多くの先人によって妥当と見なされる聖書解釈の方法が伝授されぬままで、旧新約聖書のすべてを個人で検討し、解釈の方法を独力で確立しなければならないとすれば、解釈を通して難読の箇所の健全な意味に到達することは気が遠くなるほど難しい作業となろう。したがって、もちろん聖書解釈は記号を通して事柄が理解される過程であることに違いないが、聖書解釈学の企ては、具体的な解釈の方法が提示される以前に、キリスト教の事柄の内容が吟味され、解釈に方法の指針が与えられなければならない。したがって、『キリスト教の教え』の第1

巻では、聖書解釈によって理解されるべき具体的な内容が網羅的に検討されているわけではなく、解釈の指針が導き出されるための必要な知識、すなわち、「信仰の規則」regula fidei が吟味されている。結果として、聖書解釈の目的とされる事柄 res の理解は、聖書の記号 signa の解釈によって、狭義の事柄である「信仰の規則」を基礎に獲得されるものであり、そこでは、より深遠な事柄 res の理解が見定められている。この観点から、アウグスティヌスの聖書解釈学では、多義記号の比喩的解釈が重要となるはずである。

二　多義記号の解釈とその意義

「記号は原義的 propria か転義的 translata かである」（2.10.15）[15] と述べられるように、「多義記号」は「原義的」propria 用法と「転義的」translata 用法とに分類される。「多義記号」の中で「原義的」用法は文脈などによって決定されるので（3.2.2～3.4.8）、最終的に問題となるのは「転義的」用法である。

アウグスティヌスはこの転義的用法を「牛」bos を例に説明する。「脱穀している牛に口籠を掛けてはならない」bouem triturantem non infrenabis という申命記25章4節の箇所をパウロは伝道者に転用するが（Ⅰコリント9:9，Ⅰテモテ5:18）、これが典型的な多義記号の転義的用法の解釈例として紹介される。

原義的な言葉 propria uerba によって我々が指示する significare ところの事柄 res そのものが、他の何かを指示するために利用されるとき、それらは転義的 translata である。たとえば、我々が「ボー・ウェム」bo-uem と口述し、この名前によってそれが呼称されるのが習慣であるように、これらの二節音を通して我々が家畜を理解し、他方で、この家畜を通して我々が伝道者を理解するときのようなものである。[16]（*DDC* 2.10.15）

アウグスティヌスの転義的用法の特徴は、第一の記号（S1）を通して字義通りに理解された第一の事柄

（R1）が、そのまま、第二の記号（S2）に転用されるところにある。すなわち、〈S1「う・し」↓R1［実在の家畜］＝S2［シンボルとしての家畜］↓R2［伝道者］〉という構造において、R1＝S2を媒介として第一の記号S1「う・し」が第二の事柄R2［伝道者］に転義的に解釈されるわけである。ここで、「脱穀している」や「口籠を掛けてはならない」などの文章全体の中で「牛」を取り巻く諸概念は、〈S2［シンボルとしての家畜］↓R2［伝道者］〉という転義的用法の条件を規定する要素として働く。つまり、第一に、文章全体の字義通りの意味が理解されなければ、〈S2［シンボルとしての家畜］↓R2［伝道者］〉という転義が生じえないことになる。

アウグスティヌスの比喩的解釈では、文章単位の意味概念が丸ごと転義されるのではなく、単語単位に対応する概念が転義された結果、文章全体の意味が比喩的に解釈されることになる。このように、比喩的解釈におけるアウグスティヌスの解釈学的な第一の関心が最小単位である単語単位にあるのは、デカダンス期の修辞学の影響だと見なされることがあるが[17]、そうであるにしても、単語単位の転義的用法に何らかの積極的な価値は見いだせないのか。

多義記号の解釈でアウグスティヌスが強調するのは、人間理性が無視されるような、マニ教の狂信的な字義的解釈から解放される点である。アウグスティヌスはミラノの司教アンブロシウスが解釈の指針とした「文字は殺すが霊は活かす」という教えを言い換えて、多義記号の解釈をめぐる第一の法則を次のように述べる。

> しかし、転義的言葉の多義性 ambiguitas は、これについては引き続き述べられるべきであるが、尋常ならぬ配慮と努力を要する。というのは、比喩的表現 figurata locutio を文字通りに ad litteram 受け取ってはならな

い、ということが第一に注意されるべきである。[18]（*DDC* 3.5.9）

アウグスティヌスの念頭にある反駁者は、ユダヤ教的な一辺倒の字義主義者に象徴されるような、字義的解釈に固執するマニ教徒であろう。物質主義者であったマニ教徒は、特に旧約聖書に比喩的解釈を適用することができず、不道徳表現を含むという理由で、事実上、旧約聖書の正典性を否定する。[19]これに対し、アウグスティヌスは、適切な比喩的解釈を適用することによって、旧約聖書の正典性の保持を図り、字義主義へ固執する狂信的な姿を「哀れな魂の奴隷」miserabilis animi seruitus と言い放つ（3.5.9）。

三　『キリスト教の教え』のクライテリアとマルー説

多義記号の解釈をめぐって、問題が二つある。一つは、字義的表現と比喩的表現とを選別する方法の問題であり、他は、比喩的表現と選別された場合、解釈の方向性の問題である。アウグスティヌスはこれら二つの問題をめぐり、巧みな解決方法を提供する。

それゆえ、はじめに、原義的 propria であるか比喩的 figurata であるかという表現の発見方法 modus inueniendae locutionis が示されるべきである。全般的に、その方法とは、神の説教 sermo diuinus においてどんなものであれ、行為の正しさ morum honestas にも信仰の真理 fidei ueritas にも適切に言い当てられえないものは比喩的だ、と理解すべきことである。行為の正しさとは神と隣人を愛すること diligere deum et proximum に属し、信仰の真理とは神と隣人を知ること cognoscere deum et proximum に属する。他方で、神と隣人への愛 dilectio と知 cognitio へ前進していることを、どんな仕方であれ自ら感じ取っている人にとって、

希望そのものは自らの良心 conscientia のうちにある。[20]（*DDC* 3.10.14）

したがって、『キリスト教の教え』の聖書解釈のクライテリアは「行為の正しさ」と「信仰の真理」となる。より具体的にいえば、神と隣人を「愛すること」diligere にも「知ること」cognoscere にも関連しない聖書箇所は比喩的に解釈すべきことが勧められる。そして、このクライテリアの内容に沿う方向で解釈すべきことが暗示される。[21]

同時に、「聖書は愛 caritas の他に何も命じないし、情念 cupuditas の他に何も責めない。そして、その基準に従って、聖書は人間の道徳 mores を形成する」（3.10.15）[22] とも、「そのような隠された事柄は愛 caritas が滋養されるために明らかにされるべきである」（3.12.18）[23] とも述べられることから、多義記号の転義的な解釈の方向性は、愛を勧め、情欲を責めるという倫理的な内容に沿うものと考えることもできる。いずれにせよ、神と隣人への愛が滋養され増進される方向で解釈されることは、比喩的解釈の本質的要素であろう。

では、マルー説の検討に移ろう。マルーは『キリスト教の教え』のクライテリアをめぐり、霊的解釈の可能性という観点から次のように述べる。

> この定理（上述のクライテリア）をめぐり聖アウグスティヌスが与える説明によって示されることは、既に、オリゲネスでも見受けられることだが、神秘的な意味 sens mystique がこの定理で第一の役割として訴えられることである。それは、旧約聖書の俗悪なすべての章句、神の擬人法、ある規定やある挿話の不道徳性、旧約の律法と新約の律法との不一致を釈明するという方法である。[24]

マルーは「行為の正しさ」と「信仰の真理」という『キリスト教の教え』のクライテリアによって、旧約と新約における神の意志の統一性が保持され、新約聖書の基準から旧約聖書の神秘的霊的解釈が可能となる点を見いだしている。

また、マルーは『キリスト教の教え』のクライテリアが霊的解釈を最大限に引き出す可能性をもつことを見て取り、次のように述べる。

しかし、さらにまた、我々が直面する根本的原理の用語がもつ価値を吟味しよう。聖アウグスティヌスは、ただ単に、信仰 foi と道徳 mœurs に反するすべてのことを聖書では比喩として受け取らなければならないと述べるだけでなく、それらに直接的に関連しないすべてのことをも比喩として受け取らなければならないと述べるのである。(25)

ペパンが注目する『マニ教徒に対する創世記』の「馬鹿げたこと」というクライテリアに比べ、『キリスト教の教え』の「信仰」と「道徳」というクライテリアは、マルーによれば、比喩的解釈の可能性を遥かに広げることになる。実際に、「馬鹿げたこと」とは思えないが、「信仰」と「道徳」に直接結び付かない事例を旧約聖書の中に見いだすことは決して難しくない。

第四節　『キリスト教の教え』のクライテリアの特殊性

本節では、これまで提示されたアウグスティヌスの二つのクライテリアにおける関係性と『キリスト教の教え』のクライテリアの特殊性を検討する。ここでは、クライテリアの転換なのか、および、テスケ説とクライテリアの特殊性の原因について述べたい。

一　クライテリアの転換なのか

テスケは「聖アウグスティヌスにおける比喩的解釈のクライテリア」という論文で、『マニ教徒に対する創世記』（三八八／三八九年）のクライテリアをめぐるペパン説と『キリスト教の教え』（三九六／三九七年）のクライテリアをめぐるマルー説とを比較検討している。[26] そこでは、マルーが主張する『キリスト教の教え』の「信仰」と「道徳」というクライテリアが、ペパンが主張する『マニ教徒に対する創世記』の「馬鹿げたこと」というクライテリアから転換されたものであるのか否か、すなわち、三八〇年代後半と三九〇年代後半との間のクライテリアをめぐるアウグスティヌスの立場に差異性が見受けられるのか否か、という問題が検討され、テスケ論文の前半で主張された「クライテリアの転換」というテスケ自身の立場がその後半部分で否定される。

テスケは『マニ教徒に対する創世記』で見いだされるクライテリアをめぐり、アウグスティヌスの言及を額面通りに受け取りすぎたことを次のように述べる。

『マニ教徒に対する創世記』でアウグスティヌスが言及したクライテリアに焦点を当てることで、馬鹿げたことというクライテリア absurdity criterion を実のところ越えている、彼が実際に使用したクライテリアを私は見過ごした。したがって、アウグスティヌスが馬鹿げたことというクライテリアから『キリスト教の教え』の（比喩的解釈を）最大にするクライテリア maximizing criterion へ転換したということを、私は今は信じていない。

『キリスト教の教え』のクライテリアは、それにもかかわらず、アウグスティヌスの初期の著作に見られたものからの進歩を表している。しかし、それは実践における進歩というよりも、むしろ、解釈理論の明瞭化における進歩を表している。(27)

テスケの結論によれば、『キリスト教の教え』のアウグスティヌスは聖書解釈のクライテリアを実際のところ転換してはいない。テスケは二つの強調点を含む統一されたクライテリアを四〇〇年以降に書かれた『創世記逐語注解』に見いだそうとするが、(28)その『マニ教徒に対する創世記』のクライテリアとの親和性がより鮮明となり、『キリスト教の教え』のクライテリアの特殊性がいっそう浮き彫りにされたと言わざるをえない。(29)

テスケによれば、『キリスト教の教え』のクライテリアの核心部分は、実践的な聖書解釈の方法として、『マニ教徒に対する創世記』のクライテリアに萌芽的に含まれることになる。(30)テスケの意見は、アウグスティヌスの実際的な聖書注解を見る限りでは正しいかもしれない。しかし、アウグスティヌスの思想との関連性から問われるのは、彼がどのような意図でクライテリアを記述したのか、である。すなわち、『マニ教徒に対する創世記』の「馬鹿げたこと」と記述された解釈のクライテリアが、どうして『キリスト教の教え』では「神と隣人を愛すること」と「神と隣人を理解すること」と記述されたのか、という問題である。

二　テスケ説とクライテリアの特殊性の原因　I

司祭と司教に叙階された時期を挟む著作間の二つのクライテリアに矛盾は見いだせないにしても、記述的な差異性が確認されるのであれば、『キリスト教の教え』のクライテリアにおける特殊性の原因が説明されなければならない。テスケは、はじめに、次のマルーの引用文を参照しつつ彼が言及する二つの原因を説明する。[31]「しかし、『すべての聖書は霊感が吹き込まれ有益である……』（Ⅱテモテ 3：16）と聖パウロは我々に述べる。したがって、字義通りの意味では有益性が現れないすべての章句では、隠された意味が探求されなければならない」。[32]テスケがマルーに見いだす第一の原因は、「霊感が吹き込まれる」というパウロの聖書観をアウグスティヌスが文字通りに受け取っているという主張であり、したがって、『キリスト教の教え』では、隠された意味を含む聖書箇所の霊的解釈が最大限に受容されるようなクライテリアが選定されたことになる。すなわち、聖書の有益性が最大に増大するようなクライテリアが選定されたわけである。

テスケがマルーに見いだす第二の原因は、アウグスティヌスが受けた文法学的な、あるいは、修辞学的な訓練過程にある。すなわち、文章単位で区切られた意味の研究よりも、むしろ、逐語的研究に重点が置かれたアウグスティヌスの教育が第二の原因として主張される。[33]「世俗の文法家から受け継がれた習慣を強める傾向は、テキストを一節ごとに読み、一単語ごとに注解し、より厳格な緻密さでそれぞれが個別に吟味されるような孤立した部分にテキストを分解することから成り立つ」。[34]テスケによれば、第二の理由は第一の理由と総合して考えられ、神の「霊感が吹き込まれる」のは意味を表す文章単位というより、むしろ、単語単位においてである。「馬鹿げたこと」のクライテリアの場合、該当箇所の意味が「馬鹿げている」のか否かを判断するには、第一に、文章単位の意味が理解されなければならない。他方、『キリスト教の教え』の「神と隣人への愛と知」の場合、多義記号の転義的用法は確かに単語レベルで考えられているが、それがクライテリアに合致するのか否かを判断するには、やはり、文章単位の字義的理解が先行されなければならない。このように、両者とも、第一に、文章の字義的意味が理解されなければならないのであり、『キリスト教の教え』だけが逐語的研究に依存するわけではない。したがって、テスケが挙げる第二の原因は、クライテリアの差異性に関連する要因というより、むしろ、初期著作から一貫してアウグスティヌスに見受けられる記号理論の特性に結びつけられる。

本書の第Ⅰ部と第Ⅱ部で確認されたように、アウグスティヌスの記号理論は単語単位を中心に研究する分野であり、言語理論は文章の意味や文脈の意図を研究する分野である。これを念頭に第一の原因を再考すれば、「霊感が吹き込まれる」のは文脈単位であるのか意味単位であるのか単語単位であるのか、が新たな問いとなる。テスケが述べるように、霊感の吹き込みが単語単位まで及ぶにしても、文章の意味や文脈の意図が未決定なままで、霊感の単語単位の吹き込みだけが主張されるならば、そこでは、機械的な人間理解に陥ることになろう。アウグスティヌスの記号理論と言語理論の構造において、語り手の視点からすれば、文脈の意志が文章の意味を規定し、文章の意味が単語単位を規定するのに対し、聞き手の視点からすれば、単語単位が文章の意味を構成し、文章の意味が文脈の意図を構成するのである。解釈のクライテリアとは文章の字義的意味の妥当性を判別する判断基準であり、アウグスティヌスの聖書解釈学では、クライテリアに合致しない場合、文脈の意図を規準に、文章を構成する単語単位を一つ一つ比喩的に再検討することになる。したがって、解釈のクライテリアは文脈の意図に基礎づけられなければならず、単語単位の聖霊の吹き込みがクライテリアの差異性を十分に説明していることにはならない。

三　テスケ説とクライテリアの特殊性の原因　Ⅱ

『キリスト教の教え』のクライテリアの特殊性をめぐり、テスケは彼独自の意見を第三の理由として挙げている。彼はアウグスティヌスの聖書観に注目しつつ、次のように述べる。

> 比喩的解釈のためのより豊かなクライテリアにアウグスティヌスが頼んだもう一つの理由は、聖書は信じら

れるべきわずかな真理と守られるべきわずかな道徳的教えしか含まないという彼の確信に結びつけられる。……キリスト教道徳の全体は、愛 charity を育み、その反対のもの、すなわち、情念 cupidity に打ち勝つことに要約される。[35]

「馬鹿げたこと」というクライテリアの場合、解釈の選別基準が明らかであっても、その解釈の方向性は「公同教会の信仰」から逸脱しないことという漠然とした内容に留まった。他方、『キリスト教の教え』のクライテリアでは、選別基準だけでなく比喩的解釈の方向性も積極的に打ち出された。それが、「神と隣人への愛」と「神と隣人への知」であり、特に、道徳的には愛を勧め、情欲を責めることである。テスケが挙げる第三の理由こそ、すなわち、聖書に含まれる道徳的教えがこのような単純性に還元されるという可能性こそが、『キリスト教の教え』の明確なクライテリアを可能にしたアウグスティヌスの確信であるように思われる。

換言すれば、『マニ教徒に対する創世記』の「馬鹿げたこと」というクライテリアでは、聖書全体の文脈的意図が積極的に打ち出されることはなかった。クライテリアに合致しない場合、解釈の方向性は「公同教会の信仰に相応しいもの」(2.2.3) として暗示されるが、その具体的な内容は規定されていない。これに対し、『キリスト教の教え』の「神と隣人への愛と知」というクライテリアそのものが引き出されるのは、第1巻で論じられるキリスト教の事柄 res から、すなわち、聖書全体の文脈的意図としての「信仰の規則」からである。したがって、『キリスト教の教え』のクライテリアが『マニ教徒に対する創世記』の解釈の方向性、すなわち、「公同教会の信仰に相応しいもの」の具体的な内容であって、さらに、これが倫理的には愛を勧め、情欲を責めることとして要約されるのである。結果として、『キリスト教の教え』で聖書の有益性が最大となるクライテリアが選定された理由は、「公同教会の信仰に相応しいもの」の具体的内容、要するに、キリスト教の事柄 res の具体的内容として単純で力強い教えが導き出されたからであり、そして、聖書解釈のすべてが基本的にこの教えに収斂すると考えられるからである。

第五節　『キリスト教の教え』のクライテリアとキリスト教共同体

本節では、『キリスト教の教え』のクライテリアとキリスト教共同体との関係性を検討する。ここでは、キリスト教共同体の res、および、キリスト教共同体の signa について述べたい。

一　キリスト教共同体の res

アウグスティヌスは、聖書の文脈全体に関連するような内容を「信仰の規則」として、『キリスト教の教え』の第1巻で説明する。(36) そして、第1巻の「事柄」res の総括として、聖書解釈のクライテリア、すなわち、「行為の正しさ」と「信仰の真理」とが「生きることの教え」praecepta uiuendi と「信じることの規準」regula credendi としてそれぞれ導き出される。では、聖書の「記号」signa が指示する「事柄」res とは何か。「事柄」をめぐる記述である第1巻では、神論が滔々と論じられるわけではなく、むしろ、キリスト教共同体が共有するリアリティー、すなわち、信仰・希望・愛に基づく行為と認識、特に「神を享受すること」が論じられる。

ところで、第2巻第7章で、アウグスティヌスは信仰の歩みを七段階に分け、第三段階に「知識」scientiaを第七段階に「知恵」sapientiaをあてがい、聖書を学ぶ者を第三の「知識」の段階に配する。この主張は、何を意味するのか。アウグスティヌスにとって、外的な言葉である聖書は「権威」auctoritasであると同時に、神認識において絶対ではない。真理の認識は、外的な勧めによって無条件に与えられるものではなく、理想的には、内的な目を通して照明によって与えられる、という構造が保持される。第七段階に「知恵」が据えられるのも、この内的認識の直接性が終末的な希望として最高の座を占めるからである。しかし、そうであっても、現実的には、第三段階の聖書の知識とそれに基づいて実践される第四～六段階の愛の行為を通してでなければ、「知恵」の最終段階には到達しえない、と考えられている。『キリスト教の教え』の序論で、文字の知識をもたないエジプトの隠者アントニオスが高く評価されるのも、彼の内的認識の卓越性が聖書の暗記と大胆な愛の行為とに依拠するとアウグスティヌスが考えるからに他ならない。

　このようにして、真理の認識をめざすキリスト教共同体では、「行為の正しさ」と「信仰の真理」との促進が聖書解釈の目的となる。換言すれば、共同体において「神と隣人への愛」と「神と隣人への知」を促進せしめることが聖書記者や編纂者の意図であって、それは同時に、神の意図と見なされている(2.5.6)。そうであれば、アウグスティヌスにとって、聖書の文脈全体は「神と隣人への愛と知」というクライテリアに還元可能なものとなる。

　したがって、解釈のクライテリアは「信仰の規則」から導き出されたものであり、アウグスティヌスが分析的な聖書解釈を通して個人的に推論したものではない。むしろ、「信仰の規則」は初期教会以来、長年に渡って修正されつつ追認されてきたキリスト教共同体の自己理解であり、それはキリストの教説に基づくものである。この自己理解は旧約聖書の解釈によって強化されつつ、新約聖書では「信仰の規則」として明確な箇所の字義理解を通して受け止められてきたものである。実際的に、キリスト教共同体のリアリティーは、知と愛とが、あるいは、知と信とが、あるいは、信と愛とが縺れ合うようにして展開する生の現実である、とも考えられる。結果として、信を前提とするキリスト教の事柄 res は「神と隣人への愛と知」に集約されるのである。[37]

二　キリスト教共同体の signa

アウグスティヌスが「神と隣人への愛と知」というクライテリアを「信仰の規則」を基礎に見いだしたことは、この世界で神の前に生きる「総合的生」[38]として人間のあるべき姿を追い求めつつ、キリスト教共同体で実践された彼の聖書研究の成果でもある。しばしば、アウグスティヌスの認識論は、外的な勧めを通して、内的に理解する構造であると見なされる。しかし、この外と内との乖離するギャップが「総合的生」をめざす人間には常に潜在的な危機となりうるのである。

このギャップを埋めるのが、受肉のイエスに他ならない。『キリスト教の教え』では言語の受肉的理解がはじめて明示され、聖書言語が単なる記号としてでなく、受肉のイエスとの関連性から理解されるようになった（1.13.12）[39]。言語表現が「魂の動き」motus animi によって動機づけられる「思考」cogitatio の表現であることを考慮すれば（2.1.1, 2.2.3）、聖書記者や編纂者は「神と隣人への愛」に動かされて記事をまとめたことが想像される。新約聖書の場合、記述内容である神をめぐる知は、「神の言葉」Verbum Dei が神の愛を通して受け取った表現に、すなわち、受肉のイエスに全面的に依存しよう（1.13.12）。したがって、受肉のイエスにおいて生じる内的な神認識という構造では、外的な言語表現と内的な理解とは常に神の愛によって結びつけられることになる。「事柄は記号を通して学ばれる」と前置きされたのも、この受肉のイエスが記号としての役割を担うからである。こうして、記号を通して事柄が理解されるという構造において、すなわち、受肉のイエスを通して神の言葉が理解されるという構造において、照明的な「知恵」の前段階としての「知識」のあり方が決定され、それによって聖書解釈の意義が積極的に見いだされたのである。

ところで、『キリスト教の教え』では、人間を通して学び合うことの重要性が強調される（pro. 6）。キリスト教共同体で実践される、互いに教え合い学び合うという魂の交流が、第一に、聖書解釈を通してもたらされるのであり、言語表現を通して「魂が注ぎ出される」結果、魂の交流が基本的な愛としてそこに成立する。このようにして、歴史的なキリスト教共同体は、聖書の記号 signa とその解釈を通して、我々は何者なのか、我々は何をすべきなのか、我々はどこへ向かうべきなのか、という生の根本問題を言語表現において問い続け、その自己理解が自分自身の一部となるほどまでに探求してきた歴史をもつ。このような探求によって、受肉のイエスが自己と重ね合わされた結果、集積された情報と総合的生との乖離、あるいは、外と内との乖離が統一されることになり、それによって、本来的な自己として人間相互の魂の交流に入ることができる。アウグスティヌスによれば、キリスト教共同体の自己理解は、「神と隣人への愛と知」という単純で力強いクライテリアと関連する限り、大きく逸脱したものにはならない。魂の交流を通して、キリスト教の本質である事柄 res を積み重ねるようにして幾度となく確認することができるのは、クライテリアによって保証される自由な聖書言語の解釈においてなのである。

この意味で、『キリスト教の教え』のクライテリアの特殊性は、聖書言語がもつ知識の媒介性を前提に、聖書言語が人間の全体性に訴えることができるという記号 signa の有用性と密接に関連している。アウグスティヌスの聖書解釈では、一つ一つの単語が丹念に解読され、自由な探求を通して発見された、単語レベルの転義による喜びの比喩が積極的に共有される（2.6.8）。この自由な聖書言語の解釈によって、我々は何者なのか、という自己理解が知識として獲得され、喜びの比喩によって励まされつつ、我々は何をすべきなのか、どこへ向かうべきなのか、という行為へ正しく向かうことができる。アウグスティヌスによれば、聖書による自己理解に基づく行為とは愛の行為に他ならず、このようにして、罪人なる人間にとって、愛の行為が全人的に勧められる多義記号の解釈において、自己理解が全人格的生として受容される道が辛うじて開かれるのである。

第六節　結語

本章では、『キリスト教の教え』のクライテリアをめぐり、『マニ教徒に対する創世記』との比較を通して検討した後、キリスト教共同体との関連性を考察した。その結果、次の結論を得た。第一に、『マニ教徒に対する創世記』の「冒瀆」というクライテリアが「馬鹿げたこと」という一般的なクライテリアとして理解されること。第二に、『キリスト教の教え』の解釈的な中心性が「多義記号」の解釈にあること。第三に、『キリスト教の教え』のクライテリアにおける特殊性の原因として、聖書全体の文脈的意味が「神と隣人への愛と知」に、あるいは、倫理的には、愛を勧め情欲を責めることに要約されること。第四に、『キリスト教の教え』の事柄 res は「信仰の規則」を基礎に引き出された聖書全体の文脈的意味であり、同時に、キリスト教共同体の霊的リアリティーであること。最後に、知識の媒介性を前提とする『キリスト教の教え』の記号 signa は人々を真正な自己理解を基礎に愛の行為へ移行させることができること。

アウグスティヌスの聖書解釈学の中心点は多義記号の転義的用法であり、彼はこの単語レベルの選別的な比喩的解釈を通して、人々に「喜び」と「理解」を与えることを企てている。すなわち、アウグスティヌスはデカダンス期の修辞学を積極的に利用し、解釈のクライテリアによって文章単位の字義的意味の妥当性を吟味しつつ、単語レベルの比喩的解釈を引き出すことに成功している。この意味で、彼の聖書解釈学は、聖書全体の文脈的意味の探求よりも、「神と隣人への愛」を促す道徳的な教えに重点が置かれる。結果として、それは、自由な探求を通して発見される比喩の喜びを一契機に、事柄 res の理解の深まりと愛の実践へ人々を動かそうとする愛と喜びの解釈学なのである。

注

（1）Cf. Edward D. English ed. *Reading and Wisdom: The* De Doctrina Christiana *of Augustine in the Middle Ages*（Notre Dame and London: University of Notre Dame Press, 1995), vii.

（2）Derek Simon, "*Ad Regnum Caritatis*: The Finality of Biblical Interpretation in Augustine and Ricoeur," *Augustinian Studies* 30 1/2（1999）: 105–127. Simon は、現代の解釈学的危機を克服するために、愛のダイナミックな働きに注目する（105）。

（3）アウグスティヌスは「キリスト教の教え」doctrina christiana を「理解されるべき事柄を発見する方法」modus inueniendi, quae intellegenda sunt と「理解した事柄を伝達する方法」modus proferendi, quae intellecta sunt とに分類し（1.1.1）、前者を第1～3巻で、後者を第4巻で論じる。

（4）ここでは、「クライテリア」（基準性）という用語を、聖書テキストの字義的解釈の適用と比喩的解釈の適用をめぐる選別の基準性として使用するが、比喩的解釈が適用された場合、おのずとそれは、解釈の基準性として解釈の方向性をも含むものとなろう。なお、criteria は criterion の複数形であるが、外来語として「クライテリア」が定着していると思われるので、統一的に「クライテリア」を使用する。

（5）*Conf.* 6.4.6（CCSL 27, 77）: Gaudebam etiam, quod uetera scripta legis et prophetarum iam non illo oculo mihi legenda proponerentur, quo antea uidebantur absurda, cum arguebam tamquam ita sentientes sanctos tuos; uerum autem non ita sentiebant. Et tamquam regulam diligentissime commendaret, saepe in popularibus sermonibus suis dicentem Ambrosium laetus audiebam: *Littera occidit, spiritus autem uiuificat*, cum ea, quae ad litteram peruersitatem docere uidebantur, remoto mystico uelamento spiritaliter aperiret, non dicens quod me offenderet, quamuis ea diceret, quae utrum uera essent adhuc ignorarem.

(6) Roland J. Teske, "Augustine, the Manichees and the Bible," in *Augustine and the Bible* (ed. Pamela Bright; Notre Dame: University of Notre Dame Press, 1986), 208–221. Teskeは、アウグスティヌスがプラトン主義の書物を通して非物質的存在を理解した時期を三八六年と見積もる（215）。

(7) *De Genesi contra Manichaeos* 2.2.3（PL 34）: Sane quisquis voluerit omnia quae dicta sunt, secundum litteram accipere, id est non aliter intellegere quam littera sonat, et potuerit evitare blasphemias, et omnia congruentia fidei catholicae praedicare, non solum ei non est invidendum, sed praecipuus multumque laudabilis intellector habendus est. Si autem nullus exitus datur, ut pie et digne Deo quae scripta sunt intellegantur, nisi figurate atque in aenigmatibus proposita ista credamus; habentes auctoritatem apostolicam, a quibus tam multa de libris Veteris Testamenti solvuntur aenigmata, ...

(8) Jean Pépin, "A propos de l'histoire de l'exégèse allégorique: l'absurdité, signe de l'allégorie," *Studia Patristica* 1（1957）: 395–413.

(9) Ibid., 397: La réponse des chrétiens des premiers siécles est claire: le principal indice qu'un texte biblique a été écrit dans un dessein allégorique et doit être entendu comme tel, c'est son absurdité aussi longtemps que l'on s'en tient au sens littéral. De cette théorie exégétique, l'on trouverait sans doute bien des témoignages dans les milieux chrétiens; nous nous contenterons de citer à l'appui la position des deux meilleurs représentants de l'Orient et de l'Occident, Origène et Augustin.

(10) Ibid., 405. Pépinは、Homèreの"Iliade"や"Odyssée"が「馬鹿げたこと」というクライテリアに基づいて寓意的に解釈される伝統を指摘する。

(11) Roland J. Teske, "Criteria for Figurative Interpretation in St. Augustine," De doctrina christiana: *A Classic of*

Western Culture (Notre Dame and London: University of Notre Dame Press, 1995), 109–122, esp. 111–114.

(12) *DDC* 1.2.2 (CCSL 32, 7): Omnis doctrina uel rerum est uel signorum, ...

(13) 「書き言葉」が「話し言葉」の「符号」であるという考え方は、アリストテレスにおいて既に認められる(*De interpretatione* 1.16a [LCL 325:114])。

(14) *DDC* 1.2.2 (CCSL 32, 7): res per signa discuntur.

(15) *DDC* 2.10.15 (CCSL 32, 41): Sunt autem signa uel propria uel translata.

(16) *DDC* 2.10.15 (CCSL 32, 41): Translata sunt, cum et ipsae res, quas propriis uerbis significamus, ad aliquid aliud significandum usurpantur, sicut dicimus bouem et per has duas syllabas intellegimus pecus, quod isto nomine appellari solet, sed rursus per illud pecus intellegimus euangelistam, ...

(17) Marrouによれば、アウグスティヌスはデカダンス期の修辞学から大きな影響を受けている(Marrou, *Saint Augustin et la fin de la culture antique*, 480)。本書第11章第三節(二)の注32参照。

(18) *DDC* 3.5.9 (CCSL 32, 82): Sed uerborum translatorum ambiguitates, de quibus deinceps loquendum est, non mediocrem curam industriamque desiderant. Nam in principio cauendum est, ne figuratam locutionem ad litteram accipias.

(19) Teske, "Augustine, the Manichees and the Bible," 210–212.

(20) *DDC* 3.10.14 (CCSL 32, 86): Demonstrandus est igitur prius modus inueniendae locutionis, propriane an figurata sit. Et iste omnino modus est, ut quicquid in sermone diuino neque ad morum honestatem neque ad fidei ueritatem proprie referri potest, figuratum esse cognoscas. Morum honestas ad diligendum deum et proximum, fidei ueritas ad cognoscendum deum et proximum pertinet. Spes autem sua cuique est in conscientia propria, quemadmodum se sentit ad dilectionem dei et proximi cognitionemque proficere.

(21) Cf. *DDC* 3.15.23 (CCSL 32, 91): Seruabitur ergo in locutionibus figuratis regula huiusmodi, ut tam diu uersetur diligenti consideratione quod legitur, donec ad regnum caritatis interpretatio perducatur(それゆえ、比喩的な表現において、次のような規則が堅持されよう。すなわち、解釈が愛の王国へ導かれるまで、読まれる箇所が熱心な考察によって長い間あれこれ思案されること).

(22) *DDC* 3.10.15 (CCSL 32, 87): Non autem praecipit scriptura nisi caritatem nec culpat nisi cupiditatem et eo modo informat mores hominum.

(23) *DDC* 3.12.18 (CCSL 32, 88–89): quorum ad caritatis pastum enucleanda secreta sunt.

(24) Marrou, *Saint Augustin et la fin de la culture antique*, 478: Le commentaire que donne saint Augustin de cette proposition montre que le recours au sens mystique a chez lui, comme première fonction, celle qu'il avait déjà chez Origène: c'est un moyen d'expliquer tous les passages choquants de l'Ancien Testament, anthropomorphisme divin, immoralité de certaines prescriptions ou de certains récits, contradictions entre l'ancienne et la nouvelle loi.

(25) Ibid., 479: Mais il y a plus; pesons la valeur des termes de notre principe fondamental: saint Augustin ne dit pas seulement qu'il faut dans l'Ecriture prendre au figuré tout ce qui est *contre* la foi et les mœurs, mais bien tout ce qui ne s'y rapporte pas directement.

(26) Teske, "Criteria for Figurative Interpretation in St. Augustine," 109–122.

(27) Ibid., 116: In focusing upon the criterion that Augustine stated in *De Genesi contra Manichaeos*, I overlooked the criterion that he actually used, which in fact goes far beyond the absurdity criterion. Hence, I do not now believe that Augustine moved from the absurdity criterion to the maximizing criterion of *De doctrina christiana*.

The criterion of *De doctrina christiana* does, nonetheless, represent an advance over that found in Augustine's earlier works, but it represents an advance not so much in practice as in the articulation of exegetical principles.

(28) 『創世記逐語注解』では、字義的に読まれた場合、第一に「[神]に適切でない」ei ... non convenireとき (5.19.39)、第二に「我々は不敬虔に聖書を非難してしまう」Scripturam sanctam impie culparemusとき (8.1.4)、第三に「馬鹿げてしか理解されえない」nisi absurde non possit intellegiとき (11.1.2)、比喩的解釈が要請されている。

(29) Teske, "Criteria for Figurative Interpretation," 117. Teskeは、いわば、『キリスト教の教え』のクライテリアの特殊性を犠牲にして、統一されたクライテリアを見出そうとする。

（30）Ibid., 119.

（31）Ibid., 117–118.

（32）Marrou, 479：Or saint Paul nous dit（2 Tim., 3, 16）que toute l'Ecriture est inspirée et utile ... Il faut donc chercher un sens caché à tous les passages dont l'utilité n'apparaît pas au sens littéral.

（33）Teske, "Criteria for Figurative Interpretation," 118.

（34）Marrou, 480：Tendance que renforce l'habitude, héritée du grammairien profane, qui consiste à lire le texte verset par verset, à le commenter mot par mot, à le décomposer en fragments isolés qu'on examine chacun séparément avec la plus stricte minutie.

（35）Teske, "Criteria for Figurative Interpretation," 118：Another reason for Augustine's having had recourse to the more ample criterion for figurative interpretation is tied to his conviction that Scripture contains only a few truths to be believed and a few moral precepts to be followed. ... The whole of Christian morality is summed up in fostering charity and conquering its opposite, cupidity.

（36）*DDC* 1.40.44（CCSL 32, 32）：Propterea de rebus continentibus fidem, quantum pro tempore satis esse arbitratus sum, ...；*DDC* 3.10.14（CCSL 32, 86）：De quibus omnibus primo libro dictum est.

（37）Babcockは、アウグスティヌスが「事柄は記号を通して学ばれる」と宣言しながら、記号より先に事柄を説明する矛盾に注目し、アウグスティヌスの立場を「意味の哲学」the philosophy of meaningを越える「知識の社会学」the sociology of knowledgeと特徴づける（William S. Babcock, "*Caritas* and Signification in *De doctrina christiana* 1–3," De doctrina christiana：*A Classic of Western Culture*（Notre Dame and London：University of Notre Dame Press, 1995）, 145–163, esp. 146, 156）。

（38）「総合的生」と表現することで、知性だけに収斂されず、一方で、情動が、他方で、身体性が含まれるような人間の現実的生における全人間的側面を強調する。換言すれば、それは、一方で、ロゴスとパトスとに分離された人間理解や、他方で、心と身体とに分離された人間理解が克服されるような実存的な生のあり方である。

（39）Johnson, "*Verbum* in the early Augustine（386–397）," 25–53. Johnsonによれば、アウグスティヌスの著作中でVerbumが固有名詞として使用し始められるのは『マニ教徒に対する創世記』以降であり、その用法は『教師論』で見受けられない。『キリスト教の教え』で、はじめて明示的に、言葉が「神の言葉」Verbum Deiとの関連性から把握されるようになる。

第七章　『キリスト教の教え』の聖書解釈学と生の展開

第一節　問題と方法

アウグスティヌスの聖書解釈学は解釈者や読者に成長する生が生きられること、すなわち、生の展開を要請する。『告白』の起稿直前に書かれた『キリスト教の教え』の第2巻で、アウグスティヌスは回心者がめざすべき生の展開を、「神への恐れ」dei timor、「敬虔」pietas、「知識」scientia、「不屈」fortitudo、「憐れみの勧め」consilium misericordiae、「心の目の浄化」purgare oculum cordis、「知恵」sapientiaという七段階に分け、第三段階である「知識」scientiaに聖書解釈を適用する。

問題となるのは、聖書解釈が第三段階に限定されるのか否か、また、七段階の生の展開における字義的解釈と比喩的解釈の役割とは何か、である。研究史について述べれば、アウグスティヌスの諸著作に登場する七段階の生の展開を一般的に扱う研究[1]や、そのプラトン主義的な魂の上昇に即する議論[2]は比較的活発であるが、『キリスト教の教え』の生の展開をめぐる研究[3]や、生の展開における聖書解釈の特権的役割をめぐる議論[4]は比較的に些少であり、さらなる研究が待たれる。

そこで、本章では、第一に、『キリスト教の教え』の生の展開を概略し、第二に、聖書の字義的解釈と情念との関係性を把握し、第三に、比喩的解釈と喜びとの関係性を把握することで、アウグスティヌスの生の展開における聖書解釈の役割とその可能性を探る。

第二節　『キリスト教の教え』の生の展開

本節では、『キリスト教の教え』における七段階の生の展開を概略する。ここでは、七段階の生の展開、および、知識の第三段階について述べたい。

一　七段階の生の展開

七段階の生の展開は、どのように記述されるのか。アウグスティヌスの「神への恐れ」から「知恵」に至るモチーフは、「イザヤ書」11章2～3節に記される聖霊の働きの順序を逆に並べ変えたもので、アウグスティヌスの多くの著作に登場するものであるが[5]、『キリスト教の教え』の七段階の展開（*DDC* 2.7.9～11）は『主の山上のことば』*De Sermone Domini in Monte* のそれを踏襲し、「イザヤ書」の聖霊の働きが山上の垂訓（マタイ5:3～10）によって説明される構造と見なすことができる[6]。したがって、『キリスト教の教え』における七段階の生の展開では、回心者の進むべき浄化過程が霊的働きという視点から捉えられていることになる[7]。

第一の「神への恐れ」dei timor の霊によって、人は自己の「死すべき運命」mortalitas を思い起こし、「神の意志」dei uoluntas へと向かい、すべての「傲慢な（心の）動き」superbiae motus を十字架に張りつける。第二の「敬虔」pietas の霊によって、人は柔和となり、聖書に反論することを差し控える。自らが悟ることよりも、聖書に書かれたことが「より良く」melius「より真実」uerius と考え信じるようになる。第三の「知識」scientia において、「神を恐れ、敬虔によって柔和とされた人々は、これらすべての巻（すなわち、聖書）において、神の意志を探求する[8]」ところの聖書解釈の段階に至る[9]。このように、聖書を解釈し理解しようとする者にとって前提条件となるのが、神の意志を求める恐れの心と、聖書の権威を認める敬虔な心である。

第四の「不屈」fortitudo において、人は「義」iustitia に飢え渇く。「移り行く事柄」res transeuntes の「死をもたらす快楽」mortifera iucunditas による「情愛」affectus から身を引いて、「永遠的事柄への愛」dilectio aeternorum へ、すなわち、「不変の唯一かつ三位一体」incommutabilis unitas eandemque trinitas へ「転じる」conuertere。次いで、人は遠くで輝くものの中に三位一体の神をできる限り見ようとするが、「視覚の弱さ」aspectus infirmitas のためその「光」lux に耐えることができない。そこで、第五の「憐れみの勧め」consilium misericordiae において、「下位の事柄への欲望」appetitus inferiorum によって生まれた「不浄」sordes から「魂」anima を「浄化し」purgare、「隣人への愛」dilectio proximi に熱心に従事し、それを実行する。その後、「希望」spes に満たされ、「力」uires において「健全」integer となり、「敵への愛」inimici dilectio へ到達するとき、次の段階へ至る。

第六の「心の目の浄化」purgare oculum cordis において、神を見る潜在的機能をもつ「心の目」oculus cordis を浄化する人は「この世」saeculum に死ねば死ぬほど神を見ることに至り、この世に生きれば生きるほど神を見ることができない。「光の現れ」species lucis は「より耐えうるもの」tolerabilior となるだけでなく「より喜ばしいもの」iucundior となるが、「謎において」in aenigmate「鏡を通して」per speculum 見られる（なぜなら、信仰者は天において「交わり」conuersatio をもつが、この世の現実の「生」uita では旅をするかのように、彼らの歩みは信仰を通してであって「現れを通して」per speciem ではないからである）。そして、「単純で清らかな心」simplex cor atque mundatum による「聖なる人」sanctus は、人々を喜ばせようとする熱心や現実の生に立ちはだかる困難を避けようとする思いによって、「真実」uerum から逸らされることがない。このような人が第七の「知恵」sapientia に「登り」ascendere、「安らかで静寂な人」pacatus tranquillusque は知恵を「十分に享受する」perfrui に至る。

回心者の浄化過程である七段階の展開では、「恐れ、謙遜、信仰、愛というパウロ的強調」と「時間的なものから永遠的なものへのプラトン的転回」との総合を認めることができる。[10] さしあたって、浄化過程から第四段階以降を分析すれば、第四が「快楽的情愛の放棄」、第五が「不浄からの魂の浄化」、第六が「内的視覚の浄化」となり、認識論からすれば、第四が「内的視覚の弱さの自覚」、第六が「喜ばしい内的現れ」となり、パウロ的強調としての実践的な愛に注目すれば、第四が「神への愛」、第五が「隣人への愛」、第五から第六への遷移が「敵への愛」となろう。したがって、浄化の進展と認識の深化とは、聖書解釈をもととした愛の倫理的実践を通して成就されることになる。[11]

二　知識の第三段階

では、知識の第三段階は、どのように説明されるのか。アウグスティヌスは、第三の知識の段階に聖書解釈を適用し、次のように述べる。

> 恐れと敬虔のこれら二段階の後、今回私が論考することに決めたところの知識 scientia の第三段階へ到達する。この段階では、聖書に熱心なすべての者 omnis studiosus は自ら骨折り、聖書のうちで次のことの他に何も見いださないであろう。すなわち、神のために神を deum propter deum 愛すべきことと神のために隣人を proximum propter deum 愛すべきこと、また、まさに、心をつくし、魂をつくし、精神をつくし［神］を、そして、隣人を実際に自分自身のように proximum tamquam se ipsum 愛すべきこと、いわば、我々の［自己］愛のように、すべての隣人愛を神に関連づけることである。……それゆえ、［聖書を学ぶ者は］誰であれ、この世の愛に、すなわち、時間的な事柄への愛に巻き込まれており、聖書そのものが規定するほどの神への愛 amor dei と隣人への愛 amor proximi から遠く離されていることを、はじめて聖書で見いだすことは必然である。実際、そのとき、神の裁き iudicium dei を考えるようにさせる恐れ timor と、聖書の権威 auctoritas sanctorum librorum を信じ、それに従うことの他に何もできないようにさせる敬虔 pietas とが、その者を強いて、自分自身を嘆き悲しませる。というのは、善良な希望が付帯するこの知識は、人を自慢 iactans させるのではなく、悲嘆 lamentans させるからである。この状態で、人は絶望 desperatio に打ちひしがれないために、熱心な祈り sedulae preces によって神の助け diuinum adiutorium の慰め consolatio を獲得する。[12]（*DDC* 2.7.10）

ここで、アウグスティヌスが強調するのは、聖書の内容としての「神と隣人への愛」、愛からは程遠い人間の現実的状況、恐れと敬虔を抱く聖書読者の「悲嘆」、そして、「祈り」による「神の助けの慰め」の必要性である。

では、聖書解釈の全体は、この知識の第三段階に含まれるのか。『キリスト教の教え』における七段階の生の展開は、内容から判断すれば、転移構造であるより重層構造であることが分かる。すなわち、上位の段階に到達した者は、必ずしも下位の要素を破棄するわけではなく、むしろ、それを基盤として内に含むことになる。たとえば、アウグスティヌスによれば、隣人愛は神への愛に関連づけられることで浄化的な意義をもつようになるのであるから、隣人愛に達した者が神への愛を放棄することなどありえない。むしろ、隣人愛は神への愛に基礎づけられるものであって、第四段階の神への愛は第五段階の端緒と捉えることができる。同様に、引用文のようなあり方としての第三段階は、聖書解釈のすべてではなく、むしろ、聖書解釈の端緒として捉えられ、聖書解釈の営みそれ自体は、最高段階である知恵に至るまで継続されることになろう(13)。

第三節　字義的解釈と情念

本節では、聖書の字義的解釈と情念との関係性を検討する。ここでは、字義的解釈の位置づけ、および、情念と悲嘆について述べたい。

一　字義的解釈の位置づけ

聖書解釈において、字義的解釈はどのように位置づけられるのか。アウグスティヌスは聖書解釈を明瞭な箇所の解釈と不明瞭な箇所の解釈に分け、次のように述べる。

それに引き続き、［聖書］のうちで明白に aperte 書かれた事柄が、すなわち、生きることの教え praecepta uiuendi であれ、信じることの規準 regulae credendi であれ、賢明に、そして、熱心に探求されるべきである。誰であれ、知性 intellegentia が豊かであればあるほど、これらの多くを見いだす。いわば、聖書において明白に書かれた事柄のうちに、信仰 fides と生きることの道徳 mores uiuendi とを、すなわち、希望 spes と愛 caritas とを含むすべての事柄が見いだされる（これらについて、私は第1巻で扱った）。それから、聖書の言語そのものにいくらか精通するようにされた後、明らかにされるべきであり、解決されるべきである不明瞭な箇所に向かわなければならない。[14]（*DDC* 2.9.14）

アウグスティヌスによれば、聖書は明白な箇所と神の意図的な配剤としての不明瞭な箇所とに分類される。[15] したがって、既に引用した知識の第三段階は、恐れと敬虔とを保持するような「聖書に熱心な者」が明白な聖書箇所から信仰の規則や倫理的な教えを読み取るときに直面する状況であることになる。それゆえ、明白に書かれた聖書箇所の字義的解釈が知識の第三段階における「基本的読解」ということになり、即時的に字義的には読めない不明瞭な箇所の解釈は、第四段階以降において魂の浄化が進展すればするほど深められるものと考えることもできる。[16] 少なくても、知識の第三段階の記述内容に、不明瞭な箇所をめぐる解釈の必要性とその効用性は反映されていない。

いずれにしても、第三段階の字義的解釈は七段階の生の展開において重要な役割を担うことになる。明白に書かれた箇所には、信仰・希望・愛を含むもののすべてが、すなわち、「行為の正しさ」morum honestas として「生きることの教え」と「信仰の真理」fidei ueritas として[17]「信じることの規準」とのすべての知識が含まれることになる（ゆえに、第三段階は「知識」scientia と呼ばれる）。字義的解釈によって獲得される知識の具体的内容は、「信仰の真理」として、三位一体、[18] キリストの受肉、救済と教会、[19] 愛の秩序と隣人についてであり（1.33～1.34.38）、「行為の正しさ」として、神と隣人を愛すべきことである（1.35.39～1.40.44）。この知識を土台に、熱心な聖書読者は第四段階以降へと重層的に移行されることになる。

二　情念と悲嘆

では、浄化過程から見られる第三段階の意義とは何か。アウグスティヌスは字義的解釈の視点から考えられる聖書の役割を、次のように述べる。

しかし、聖書は愛 caritas の他に何も命じないし、情念 cupiditas の他に何も責めない。そして、この方法によって、聖書は人間の道徳 mores hominum を形成する。同様に、もし何らかの誤った先入観 erroris opinio が魂を占有するならば、聖書がそれとは異なって保持する物事を、人は比喩的なもの figuratus と思い込んでしまう。しかし、［聖書］は、過去と未来と現在との事柄に関連する公同教会の信仰 catholica fides の他に何も保持しない。叙述 narratio は過去の事柄に属し、預言 praenuntiatio は未来の事柄に属し、論述 demonstratio は現在の事柄に属するが、これらすべては、同じこの愛 caritas を滋養し強め、情念 cupiditas を征服し滅ぼすために、効力がある。[20]（*DDC* 3.10.15）

ここで、アウグスティヌスは人間社会の習慣に基づく誤った先入観に注目し、聖書解釈に対してそれがもつ危険性を暗示する。この先入観の解毒剤となるのが、聖書に含まれる叙述・預言・論述のすべてが公同教会の信仰に合致すること、換言すれば、「聖書は愛の他に何も命じないし、情念の他に何も責めない」という聖書倫理への信仰的確信である。

ここで、愛と情念を、再度、確認したい。[21] 愛と情念は、次のように定義されていた。

神を神自身のために propter ipsum 享受する frui ことを目的とした、また、自己と隣人を神のために享受することを目的とした魂の動き motus animi を、私は愛 caritas と呼ぶ。しかし、自己と隣人と何らかの物事を神のためにではなく享受することを目的とした魂の動きを、私は情念 cupiditas と呼ぶ。[22]（*DDC* 3.10.16）

ここで、「愛」と「情念」とは一種の「魂の動き」と見なされる。他方、三九二／三九三年に書かれた『二つの魂』*De duabus animabus* では、「意志」uoluntas が「誰にも強要されずに、何かを手放さないことを目的とした、あるいは、何かを獲得することを目的とした魂の動き animi motus」[23]と定義される（10.14）。愛と情念と意志とは共に「魂の動き」と定義され、それらは、目的の達成をめざして活動するある種の理性的衝動と見なすこともできる。[24]整理していえば、愛は神のために神と人間を享受する衝動であり、情欲は神のためでなく何かを享受する衝動であり、意志は自由に何かを獲得する衝動である。したがって、意志が神に方向づけられた獲得へ向かえば、それは愛となり、反対に、意志が神から離反した獲得へ向かえば、それは情念となる。このようにして、意志は愛と情念との間にあって二者択一的な選択を常に迫られていると考えることもできる。ところで、『神の国』*De ciuitate Dei* では、愛を求める善良な天使の「意志」uoluntas に邪悪な天使の「情念」cupiditas が対比される（12.1）。したがって、愛が求められる場合、意志は愛と同義となり、利得が求められる場合、意志は情念と同義となることが予想される。結果として、アウグスティヌスによれば、無垢で真正な意志は本来的に愛を追い求めるものなのである。

第三段階では、愛の教えと情念との関係性が問題となる。明白な聖書箇所が字義的に読まれる場合、読者は「神と隣人を愛すべきこと」を知得するが、この知得によって直ちに次の段階へ達するわけではない。回心直前、証言を通して神への信を欲する新しい意志が生み出されたことと同様に（*Conf.* 8.5.10, 8.8.19, 8.9.21）、字義的解釈による新しい知得によって、神への愛を欲する新しい意志が生み出される。しかし、回心直前の新しい意志が「情欲」libido の抵抗を受けたように（*Conf.* 8.5.10）、ここでも「情念」cupiditas の抵抗を受ける。回心時の危機的状況が聖書解釈の第三段階でも再現され[25]、二つの意志が抗争し合う心の葛藤はどちらかが従属するまで落ち着くことがない。「動かされ理解し従う[26]」の回心構造における危機と同様に、「知得し動かされ愛し始める」と考えられる字義的解釈の構造における「動かされる」という危機である。それは、情念に縛られた古い意志と愛をめざす新しい意志との間を動揺する危機である。

完全な愛の教えを前に、情念に縛られた陶酔的で欺瞞的な自己の現実的状況をまざまざと見せつけられた人間はどのように反応するのか。聖書に心を開く熱心な者ほど、嘆きつつ現実の自己に失望せざるをえないだろう。彼は悲嘆に暮れ、神の助けの慰めを求めて祈り、一切の情念から解放されたいと願うに違いない。知識に基づいて「悲嘆する」lamentari ことこそ、神に助けられながら、二つの意志の抗争を終焉させる端緒であり、さらに、神へ再度向き直る原動力ともなる。そして、自己の一切を永遠的な三位一体の神へ向けようとするところの、いわば、意志と愛が一致し始める第四段階へ至る。これが、字義的解釈を通して獲得される「知識」scientia の倫理的効力なのである。

第四節　比喩的解釈と喜び

本節では、聖書の比喩的解釈と喜びとの関係性を検討する。ここでは、比喩的解釈の位置づけ、喜びによる悲嘆の克服、比喩的解釈の解釈学的役割、および、『詩編注解』の比喩的解釈について述べたい。

一　比喩的解釈の位置づけ

それでは、知識の知得が聖書の理解そのものなのか。R・ナッシュは、「知識」scientiaと「知恵」sapientiaとの関係性を、次のように図式的に説明する。

アウグスティヌスは*ratio superior*と*ratio inferior*を、すなわち、高次と低次の理性を区別した。同一の心におけるこれら二つの様態は、異なった対象、方法、目的、結果をもつ。低次理性の対象は個別的な時間的世界であり、その方法は調査分析であり、その目的は行動であり、その結果は*scientia*である。高次理性の対象は形相的な永遠的世界であり、その方法は観想であり、その目的は幸福であり、その結果は*sapientia*である。特に重要なのは、アウグスティヌスにとって*ratio superior*と*intellectus*とが同一の知的能力を指していることである。[27]

ナッシュによれば、アウグスティヌスは低次と高次の理性を区別し、「理解」intellectusを「高次の理性」ratio superiorに割り当てる。

アウグスティヌスは、この理性intellectusを愛の実践との関係性から問題とする。第1巻で、次のように述べられる。

それゆえ、誰であれ、聖書、もしくは、その部分を理解したと自らには思われるものの、その理解intellectusによって神と隣人へのこの二重の愛を確立していない者は、依然として理解したのではない。[28]（*DDC* 1.36.40）

ここでは、「神と隣人への愛」の確立が聖書の「理解」intellectusの当然の結果と見なされる。この「理解」は、ナッシュが述べるように、観想に関連づけられるのではなく（ナッシュの定義による intellectus であれば、「知解」と訳されようか）、行動に関連づけられている。したがって、『キリスト教の教え』の「理解」概念はナッシュの定義より広い意味で使用されていることになる。一方、ナッシュの引用文から明らかなように、第三段階の知得は「低次の理性」ratio inferior による聖書分析の結果にすぎない。とすれば、ここで説明される聖書の「理解」は、その理解の深みの観点から、第三段階における「知識」scientia の知得を凌駕し、神の愛のみならず隣人の愛にまで効力を及ぼすことになる。以上より、聖書の「理解」は「知恵」sapientia そのものではなく、それを垣間見せるものとして把握されることになろう。アウグスティヌスは、聖書理解の深みへ至らしめる方法を、字義的解釈による知識の知得とは別に、比喩的解釈に担わせるのである。

ところで、『キリスト教の教え』では、不明瞭の記号が「未知記号」signa ignota と「多義記号」signa ambigua とに分類され、各々に「本来的」proprius 用法と「転義的」translatus 用法とが含まれる(2.10.15)。解釈学上、最終的に問題となるのが解釈のクライテリアによって選別される多義記号の転義的用法であり、そこで、比喩的解釈が適用されるのであった。[29] G・リパンティによれば、比喩的解釈の方法は「事柄」res から「意味」significatio への上昇を実現する。

> アウグスティヌスの議論の根底にある処置方法は、比喩の構造〈signum–res–significatio〉において際立たされたもの、とりわけ、事柄から象徴的意味への上昇というこの第二の契機と正確に同じものである。[30]

解釈構造に注目すれば、〈signum→res〉という第一の契機が字義的解釈であるのに対し、比喩的解釈では、さらに、〈res→significatio〉という第二の契機が加えられる。ここで、第一契機が慣習に基づく固定関係であるのに対し、第二契機は、もちろん、その意味が第1巻で説明される事柄と合致する範囲内ではあるが、慣習の固定関係に依存せず、「事柄」resと「意味」significatioとの創造的な結び付きによって実現される象徴的意味への飛躍を可能ならしめるのである。

二　喜びによる悲嘆の克服

アウグスティヌスは、第2巻で比喩的解釈の実例を列挙する。アウグスティヌスは、「雅歌」4章2節「あなたの歯は洗い場から上ってきた毛を刈られた雌羊の群れのようだ。すべて双子を産み、その中に不毛なものはいない」の比喩的解釈を、次のように具体的に提示する。

しかし、教会の歯であるかのように誤謬から切り離された人々を、また、噛み切られ咀嚼されるかのように頑迷が柔らかくされて教会の体の中に移された人々を、聖なる人々として私が見るとき、どんな仕方で一段と喜ばしくsuauius彼らを思い巡らすのか、私は知らない。そして、羊毛が取り置かれ、「洗い場から」、すなわち、洗礼槽から「立ち上ってくる」羊のように、世の重荷が刈り込まれた羊が、「すべて双子geminiを」、すなわち、愛の二つの教えduo praecepta dilectionisを産むことを、私は最も喜んでiucundissime承認する。そして、「彼らのうち」この聖なる果実に不毛である者は誰もいないと私は思う。[31]（*DDC* 2.6.7）

アウグスティヌスは、字義的解釈による文章の意味を、記号からの事柄の知得〈signum→res〉として受け取り、次に、比喩的解釈を適用する。「雌羊の群れ」を「聖なる人々」に、また、「双子」を「愛の二つの教え」に転義させつつ、比喩的解釈〈res→significatio〉を実践し、そこで生じる比喩的解釈における発見の喜びを、次のように述べる。

しかし、それぞれの事案が比喩 similitudo を通して一段と喜ばしく libentius 知られることを、また、何らかの困難をともなって探求される事案がさらに喜び至って multo gratius 発見されることを、今や誰も論争しはしない。[32]（*DDC* 2.6.8）

単語レベルの転義による比喩的解釈、いわば、象徴的意味の創造的発見は、労苦した解釈者[33]に「傲慢」superbia の放逐[34]と倦怠感からの回復を与えるだけでなく（2.6.7）、「喜び」という報酬をも与える。確かに、「双子を産む」から「神と隣人への二つの愛を産む」という比喩を自らが労苦して発見するに至った場合、心が光で満たされるような喜びを一瞬なりとも味わうであろうことは想像に難くない。この喜びは、知恵 sapientia、すなわち、超越的な神の言葉としての永遠的真理に触れることで生じる魂の躍動と考えることもできる。

では、喜びの効用とは何か。L・ポーランドは比喩的解釈と回心構造との類似性を指摘して、次のように述べる。

回心の譬え話がはじめの喪失――羊の喪失、コインの喪失、弟の放浪――を要請するように、解釈における霊的な res の喜ばしい発見は直前の否定的な契機に依存する。[35]

七段階の生の展開では、回心直前の危機にも似た状況が大きく二つあるように思われる。すなわち、第三段階における情念に縛られた自己との対峙と、第四段階における内的視覚の弱さのために神を直視することのできない自己との対峙である。両方共に大きな悲嘆がともなうであろうし、失望に終われば生の展開の後退が予想される危機的状況である。ここに、積極的な原動力としての比喩的解釈が要請されることになる。

そこでは、解釈に労苦すればするほど、また、自己の現実に悲嘆すればするほど、妥当な転義の解釈が発見されたときの喜びが増大するであろう。そればかりでなく、字義的解釈で知得された知識内容が、比喩的解釈で経験される発見の喜びを通して、自らが発見した生き生きとした内実として受け取り直される。このように、単なる知識内容が覚醒されることによって、知を愛し、愛を知るという自己の中心性が回復される。換言すれば、この知の覚醒によって、聖書の倫理的な教えが愛をともなう知、すなわち、内的言葉として受け取り直され、その中心性において、行動への原動力が生み出されるわけである。したがって、情念は、自己から中心性を奪い、自己を疎外するものとして否定されるようになろう。結果として、生の展開に潜在的に含まれる危機的状況を克服するものは、比喩的解釈の発見の喜びという情動的契機によって回復される自己の中心性であり、自己が自己を圧迫する悲嘆の重みを自己放棄という方向性で神へ解放する、いわば、ある種の浮揚力と考えられるのである。

比喩的解釈の発見による喜びの効用は「行為の正しさ」だけでなく、「信仰の真理」、すなわち、「神と隣人への知」にも及ぶ。たとえば、キリストの受肉、十字架、復活という経綸的キリスト論をめぐる単なる知識が情動的契機を通して受け取り直され、その結果、生き生きとした私の出来事として実感されるようになる。すなわち、祖国への道となられたキリストの受肉（1.11.11, 1.34.38）、自己否定を通して真の自己受容を可能にする十字架の道、喜びによって喚起された永遠性への希望というそれぞれの内実が、私に向けられた神の愛として受け取り直されるわけである。このようにして、「信仰の真理」をめぐる知の覚醒も自己吟味による悲嘆を克服するための恩恵的な助けとなろう。

三　比喩的解釈の解釈学的役割

では、比喩的解釈の解釈学的な役割とは何か。まず、比喩的解釈の構造を考えたい。生の展開の第三段階以降では、回心構造の危機の克服に似た過程、すなわち、喜びを通した「理解」intellectus への到達[36]と似た過程が一段と期待されるのである。認識論的にいえば、第三段階の字義的解釈で知得された「神と隣人を愛する」という「知識」scientia に加えて、比喩的解釈の喜びを契機に、理性的衝動としての「愛」caritas を必然的に生み出すような「理解」intellectus が獲得されるわけである。ここで、「理解」とは情動的契機によって魂を活かすようにされた知識、すなわち、覚醒された知識と考えることができる。以上から、字義的解釈の構造が「知得し動かされ愛し始める」と考えられたのに対し、比喩的解釈の構造は「喜び理解し愛する」と見なすことができる。

比喩的解釈から考えれば、字義的解釈の目的が知識 scientia の提示を通して比喩的解釈に方向性と誤謬回避の保証を与えることであり、他方、比喩的解釈の目的は、発見の喜びを契機に〈res→significatio〉の創造的構造において、知識 scientia の知得を理解 intellectus にまで深めつつ、知恵 sapientia を予見させることである。このようにして、アウグスティヌスは、意味としての霊的事柄の理解を「キリスト教の自由」christiana libertas と規定し（3.8.12）、ユダヤ教やマニ教に見られる隷属的字義主義や世俗の解釈に見られる恣意的比喩主義からの峻別を試みている。

『キリスト教の教え』では、『教師論』のように真理が内的教師によって与えられるのではなく、発見の喜びが字義的把握を超越する「知恵」の先行的恩恵と、すなわち、内なるキリストの先行的恩恵と見なされる。この意味で、発見の喜びは、いわば、外なるキリストを基礎に表現された聖書言語の内に隠された宝であり、神の恩恵であるこの宝は、信仰の熱心と骨折りによって、神の介在として体験される。しかし、この体験は外的言語に促されて内的に真理を理解する構造ではなく、あくまでも、聖書言語をあれこれと思案しつつ、聖書言語の意味を発見する構造なのである。このようにして、聖書言語は知識の媒介と見なされるのである。結果として、「聖書の助けと慰め」scripturarum et auxilia et solatia がイスラエルの聖人によって聖霊を通して与えられたことが、キリスト教にとって決定的な出来事として評価されるわけである（3.9.13）。『告白』では、「［イエス・キリスト］のうちに、知恵 sapientia と知識 scientia のすべての宝が隠されている。私はあなたの本（すなわち、聖書）のうちにその［宝］を探す[37]」と述べられる（11.2.4）。ここでも、『教師論』のように内的教師としてのキリスト理解が前提されているのではなく、『キリスト教の教え』でキリストの受肉と類比される言語理解に基づいた、聖書言語の媒介性が前提されている。このように、「知恵と知識のすべての宝」は、聖書言語を通して per 探求されるのではなく、聖書言語において in 探求される、と考えられる。これまで見てきたように、『キリスト教の教え』の字義的解釈の役割は読者に知識 scientia を与えることであり、他方で、比喩的解釈の役割は知恵 sapientia に至る恩恵的理解を発見の喜びを通して解釈者に与えることである。この意味で、『キリスト教の教え』で成立したと考えられる聖書言語をめぐる理解は、結局のところ、聖書言語の知識と知恵の媒介性となるであろう。

四　『詩編注解』の比喩的解釈

最後に、『キリスト教の教え』で提示される比喩的解釈の方法を、実際の注解書で確認したい。アウグスティヌスは、『詩編注解』*Enarrationes in Psalmos* の103編3節[38]で、次のように比喩的解釈を展開する。

「その方（主）は風の翼の上を歩まれる」（103.3）。……それゆえ、この創造された［風］において特徴的に生じるもののように、この［聖句］を字義的に ad litteram 受け取るよう努めよう。おそらく、聖書は言葉の素早さを推奨する。……このようにして、「風の翼」pennae uentorum を通して、あなたは「風」の素早さを理解するであろうし、また、神の言葉があらゆる「風」より素早いことを理解するであろう。そして、このようなものが一見したところの見解となる。では、より内的な何らかのものに向かって戸口を叩こう。そうすれば、これらの文字が何らかのものを比喩的に figurate 我々に知らせてくれるであろう。[39]（*Enarrationes in Psalmos* 103.1.12）

第一に、アウグスティヌスは聖句の字義的意味を探り、知識の知得をめざす。「風の翼」から、「神の言葉」の「素早さ」を把握しようとする。しかし、この聖句が字義通りに受け取られる場合の誤った神理解から、すなわち、神を擬人的に考えてしまう誤謬解釈の可能性から、この聖句が「神と隣人への愛と知」という解釈のクライテリアに合致しないものと考えられることになる。結果として、「この［聖句］を字義的に受け取ることは危険である」[40]（103.1.12）と判断され、次のような比喩的解釈が実践される。

「［主］は風の翼に登られる」ということで、我々は何を受け取るのか。我々は、「風」uenti を「魂」animae として比喩的に figurate 正しく受け取ることを述べた。「風の翼」、すなわち、「魂の翼」は、それによって上方に高められるのでなければ（何であろうか）。それゆえ、「魂の翼」は徳であり、善行であり、正しい行いである。それらは、すべての翼を対の羽根のうちにもつ。すなわち、すべての教え praecepta は二つの教えのうちにある。神と隣人を愛する者は誰であれ、翼のある魂を持ち、自由な羽根である聖なる愛情 sanctus amor によって、主へと舞い上がるのである。肉的な愛情 amor carnalis に囚われる者は誰であれ、翼のうちに鳥もち uiscum を持ち合わせている。[41]（*Enarrationes in Psalmos* 103.1.13）

ここで、アウグスティヌスは「風」を「魂」に転義させて、「風の翼」を「魂の翼」と比喩的に解釈する。そして、解釈が愛を勧め、情欲を責める方向となるように、二対の「魂の翼」を二対の「神と隣人への愛」と関連づける。結果として、「聖なる愛情」による「徳」や「善行」が勧められ、「肉的な愛情」は粘着材が張り付いた翼として責められるのである。

以上のように、比喩的解釈が実践されるわけであるが、これだけでは、「〔主〕は風の翼の上を歩まれる」という文章が完全に説明されたことにはならない。そこで、アウグスティヌスは次のように総括する。

というのは、あなた方はキリストを愛しており amare、それゆえ、十字架において奉仕している。しかし、〔キリスト〕があなた方を愛したように、あなた方は果たして愛しているだろうか。（そうとはいえまい。）しかし、あなた方は、愛することのできる限り愛することによって、〔主〕へと舞い上がり、その結果、どのように〔主〕があなた方を愛されたのかを知るようになる、すなわち、キリストの愛 caritas Christi の卓越性 superemminentia を知るようになるのである。というのは、あなた方は可能な限りあなた方を愛し、また、可能な限り舞い上がるのであるが、〔主〕は風の翼の上でさえ歩まれるのである。「その方は風の翼の上を歩まれる」[42]。（*Enarrationes in Psalmos* 103.1.14）

アウグスティヌスは、人間の愛の性質をはるかに凌駕する「キリストの愛の卓越性」を「その方は風の翼の上を歩まれる」という聖句から比喩的解釈によって、いわば、言説的論証において導き出している。このように、彼の聖書解釈では、聖書言語に表出されるような聖書記書の意図が、言語表現において探求される構造であり、したがって、それは言語表現に促されて内的に探求されるような、いわば、論理的論証としての解釈なのではない。

もし解釈者が、労苦の末に、「神と隣人への愛」が深まるような比喩的解釈を発見することができれば、深みのある喜びを味わうことができよう。そして、愛の行為へ向かう原動力ともなる、この喜びをめぐり、「なぜ私の心に喜びが生じるのか」、あるいは、「喜びはどこから到来したのか」という問いに正確に答えることさえできないのである（この意味で、喜びは恩恵的である）。このようにして、比喩的解釈の恩恵的喜びによって、「神と隣人への愛」を実践すべきであるという単なる知識が覚醒されて理解へ至る。この理解が人間の中心性において神への愛という意志を生じせしめ、それゆえ、全人格的な「神と隣人への愛」が実践される。ここに、『キリスト教の教え』直前に執筆された『シンプリキアヌスへ』の影響、すなわち、相応しい呼びかけによる恩恵的喜びを契機に知識と理解が獲得され、人間の中心性において神への信という意志を生じせしめ、それゆえ、全人格的な信にいたるという回心構造の影響を見て取ることができる。

かくして、生の展開過程そのものにおける危険性、すなわち、探求の最終目的に信のみを位置づけることにより、また、難解な聖書言語の解読に取り組む解釈的関心を喪失することにより、必然的に生起する生の停滞――多くの場合、喜びの喪失と倦怠感として自覚される――に陥る危険性(43)をめぐって、アウグスティヌスは聖書に熱心であるべき現代の人々にも警鐘を鳴らしている。ここに、アンセルムスが見いだすような、知解を求める信 fides quaerens intellectum というアウグスティヌスの思想の輪郭が聖書解釈学の観点から力強く析出している。このように、アウグスティヌスは信の土台の上に理解が深められつつ、知恵に向かって展開される生を考えている。とはいえ、理解が深められる道程は容易なものでない。深められた理解としての知恵は、聖書言語に促されて直観的に内的把握されるものではなく、いわば、聖書言語において実践される粘り強い探求を通して見いだされる、発見の喜びによって、愛が実践されつつ、信の所在である人間の中心性において聖書の知識内容が覚醒された結果、それは辛うじて獲得されるものにすぎない。だとしても、我々は「信」fides が獲得されたからといって、知の覚醒を通した「知恵」sapientia の探求を放棄するわけにはいかない。何となれば、この殺伐となりがちな世界で愛と希望に満たされて生きることこそ神の御意志であり、その実現のために、聖霊によって吹き込まれた聖書言語において、たえず、聖霊は我々の同意を通して知の覚醒を我々の内に生起せしめようと働いておられる、と信じられるからである。

結果として、『キリスト教の教え』では、「照明の方法」による直観的な神認識は終末的な希望と捉え直され、迂回の道として、愛の交流を漸進的に生み出すことになる「言語の方法」が、生の展開における実質的な有用性という観点から、罪の重みに苦しむ現実の人間状況に即したものとして採用されたことになる。『告白』や『三位一体論』の後半部分でアウグスティヌスが言語力を振り絞るようにして語る言説的表現を用いるのも、罪の重みに抗して、愛をともなう知を受け取り直すことになるような知の覚醒が読者に呼び覚まされ、その結果、読者の同意を愛と喜びにおいて獲得することを、彼が熱烈に望むからに他ならないのである。

第五節　結語

本章では、『キリスト教の教え』で論じられる七段階の生の展開において問題となる、聖書解釈の特権的役割を研究した。その結果、以下の結論を得た。第一に、七段階の生の展開が重層構造であり、それゆえ、聖書解釈が第三段階に制約される必要がないこと。第二に、第三段階は主に明白な聖書箇所の字義的解釈によって知得される知識の段階であり、そこには、信仰・希望・愛を含むすべての聖書的な知識が含まれること。第三に、第三段階における情念に縛られた自己への悲嘆が、神を愛するための一つの原動力となること。第四に、聖書の「理解」intellectus は字義的解釈による「知識」scientia 以上のものであり、それは「知恵」sapientia を垣間見せる比喩的解釈を通して「神と隣人への愛」へ到達せしめる効力を有すること。第五に、回心時と同様に、生の展開の危機の克服過程でも、恩恵的要素を強く含む喜びが克服の積極的な原動力と見なされること。第六に、聖書記者の意志の伝達、特に、知識レベルだけでなく、理解レベルにおける意志の伝達は、聖書言語に促されてというより、聖書言語において、すなわち、聖書言語を丹念に吟味することにおいて達成可能であること。最後に、「照明の方法」による直観的な神認識は終末的な希望として捉え直され、漸進的な理解を生む「言語の方法」が実質的な生の展開の手段として主張されること。

『キリスト教の教え』のアウグスティヌスは、意志を動かすための総合的心理学、すなわち、理解の段階性だけでなく、悲しみや喜びの感情と愛や情念の衝動を含む情動的心理学の効力性を考察する。彼の聖書解釈学の方法は、知識を土台とした悲しみと喜びの効用に依存し、その目的は、喜びを媒介とした意志と愛との一致を通して「神と隣人への愛」を誘発することにある。この意味で、理性的探求が中心であった前期著作群と『告白』との、すなわち、意志と愛との一致、祈りと探求との交錯、信仰告白と聖書解釈との総合を含むような『告白』との齟齬と間隙を、『シンプリキアヌスへ』が回心をめぐって説明したように、『キリスト教の教え』は言語理解と聖書解釈をめぐって解き明かしているのである。

注

（1）Canisius van Lierde, "Teaching of St. Augustine on the Gifts of the Holy Spirit from the Text of Isaiah 11 : 2–3" in *Collectanea Augustiniana. Augustine : Mystic and Mystagogue* (trans. J. C. Schnaubelt and F. Van Fleteren ; New York : Peter Lang, 1994), 5–110 ; 水落健治「アウグスティヌスにおける神認識への7つの霊的段階——その起源と成立について」、『途上』（思想とキリスト教研究会）第九号、一九七八年、29–51頁；上村直樹「魂のはたらきとしての七階梯の上昇——アウグスティヌス『魂の大いさ』における魂論」、『哲学誌』（東京都立大学哲学会）第四五号、二〇〇三年、1–16頁；同「魂の階梯論における聖書解釈——アウグスティヌス『マニ教徒に対する創世記註解』研究叙論」、『パトリスティカ——教父研究』第九号、二〇〇五年、64–85頁。

（2）E.g. Frederick Van Fleteren, "Augustine's Ascent of the Soul in Book VII of the Confessions : A Reconsideration," *Augustinian Studies* 5（1974）: 29–71 ; idem, "Mysticism in the Confessiones--A Controversy Revisited," in *Collectanea Augustiniana. Augustine : Mystic and Mystagogue*（New York : Peter Lang, 1994), 309–336.

（3）水落健治「中期アウグスティヌスにおける聖書解釈の思想」、『中世思想研究』第一九号、一九七七年、105–114頁；加藤武「*De Doctrina Christiana*（II, vii, 9–12）における迂路について」、『立教大学研究報告』〈人文科学〉第四四号、一九八五年、26–44頁；Brian Stock, *Augustine the Reader : Meditation, Self-Knowledge, and the Ethics of Interpretation*（Cambridge and London : The Belknap Press of Harvard University Press, 1996), 196–204 ; Hannam, "*Nodo unitatis et caritatis*," 145–165.

（4）Burns, "Delighting the Spirit : Augustine's Practice of Figurative Interpretation," 182–194 ; Edward Morgan, *The Incarnation of the Word : The Theology of Language of Augustine Hippo*（London : T&T Clark International, 2010), 66–86.

（5）Lierde, "Teaching of St. Augustine on the Gifts of the Holy Spirit from the Text of Isaiah 11 : 2–3", 6–13.

（6）加藤「*De Doctrina Christiana* における迂路について」、26–36。

（7）水落によれば、第四段階が回心と位置づけられる（水落「中期アウグスティヌスにおける聖書解釈の思想」、111

頁）。これに対し、Burns は七段階の生の展開を 'the progress of the Christian life' と規定し（Burns, "Delighting the Spirit," 186）、Stock と Morgan とは共に七段階の生の展開を回心に関連づけてはいない（Stock, *Augustine the Reader*, 199–200 ; Morgen, *The Incarnation of the Word*, 67）。七段階の展開がイザヤ書の霊の賜物に基礎づけられていること、古代の人々は聖書解釈を通してでなく主に聞くことを通して回心したであろうこと、第三段階の説明に贖罪の教えがないことを考え合わせ、ここでは後者の立場に立つ。

（8）*DDC* 2.9.14（CCSL 32, 40）: In his omnibus libris timentes deum et pietate mansueti, quaerunt uoluntatem dei.

（9）Burns によれば、「アウグスティヌスが第三段階に焦点を当てていることは、それをめぐる彼の入念な記述からだけでなく、彼がより早い第三段階に知識を凝縮させるために、聖書的な表題である理解、あるいは、intellectus を第六段階に適用することを彼が控えていることからも認められよう」（Burns, "Delighting the Spirit," 187）。

（10）Burns, "Delighting the Spirit," 187. 一方で、Williams は生の展開における浄化過程を「言葉と物質からの個人的逃亡である『プラトン的』モデルへの力強い挑戦」と捉え（Rowan Williams, "Language, Reality and Desire in Augustine's *De doctrina*," *Literature and Theology* 3 2/3 [1989]: 138–150, esp. 145）、他方で、Hannam は第2巻を ab exterioribus ad interiora と第三巻を ab inferioribus ad superiora と要約し、アウグスティヌスのプラトン主義的側面を強調する（Hannam, 157）。Hannam が指摘するように、生の展開における高次への発展構造が堅持される点でプラトン主義的と考えられ、Williams が指摘するように、浄化過程において「言葉」を媒介とする「知識」の段階が必要とされる点で、また、Burns が指摘するように、「知恵」の段階へ至るには「愛」を媒介としなければならない点でキリスト教的と考えられる。

（11）加藤は「「解釈の道」への第一の迂回（知の段階）につづき「隣人愛の道」という第二の迂回を通るべきことが示されている点で、上昇の道の大幅な変更が生じていることに瞠目せざるをえない」と述べ、三八八／三八九年に執筆された『魂の偉大性』*De quantitate animae* における七段階の上昇過程との差異性を主張する（加藤「*De Doctrina Christiana* における迂路について」、32–33）。

（12）*DDC* 2.7.10（CCSL 32, 37）: Post istos duos gradus timoris atque pietatis ad tertium uenitur scientiae gradum, de quo nunc agere institui. Nam in eo se exercet omnis diuinarum scripturarum studiosus, nihil in eis aliud inuenturus quam diligendum esse deum propter deum et proximum propter deum, et illum quidem *ex toto corde, ex tota anima, ex tota mente, proximum* uero *tamquam se ipsum*, id est, ut tota proximi, sicut etiam nostri dilectio referatur in deum. ... Necesse est ergo, ut primo se quisque in scripturis inueniat amore huius saeculi, hoc est, temporalium rerum, implicatum, longe seiunctum esse a tanto amore dei et tanto amore proximi, quantum scriptura ipsa praescribit. Tum uero ille timor, quo cogitat de iudicio dei, et illa pietas, qua non potest nisi credere et cedere auctoritati sanctorum librorum, cogit eum se ipsum lugere. Nam ista scientia bonae spei hominem non se iactantem, sed lamentantem facit. Quo affectu impetrat sedulis precibus consolationem diuini adiutorii, ne desperatione frangatur, ...

（13）Hannamによれば、聖書解釈は、第三段階に限定されず、第四段階（神への愛）と第五段階（隣人への愛）においても「中心的重要性」を保持する（Hannam, 147）。

（14）*DDC* 2.9.14（CCSL 32, 41）: Deinde illa, quae in eis aperte posita sunt, uel praecepta uiuendi uel regulae credendi, sollertius diligentiusque inuestiganda sunt ; quae tanto quisque plura inuenit, quantum est intellegentia capacior. In his enim, quae aperte in scripturis posita sunt, inueniuntur illa omnia, quae continent fidem moresque uiuendi, spem scilicet atque caritatem, de quibus libro superiore tractauimus. Tum uero facta quadam familiaritate cum ipsa lingua diuinarum scripturarum in ea, quae obscura sunt, aperienda et discutienda pergendum est, ...『キリスト教の教え』の聖書解釈学では、第1巻で聖書言語が指示する「事柄」resの内容が、第2～3巻で「記号」signaとしての聖書言語の解釈方法が扱われる。

（15）*DDC* 2.6.7（CCSL 32, 35）: Quod totum prouisum esse diuinitus non dubito（[不明瞭性と多義性との]すべてが神によって用意されたことを私は疑わない）. 新約ではその大部分が明瞭な箇所であるのに対し、旧約には多くの不明瞭な箇所が含まれることが議論の背景にある。

（16）Stockは「基本的読解（1~2.9）と解釈（2.10~3.37）で構成される読解の二段階の意義は、読解と行為としても分類される」と述べ、不明瞭な箇所の解釈と行為との密接な関係性を暗示する（Stock, *Augustine the Reader*, 200）。また、『キリスト教の教え』第2巻の最終部にも同様な示唆が含まれる（*DDC* 2.42.63）。

（17）Cf. *DDC* 3.10.14（CCSL 32, 86）：Morum honestas ad diligendum deum et proximum, fidei ueritas ad cognoscendum deum et proximum pertinent（行為の正しさは神と隣人を愛することに、信仰の真理は神と隣人を知ることに属する）.

（18）『キリスト教の教え』第1巻に含まれる三位一体をめぐる記述は、次のようなものである。「それゆえ、父と子と聖霊とがおられ、このうちの各々一つが神であり、同時に、すべては全体として一つの神であって、また、このうちの各々一つが十分な本質 substantia であり、同時に、すべては全体として一つの本質である。父は子でも聖霊でもなく、子は父でも聖霊でもなく、聖霊は父でも子でもないが、父は父に他ならず、子は子に他ならず、聖霊は聖霊に他ならない。これら三つ tribus は等しい永遠 aeternitas、等しい不変 incommutabilitas、等しい主権 maiestas、等しい力 potestas である。父において統一 unitas があり、子において同等 aequalitas があり、聖霊において統一と同等との一致 concordia があって、また、これら三つ tria は父のゆえにすべてが一つであり、子のゆえにすべてが同等であり、聖霊のゆえにすべてが結びつけられている」（*DDC* 1.5.5）。アウグスティヌスの記述は、ニカイア信条の父と子における「同質性」ὁμοούσιος という主張と合致する。さらに、ニカイア信条（三二五年）やコンスタンチノポリス信条（三八一年）と比較すると、父と子と聖霊との関係性に焦点が置かれ、特に、聖霊の役割が積極的に評価されていることが分かる。

（19）「信仰の真理」の内容に「教会」が独立的に含まれるのか否かは問題である。アウグスティヌスの解釈学において、新約が旧約の解釈学的基準であり、教会が新約のそれであると考えられるので（cf. Graziano Ripanti, "L'allegoria o l'"intellectus figuratus" nel *De doctrina christiana* di *Agostino*," *Revue des Études Augustiniennes* 18 2/2 [1972]：219–232, esp. 230）、教会が「信仰の真理」を保持することになり、その内容規定に教会自らを含ませることは可能であろう。とはいえ、『キリスト教の教え』では「救済論」や「愛の秩序」が言及されるのと同程度に、「教会」が強調されているわけではない。Allard によれば、第一巻は res aeternales と res temporales とから構成され、前者に frui の唯一の対象である Trinité が属し、後者に救済史・倫理的教え・対神徳が属する（G.H. Allard, "L'articulation du sens et du signe dans le *De doctrina christiana* de s. Augustin," *Studia Patristica* 14 [1976]：377–388, esp. 380）。

（20）*DDC* 3.10.15（CCSL 32, 87）：Non autem praecipit scriptura nisi caritatem nec culpat nisi cupiditatem et eo modo informat mores hominum. Item si animum praeoccupauit alicuius erroris opinio, quicquid aliter adseruerit scriptura, figuratum homines arbitrantur. Non autem adserit nisi catholicam fidem rebus praeteritis et futuris et praesentibus. Praeteritorum narratio est, futurorum praenuntiatio, praesentium demonstratio；sed omnia haec ad eandem caritatem nutriendam atque roborandam et cupiditatem uincendam atque exstinguendam ualent.

(21) 本書第五章第三節（二）参照。

(22) *DDC* 3.10.16（CCSL 32, 87）：Caritatem uoco motum animi ad fruendum deo propter ipsum et se atque proximo propter deum；cupiditatem autem motum animi ad fruendum se et proximo et quolibet corpore non propter deum.

(23) *De duabus animabus* 10.14（PL 42）：Voluntas est animi motus, cogente nullo, ad aliquid vel non amittendum, vel adipiscendum.

(24) Sarah Byers によれば、アウグスティヌスの「意志」uoluntas は、行動へ向かう衝動を意味するストア派の ὁρμή の影響を受け、理性的存在の appetitus あるいは ὁρμή と同一形態であって、それは「習慣的 dispositional 衝動」と「偶発的 occurrent 衝動」とに分類される（Sarah Byers, "The Meaning of *Voluntas* in Augustine," *Augustinian Studies* 37 2/2［2006］：171–189, esp. 172–175）。

(25) Lynn M. Poland, "Augustine, Allegory, and Conversion," *Literature and Theology* 2 1/2（1988）：37–48, esp. 40.

(26) *AS* 1.2.13（CCSL 44, 38）：ut et mouerentur et intellegerent et sequerentur. 回心構造で重要な要素となる理解は聖書そのものの理解というより、キリストの贖いを成就する神の愛の理解と思われる（本書第五章第二節参照）。

(27) Ronald H. Nash, *The Light of the Mind：St. Augustine's Theory of Knowledge*（Lima, Ohio：Academic Renewal Press, 2003）, 65：Augustine distinguished between the *ratio superior* and *ratio inferior*, the higher and lower reasons. These two aspects of the same mind have different objects, methods, ends, and results. The object of the lower reason is the temporal world of particulars；its method is investigation；its end is action；

and its result is *scientia*. The object of the higher reason is the eternal world of the forms ; its method is contemplation ; its end is happiness ; and its result is *sapientia*. It is especially important that for Augustine *ratio superior* and *intellectus* refer to the same faculty. なお、アウグスティヌスの scientia と sapientia の用法については、Marrou が詳しい（*Saint Augustin et la fin de la culture antique*, 561–569）。

（28）*DDC* 1.36.40（CCSL 32, 29）: Quisquis igitur scripturas diuinas uel quamlibet earum partem intellexisse sibi uidetur, ita ut eo intellectu non aedificet istam geminam caritatem dei et proximi, nondum intellexit.

（29）本書第六章第三節（三）参照。

（30）Ripanti, "L'allegoria o l'" intellectus figuratus" nel *De doctrina christiana* di *Agos*tino," 230–231 : Il procedimento che sta alla base del discorso agostiniano, è precisamente quello stesso messo in risalto nella struttura dell'allegoria : «signum-res-significatio», soprattutto questo secondo momento, quello di risalita dalla cosa alla sua significazione simbolica.

（31）*DDC* 2.6.7（CCSL 32, 36）: Et tamen nescio quomodo suauius intueor sanctos, cum eos quasi dentes ecclesiae uideo praecidere ab erroribus homines atque in eius corpus emollita duritia quasi demorsos mansosque transferre. Oues etiam iucundissime agnosco detonsas oneribus saecularibus tamquam uelleribus positis et *ascendentes de lauacro*, id est de baptismate, creare *omnes geminos*, duo praecepta dilectionis, et nullam esse ab isto sancto fructu sterilem uideo.

（32）*DDC* 2.6.8（CCSL 32, 36）: Nunc tamen nemo ambigit et per similitudines libentius quaeque cognosci et cum aliqua difficultate quaesita multo gratius inueniri.

（33）『キリスト教の教え』では、比喩的解釈に取り組む解釈者に「尋常ならぬ配慮と努力」（3.5.9）が要請され、解釈者の労苦が積極的に評価される（cf. Pamela Bright, "Biblical Ambiguity in African Exegesis," De doctrina christiana : *A Classic of Western Culture*［Notre Dame and London : University of Notre Dame Press, 1995］, 25–32, esp. 27）。

（34）Dawson は、真正な比喩的解釈が superbia の「解毒剤」antidote となりうることの重要性に注目する（Dawson, "Sign Theory, Allegorical Reading, and the Motions of the Soul," 131–135）。

(35) Poland, "Augustime, Allegory, and Conversion," 42 : As the parables of conversion requires first loss---of sheep, of coin, the exile of the younger son---so in interpretation the joyful discovery of a spiritual *res* depends upon a prior negative moment : ....

(36) 『シンプリキアヌスへ』で提示される回心構造は、神の呼びかけに応じて「喜び理解し信じる」と考えることができる（本書第五章第二節（五）参照）。

(37) *Conf.* 11.2.4（CCSL 27, 196）: in quo sunt omnes thesauri sapientiae et scientiae absconditi. Ipsos quaero in libris tuis.

(38) Vulgata の「詩編」103編は、Masorah の「詩編」104編に該当する。

(39) *Enarrationes in Psalmos* 103.1.12（CCSL 40, 1485）: *Qui ambulat super pennas uentorum.* ... Conemur ergo et hoc accipere ad litteram, ueluti proprie factum in creatura ista. Velocitatem uerbi fortasse commendat scriptura ; ... ut per pennas uentorum intellegas uelocitatem uentorum, et uerbum Dei intellegas uelocius omnibus uentis. Et sic in prima facie considerationis : pulsemus ad aliquid interius, et figurate aliquid nobis indicent istae litterae.

(40) *Enarrationes in Psalmos* 103.1.12（CCSL 40, 1485）: Hoc iam periculosum est accipere ad litteram.

(41) *Enarrationes in Psalmos* 103.1.13（CCSL 40, 1486）: Et quid hic accipimus : *Adscendit super pennas uentorum ?* Diximus, bene accipi figurate uentos animas. Pennae uentorum, pennae animarum quae sunt, nisi a quibus sursum adtolluntur ? Pennae ergo animarum uirtutes, bona opera, recte facta. In duabus alis habent omnes pennas ; omnia enim praecepta in duobus praeceptis sunt. Quisquis dilexerit Deum et proximum, animam habet pennatam, liberis alis, sancto amore uolantem ad Dominum. Quicumque implicatur amore carnali, uiscum habet in pennis.

(42) *Enarrationes in Psalmos* 103.1.14（CCSL 40, 1487–1488）: Amatis enim Christum, et ideo in cruce operamini. Sed numquid amatis quantum uos ille amauit ? Amando autem quantumcumque amatis, uolatis ad ipsum, ut cognoscatis quemadmodum ipse uos amauerit ; hoc est, ut sciatis supereminentiam caritatis Christi. Amatis enim uos quantum potestis, et uolatis quantum potestis ; sed ille ambulat et super pennas uentorum. *Qui am-*

bulat super pennas uentorum.

（43）Williams, "Language, Reality and Desire in Augustine's *De doctrina*," 142.

結論

一　媒介としての言語の可能性

本書では、『教師論』の主題である「記号によっては何も学ばれない」と『キリスト教の教え』の前提である「事柄は記号を通して学ばれる」との間に予期される言語媒介の差異性とその原因を探求することを通して、アウグスティヌスの聖書解釈学をめぐる記号理論と言語理論、および、『キリスト教の教え』の聖書解釈学について学問的な理解をいっそう前進させることを試みた。その結果、次の結論を得た。

第Ⅰ部の「アウグスティヌスの記号理論」では、第一章で『教師論』の記号理論が検討された。『教師論』の記号は単語単位に属し、その記号理論は〈記号―口述可能なもの dicibile―事柄〉という三極構造を有する。一方で、認識構造〈事柄→口述可能なもの〉は内的真理によって保証されるものの、他方で、口述構造〈口述可能なもの→記号〉を保証するものは『教師論』で提示されない。第二章では『問答法』の記号理論が検討された。ストア学派の記号論は「言語的記号」τὸ σημαῖνον と本来的な「推論的記号」τὸ σημεῖον とに分類され、他方、言語論は「指示するもの」τὸ σημαῖνον と「指示されるもの」τὸ σημαινόμενον、すなわち、「音声」φωνή と「レクトン」λεκτόν との対概念で構成され、さらに、意味の担い手は「主張文」λόγος とされる。これに対し、アウグスティヌスは、『問答法』で意味の担い手を単語単位に移し、ストア学派の「推論的記号」τὸ σημεῖον における指示作用を言語に導入することで、彼独自の言語の記号理論を創設する。第三章では『キリスト教の教え』の記号理論が検討された。『キリスト教の教え』の記号理論は〈記号―思考上の何か―事柄〉という三極構造を有する。一方で、受信型記号は指示構造〈記号→事柄〉に関連する記号理論から、他方で、発信型記号は表現構造〈思考→音声〉に関連する言語理論からそれぞれ説明され、後者の表現構造〈内的言葉（思考）→音声〉が受肉構造〈神の言葉→受肉のキリスト〉に基礎づけられる。

以上より、『問答法』と『教師論』と『キリスト教の教え』が共有する記号理論の三極構造をめぐり、それらの記号理論に本質的な差異性は認められず、アウグスティヌスの記号理論における一貫性が確認される。他方、『教師論』では認識構造〈事柄→口述可能なもの〉が内的真理である永遠のキリストによって保証されたが、これに対し、『キリスト教の教え』では表現構造〈思考→音声〉が受肉の神学によってはじめて明示的に基礎づけられた。そして、受信型記号は記号理論から説明され、発信型記号は言語理論から説明されることによって、第Ⅱ部の議論に移行することができる。

第Ⅱ部の「アウグスティヌスの言語理論」では、第四章で『教師論』の言語理論と『三位一体論』の内的言葉が検討された。『教師論』の内的真理を基準とする理性主義的方法は論理的命題を解決するものの、歴史性を含む主張的命題には対応できず、したがって、内的真理の直視によって達成される直観的論証は、包括的な魂の動きに支えられる言説的論証による人間的同意の可能性を最終的に否定し、この点で、「記号によっては何も学ばれない」ことが『教師論』の主題として確認される。また、『キリスト教の教え』の表現構造〈心に保持する言葉→音声〉が、受肉構造〈神の言葉→受肉のキリスト〉との類似性に基づき、前者の構造的確実性が暗示され、「事柄は記号を通して学ばれる」ことが再確認される。さらに、『三位一体論』の

「内的言葉」は「神の言葉」である永遠のキリストとの類似性から捉えられ、「愛をともなう知」である「内的言葉」とそれに基づく「喜び」が言語表現を媒介に伝播可能とされる。そして、『三位一体論』でも、『キリスト教の教え』と同様に、受肉のキリストと音声との類似性によって、知識伝達を可能にする言説的論証と、それを通した人間的同意の可能性が確保されている。第五章では『シンプリキアヌスへ』の言語理解と『キリスト教の教え』が検討された。『シンプリキアヌスへ』第1巻第2問の回心構造は恩恵的な「相応しい呼びかけ」概念に基礎づけられ、神の「相応しい呼びかけ」は人間の主体性と意志の自由選択とが担保されつつ作用することが結論づけられる。さらに、『シンプリキアヌスへ』では、『教師論』の内的真理に基づく照明説が否定されているわけではなく、神の先行的恩恵という条件の下で、「喜び」を契機とした言語表現による知識の伝達可能性が新たに加えられる。『キリスト教の教え』では「人間を通して」学び合い伝授し合うことの重要性が主張され、それは『シンプリキアヌスへ』で確立された言語理論における彼独自の恩恵概念が前提とされる。加えて、『キリスト教の教え』の伝達可能な表現内容に、知覚内容や理解内容だけでなく、魂の動きとしての「愛」と「喜び」が含まれるようになるのも、『シンプリキアヌスへ』の影響と考えられる。

以上より、『シンプリキアヌスへ』では言葉による知識の伝達可能性が心理学的に「喜び」を契機に考えられ、さらに、『キリスト教の教え』と『三位一体論』でも心理学的に支えられた言説的論証による知識伝達の可能性が堅持される。一方、『キリスト教の教え』で、表現構造〈内的言葉→音声〉が神学的に受肉のキリストから捉え直される。さらに、『三位一体論』では、表現構造と知識伝達の可能性とが、すなわち、受肉の神学に基礎づけられた表現構造〈内的言葉→外的言葉〉と心理学的な喜びに支えられた言葉による知識伝達の可能性とが明確に結びつけられているが、この結び付きは『キリスト教の教え』で暗示されたものである。したがって、『シンプリキアヌスへ』における恩恵的な「相応しい呼びかけ」概念の発見が、アウグスティヌスの言語理論的な発展に大きく貢献していることは確かで、「事柄は記号を通して学ばれる」という言説的論証による知識伝達の可能性が『キリスト教の教え』で主張されることにも『シンプリキアヌスへ』の影響を見て取ることができる。

第Ⅲ部の「『キリスト教の教え』の聖書解釈学」では、第六章で『キリスト教の教え』の聖書解釈学とクライテリアが検討された。「神と隣人への愛」と「神と隣人への知」という解釈のクライテリアによって比喩的解釈の適用箇所が特定されるのであるが、このような解釈のクライテリアはキリスト教共同体が理想とする霊的なリアリティーそのものであり、共同体における聖書解釈の役割が第一に魂の交流を促す倫理的な働きとして捉えられる。また、『キリスト教の教え』の聖書解釈学の中心点は多義記号の転義的な解釈にあるが、アウグスティヌスは単語レベルの選別的な比喩的解釈を通して、比喩の「喜び」を契機に、「事柄」の理解の深まりと愛の実践へ人々を動かそうとする。第七章では『キリスト教の教え』の聖書解釈学と生の展開が検討された。聖書解釈は七段階の生の展開において「知識」scientia の第三段階と見なされてきたが——確かに、第三段階は明白な聖書箇所の字義的解釈によって知得される「知識」の段階であり、信仰・希望・愛を中心とするすべての聖書的な知識が含まれる——、聖書の「理解」intellectus は字義的解釈による「知識」を凌駕するものであり、聖書は、最終段階にある終末的な「知恵」sapientia を垣間見せる比喩的解釈を通して、「神と隣人への愛」へ読者を動かす効力を有する。そして、字義的解釈では「悲嘆」が、また、比喩的解釈では恩恵的要素を強く含む「喜び」が生の停滞を克服するための原動力と見なされる。

以上より、新プラトン主義に強く影響されるミラノサークル（アンブロシウスやシンプリキアヌスが属する）の一員からカルタゴの司祭へ変遷したところの、アウグスティヌスの「生活の座」における変化にともなって自覚的に考えられるようになった、言語表現による知識媒介の可能性は、教養教科的な理性的視点からでなく、人々の魂を動かすことができる心理学的で神学的な視点から、教えの一致に基づく共同体を基軸として主張されたのである。他方で、『キリスト教の教え』ではじめて明言される音声の受肉理解は聖書的証言に端的に依存するのに対し、『キリスト教の教え』における比喩的解釈による「喜び」の効力は、『シンプリキアヌスへ』で発見された回心構造の「喜び」の心理学的効力に基礎づけられる。したがって、『シンプリキアヌスへ』で見いだされた喜びの心理学的効力は、『キリスト教の教え』において、キリスト教共同体が理想とするところの「神と隣人への愛」へ促す推進力として、受肉理解に基づく聖書言語の解釈に導入されたことになる。

結果として、初期著作群で追求された神探求の方法、すなわち、内的真理の直視による理解方法は、『キリスト教の教え』の聖書解釈学では終末的理想として捉え直され、代わって、愛と喜びに動機づけられた言説的表現を通した、人間的同意による理解方法が実質的に主張される。『告白』で見いだされる、実存的人間の現実的状況を神の下に吐露しつくすような祈りにも似たアウグスティヌスの言語表現は、『シンプリキアヌスへ』で発見された回心構造の恩恵概念と、『キリスト教の教え』で論じられた愛と喜びによる聖書言語の比喩的解釈とに基礎づけられているといえる。言葉を内的深みの次元から汲み上げれば汲み上げるほど、神の恩恵としての喜びが言語表現において聞き手に働き、それゆえ、語り手の意志が聞き手の喜びを通した人間的同意によって伝達され、その結果、心動かされる聞き手は恩恵的に神の愛を理解するに至る。『シンプリキアヌスへ』に続く『キリスト教の教え』において、アウグスティヌスはこのような言語表現による知識媒介の可能性を言葉において働く神の恩恵概念として見いだしたのである。

二　聖書解釈学における人間の現実的状況と言語表現

次に、聖書解釈学で問題となる解釈者の生のあり方について、特に、愛による関係性の回復について、言説的論証との関連性から、本書全体の中心的主張を意識しつつ総括したい。第Ⅰ部では、アウグスティヌスの記号理論の基礎構造が三極構造〈記号—解釈者—事柄〉としても把握され、解釈者の生のあり方の重要性が、聖書記号の解釈過程における解釈者中心性として見いだされた（第三章）。第Ⅱ部では、人間的言動の源泉としての（具体的な言葉以前の）「内的言葉」が「愛をともなう知」として把握され、内的言葉が言語表現を媒介に伝播されるという前提に、志向性としての愛が語り手と聞き手との両者に要請されることが確認された（第四章）。また、言語表現による知識伝達の構想は、『シンプリキアヌスへ』で見いだされた回心問題の先行的恩恵概念に基礎づけられ、『キリスト教の教え』ではそれが「心に保持する言葉」（内的言葉）の伝播として理解されることが確認された（第五章）。

『告白』におけるアウグスティヌスの言語構造は、初期の『独白』や『教師論』に見受けられるような直観的論証を中心とした（内的であれ外的であれ）対話に基づく理性的な探求構造とは異なり、罪性を必然的にともなう人間の現実的状況が神の下で遺憾なく露呈される、ある種の表出的な神への問いかけを基軸とする表現構造であり、そこでは、瞬時的な理性的把握が期待されるのではなく、歴史的事柄の背後に働くところの神の恩恵に対する、人間的同意がめざされている。

アウグスティヌスにおいて自覚的な罪意識が深められつつ執筆された『シンプリキアヌスへ』では、聖書の難解な歴史的問題の解決が試みられた。そこで、アウグスティヌスは、「ローマ書」九章のパウロの言葉を、それ以前の彼自身による「ローマ書」解釈のような、理性に訴える演繹的な直観的論証としてではなく、包括的人間に訴える帰納的な言説的論証として捉え直したとも考えられ、そのようにして、彼は回心問題の神の呼びかけに基づく先行的恩恵概念を見いだす。必然的に、アウグスティヌスの論述方法にも、『告白』の表出的な問いかけ構造の先駆けとなるような言説的論述を見いだすことができ、それによって、彼は罪の重みに苦しむ人間の自発性と神の先行的恩恵概念との間で両立するような回心問題の総合的見解に辿り着いている。そして、このような言説的論証による知識伝達の可能性が、受肉のキリストと言葉との類似性という視点から『キリスト教の教え』で主張されるのである。

したがって、『キリスト教の教え』で主張される「事柄が記号を通して学ばれる」ことが成立するためには、特に、理性的な直観的把握を越える事柄に関連する場合、言語表現が内的深みの次元から汲み上げられ、理性だけでなく情動や意志を含みもつ包括的人間に訴えかけるような、聞き手の心を揺り動かす言説的論証が要請される。何となれば、罪の重みに沈む意志が神の愛へ転向されるためには、一見したところ納得できそうもない歴史的主張をめぐる人間的同意が前提されており、理性的理解に訴える単なる直観的論証によってでは、歴史的主張をめぐる同意が到底生じえないからである。しかも、愛への転向が拒絶された意志相互のコミュニケーションでは、知の源泉としての内的言葉の真実性ばかりか、言語媒介の効力性も確保されず、したがって、知識獲得の方法は『教師論』で主張されるような個別的な内的真理による照明に依存せざるをえない。そこでは、実存的人間が言葉そのものに対峙しつつ、言葉そのものを語り手の根底から発せられた表出的な問いかけとして捉え、それを反芻することによって語り手の愛に到達するに至るような、ある種の喜びがともなった人間的同意が達成されえないのである。なぜなら、アウグスティヌスが述べるように、罪の重みに苦しむ人間は内的真理としての永遠の光を十分に捉えるだけの強力な内的視覚を所持していないばかりか、内的視覚が浄化されるために必要な、自発的な成長方法も見いだせないからである。

第Ⅲ部では、キリスト教共同体がめざすべき中心的な事柄 res である「神と隣人への愛と知」が聖書解釈のクライテリアであり（第六章）、知識 scientia から知恵 sapientia へ展開される生の進展過程が重層構造であると確認された（第七章）。『キリスト教の教え』では、聖書記者自身が愛の行為を通して知識から知恵へ限りなく接近したと想定されるのであり、この意味で、聖書言語は、知恵 sapientia である真理が愛の志向性を通して表現された言語と考えることができる。一般的に、言語が知識伝達の媒体となるために語り手と聞き手とに要請されることは、両者の理性的な判断能力ばかりでなく、どんなものであれ、両者の志向性の一致でもあり、同じように、聖書言語や神の証言が知識伝達の媒体となるために解釈者に要請されることは、理性に基づく教養教科の修得のみならず、愛を求める志向性でもある。

ただし、アウグスティヌスの聖書解釈の要となる愛は、完全純潔な天使的愛というより、罪に起因する実存的な苦悩を内に含む愛である。この意味で、『キリスト教の教え』で論じられる生の展開は前段階を否定しつつ乗り越えるような転移構造ではない。多くの聖書記者は、いわば、罪の現場で神と出会い、罪を犯す可能性から容易に解放されることのない人間の現実的状況のまま、すなわち、罪の重みに苦しむ丸ごとの人間として神に受容されたという確信に至るような、恩恵的救済を経験したであろうことが想定される。したがって、彼らが知恵 sapientia の段階に限りなく接近したとしても、罪を犯す可能性はこの世に生きる限り彼らの内に留まるのであり、この意味で、彼らは罪人としての自覚を保持しつつも愛の実践に励む人々として理解される。『キリスト教の教え』では、聖書言語が適切に解釈されるために、同様な生の展開が解釈者に要請される。そして、聖書の倫理的な主題が「愛」caritas を勧め「情念」cupiditas を責めることと考えられるのも、また、「おごり」superbia が繰り返し叱責されるのも、適切な聖書解釈が実践されるために、解釈者は罪の自覚が深められつつ愛の実践に励むべきである、とアウグスティヌスが考えたからに他ならない。

そうであっても、罪の自覚的深まりが不健全な自虐的自己意識に終焉するわけではない。それどころか、罪の自覚的深まりを前提に、聖書言語や神の言説的証言を通して伝播される愛と喜びによって、自己の関係性が回復される。聖書解釈を通して恩恵的に獲得された愛と喜びによって、罪を含む人間が丸ごと受容されるという神の愛が理解されるようになり、以前は情念によって分散されていた意志が神の愛を愛するに至り、神の愛を基軸とする本来の自己が回復される。依然として罪の重みに苦しむ自己の現実的状況は、この自己の本来性から査定されるようになり、情念は実際的に自己を疎外する背徳者として否定されるようになろう。ただし、罪の自覚的深まりと相まって、解釈者は、情念が、鳥の翼に張り付いた鳥もちのように、どんなに力んでも自力では取り除くことができない人間に絡みついた肉の思いであることを悟り、情念から解放されるには、神の恩恵が絶対的に必要であることを身をもって理解するに至る。アウグスティヌスの考えを推論すると、このように説明することができる。

認識論の視点からいえば、神の愛を受ける者という自覚によって、回復された愛の相の下で自己が捉え直された結果、余りに強烈なるがゆえに永遠の光に投げ返され、実質的に断念せざるをえなかった、直視による神の認識構造に代わって、永遠の光の温もりが人間の言語表現において感じ取られるような認識構造が、『キリスト教の教え』で成立する。ここに、プラトン主義的な認識構造からの、いわば、逸脱として、言語表現そのものを媒介とするキリスト教的な神認識の可能性が認められる。

聖書解釈学の観点からいえば、字義的解釈で知得された知識が、比喩的解釈で経験される喜びを通して、生き生きとした内実として受け取り直される。このような知の覚醒によって、精神が知を愛し、愛を知るに至り、この関係性による自己の中心性を精神が欲することで、自己が回復される。そこでは、情念により分裂した自己という絶望的状況から、本来的なものを欲する意志として自己が回復され、聖書記者との同意と、それを通した、神との同意によって、本来的でないものを欲する意志として情欲が自発的に放棄されることになる。このような絶えざる神への転向を通してのみ、罪の重みを乗り越えつつ、生の展開を漸進させることができるのである。こうして回復された自己は、単なる自己実現を目的とした自己でなく、神の愛が深められていく道として、自己献身を目的とする自己であり、この自己献身は本質的に他者に向かう性向を合わせ持ち、他者のために生きるという要素を必然的に内に含むことになる。

アウグスティヌスにとって、本来的な意志とは端的に愛に他ならず、この愛によって、自己の中心性ばかりでなく、神との健全な関係性も回復される。愛の相の下で、自由に躍動する魂は心の深みの次元を露呈することにもなる。このことは、聖書記者にも妥当するだろう。したがって、愛による関係性の回復は、第一に、聖書記者の言語表現、すなわち、心の深みの次元が露呈された言説的論証に同意することによって達成されることになる。そして、解釈者にも、愛の相の下で内的深みの次元が露呈されるほど、神の恩恵に圧倒され、自己のおごりが砕かれていく経験が期待されることになる。アウグスティヌスはこのような表現行為をも愛の内に数えている。結果として、『キリスト教の教え』の聖書解釈学では、聖書言語が聖書記者の深みの次元から表現されることを前提に、聖書言語そのものの適切な解釈を通して、言語表現による知識伝達の可能性が確保され、そのようにして、『教師論』で論じられた言語的懐疑が克服される。そればかりか、聖書言語そのものに向けられた粘り強い格闘によって、神の問いかけに喜びつつ同意し、孤立した自己の内に閉塞する人間状況が突破されていく、アウグスティヌスはそのような言語理解に歓喜しつつ舵を切ったのである。

三　アウグスティヌスの聖書解釈学をめぐる研究の展望

最後に、アウグスティヌスの聖書解釈学をめぐる研究の展望について附言したい。アウグスティヌスの聖書解釈学が扱われる場合、問題となる著書は解釈の方法が包括的に論じられる『キリスト教の教え』である。彼の数多くの著作の中でも、『キリスト教の教え』は特別な地位を引き受けている。ローマ文化に影響を受けた地域では、中世の多くのキリスト教思想家がこの著作に少なからぬ関心を寄せてきた。しかし、ルネッサンスから近代に時代が移ると、神学の方法も変貌を遂げ、しだいに『キリスト教の教え』は時代の波に埋もれていく。学的研究が活発になったのは漸く二〇世紀に入ってからである。二〇世紀の前半において特に影響を与えた研究者はH・I・マルーであろう。一九三八年に、『キリスト教の教え』の研究書であるマルーの『聖アウグスティヌスと古代文化の終焉』*Saint Augustin et la fin de la culture antique* が発表された。現代の多くの研究者は、実質的にマルーを出発点とする。

二〇世紀の後半に入ると、現代的な記号論と解釈学が展開されるに従い、『キリスト教の教え』が思想的な観点から再度注目されるようになる。記号理論や言語理論の研究を含め、各論的な研究がしだいに進展し、重要な研究が行われるようになった。中でも、マルーが提示した『キリスト教の教え』は文化論であるというテーゼの背後に横たわる問題、すなわち、『キリスト教の教え』で成就されたことはいったい何であったのかという問いに多方面から検討を加えたのが、アウグスティヌスの叙階七〇〇年祭（一九九一年）を機にノートルダム大学（米国）で催された討論会をまとめた論文集『キリスト教の教え』：西洋文化の古典』De doctrina christiana: *A Classic of Western Culture*（一九九五年）である。二一世紀に時代が変わってからも『キリスト教の教え』をめぐる研究は衰えを見せない。たとえば、最近では、二〇〇二年に出版されたT・トゥームによる『音声を着た思考：『キリスト教の教え』におけるアウグスティヌスのキリスト論的聖書解釈学』*Thought Clothed With Sound: Augustine's Christological Hermeneutics in* De doctrina Christiana や、二〇一〇年に出版されたE・モーガンによる『言葉の受肉：ヒッポのアウグスティヌスの言語理論』*The Incarnation of the Word: The Theology of Language of Augustine Hippo* などを挙げることができる。

これまでの研究史を鑑みれば、今後の研究の展望が予測できるかもしれない。第一に、現代的な記号論と言語論との関連から、アウグスティヌスの記号理論や言語理論をめぐる研究は今後とも期待される。第二に、日本の教会説教の現場で時折見受けられる、語り手と聞き手の両者にはびこる倦怠感から判断して、アウグスティヌスの比喩的解釈がもつ可能性は少なくない。説教方法をめぐる教義へのこだわりを横に置けば、アウグスティヌスの比喩的解釈は多くの人々を覚醒せしめる可能性がある。第三に、アウグスティヌスが実践した説教をめぐり、『キリスト教の教え』の聖書解釈学が果たした役割が今後の問題となるかもしれない。すなわち、『キリスト教の教え』の聖書解釈学が四〇〇年前後に適用された原理にすぎないのか、あるいは、彼の実践の説教一般に適応される原理であるのか、が問われる。第四に、ティコニウスの『規則の書』*Liber regularum* がアウグスティヌスの解釈学に与えた影響をめぐる研究は重要であり、今後とも議論の進展が期待される。最後に、現代アメリカを中心に復興される修辞学を考えれば、修辞学の視点から試みられる研究が重要となろう。この観点から、『キリスト教の教え』第1～3巻の解釈学と第4巻の修辞学との関係性が問われる。中世の大方の見方であった『キリスト教の教え』を修辞学と考える見解、すなわち、修辞学の下部構造に解釈学を据える考え方はアウグスティヌスの思想と矛盾しないのかもしれない。この意味で、アウグスティヌスの修辞学をめぐる研究領域で進展が期待される。

あとがき

本書は二〇一三年一二月に京都大学に提出し、翌年五月に学位を取得した博士課程論文、『アウグスティヌスの聖書解釈学における記号理論と言語理論――*De magistro* から *De doctrina christiana* への展開』に加筆と修正をほどこしたものである。このうち、以下の章は既刊の論文に基づくが、大幅な変更が加えられている。

第Ⅰ部第一章　『教師論』の記号理論

「アウグスティヌス『教師論』（*De magistro*）における記号論」

『基督教学研究』第三一号、二〇一一年、103～116頁。

第Ⅰ部第二章　『問答法』の記号理論

「ストア学派の論理学とアウグスティヌス『問答法』における記号理論」

『基督教学研究』第三二号、二〇一二年、133～149頁。

第Ⅱ部第四章二節　『教師論』の主題とその意味理論

「力のない言葉：アウグスティヌス『教師論』における意味理論」

『キリスト教学研究室紀要』第三号、二〇一五年、19–34頁。

第Ⅱ部第四章三節　『三位一体論』の内的言葉
「アウグスティヌス『三位一体論』における内的言葉」
『基督教学研究』第三三号、二〇一三年、105～125頁。

第Ⅱ部第五章二節　『シンプリキアヌスへ』の言語理論をめぐる転換
「アウグスティヌス『シンプリキアヌスへ』における「相応しき呼びかけ」(uocatio congruens) と自由意志」
『基督教学研究』第二九号、二〇〇九年、91～103頁。

第Ⅱ部第五章三節　『キリスト教の教え』の言語理論とその恩恵的前提
「魂を注ぎ出すこと―アウグスティヌスによる愛の聖書解釈学」
『基督教学研究』第三五号、二〇一五年、掲載予定。

第Ⅲ部第六章　『キリスト教の教え』の聖書解釈学とクライテリア
「アウグスティヌスにおける聖書解釈学とクライテリア」
『日本の神学』第五一号、二〇一二年、98～121頁。

第Ⅲ部第七章　『キリスト教の教え』の聖書解釈学と生の展開
「アウグスティヌスにおける聖書解釈学と生の展開」
『中世哲学研究―Veritas―』第三一号、二〇一二年、1～18頁。

自由と成長を求めて！　この歴史を通して人間が探求し続けてきた衝動が私を動かす。聖書では自由が次のように謳われる。「真理は汝らに自由を得さすべし」（ヨハネ8：32）。「主の御霊のある所には自由あり」（Ⅱコリント3：17）。さしあたり、聖書で謳われる自由は律法主義からの自由や罪からの自由と思われる。では、どうして律法主義に疑念が生じるのかといえば、それは形式への、すなわち、見えるものへの志向性なるがゆえである。さらに、どうして見えるものへの志向性が問題視されるのかといえば、それは、形式に囚われた人間精神がもつ性向、すなわち、愛の自発性を窒息させる抑圧なるがゆえである。したがって、愛の自発性が確保されるこの自由は御霊にある自由、あるいは、見えないものへの自由ということにもなる。「我らの顧みる所は見ゆるものにあらで見えぬものなればなり」（Ⅱコリント4：18）と述べられる所以である。解放された人間は善と真理を何憚ることなく自由に選択することができる。かくある人間の本性を、アウグスティヌスは imago dei として描き出す。このようにして、自由の保障の下で、人は人として健全に成長することができるのである。

ひるがえって、現実の己はどうか。情念、情欲、プライド、その他、多くの罪に絡み付かれた愚か者ではないか。神の恩恵に与ったとはいえ、現実の自己は何も変わらないではないか。二〇代でキリスト教と出会って以来、この矛盾が頭から離れない。聖書の教えは一通り理解したつもりでいたが、教え通りに行動することなど決してできないのである。独学の哲学研究にも行き詰まった。突破口を求めて、ロサンゼルスにあるフラー・セミナリー（神学校）の修士課程で神学を学ぶ決心をしたのも、今から思い返せば、この問題が私を突き動かしたからに他ならない。神学は熱心に学なれたが、学びを通して、私は変えられたのか。答えは残念ながら否である。たとえ知識が私の心に一時的に響いたとしても、それが私を変える力にはならない。

そんな思いを抱いて、京都大学の門を叩いた。文学研究科の思想文化学専攻・キリスト教学専修に所属してアウグスティヌスを研究するためである。片柳榮一先生（現・京都大学名誉教授）の下でラテン語の修練を受けた。アウグスティヌスのテキストを膝を交えて繙いていただいた。のろまな私に苦言を呈することもなく、先生は真摯にご指導してくださった。修士論文では、『シンプリキアヌスへ』の「相応しい呼びかけ」という概念を探求した。そこで、私は、罪と自由とを繋ぐ荒縄として、神の恩恵に導かれた自由意志を見定め、その重要性に気づかされたのである。ご退官されてからも、伏見区の喫茶店で『キリスト教の教え』のテキスト講読をご指導していただいた。今でも、懐かしく思い出される。本書が上梓できたのも先生のご指導があったからこそである。ひとえに感謝の念に堪えない。

博士課程の研究では、聖書解釈学に向かった。なぜなら、聖書の教えと懸け離れた現実の己を鑑みるにつれ、聖書の潜在性を引き出すことに成功しているとは到底いえないと痛感したからである。アウグスティヌスが躓いたように、私も聖書の拙い（と思えた）表現に躓いてしまった。どのようにしても、聖書から日々の命を引き出すことができない。「こんなはずじゃない！」という思いに長い間悩まされた。だが、その一方で、現実的問題の解決を熱望しながら探求するとき、自ずと探求意欲が湧き出し、答えがいずこからか降って湧くような経験をする。聖書解釈学の研究は、論文執筆こそ苦労したものの、研究そのものは充実したものであった。研究が進捗するにつれ、言語をめぐる誤解が私の内に巣くっていることに気づかされた。それまでの私は『教師論』の言語理解のように「言葉を通しては何も学ばれない」という論理性中心の認識理論に支配されていた。言葉は外的に私を促すものにすぎないと。だからこそ、私は聖書言語にも同じような態度で向かっていた。こうして、言葉の力が深みの次元で回復されること、それが私の目的となった。己を乗り越えるための自己批判が、本書で試みられている。本書が何重にも反駁しているのは、実は私自身に対してである。ロゴスがパトスの中で働き出すこと、それが私の目当てだ。

博士論文の内容と構成をめぐり、芦名定道先生にご指導していただいた。私の拙い文章を丹念に読んでくださり、何度となく的を得た適切なご助言をいただいた。先生のご指導がなければ、博士論文を完成させることは到底できなかったことを思う。さらに、先生には修士課程以来、様々なことでお世話をしていただいた。ひとえに感謝の念に尽きない。また、水垣渉先生（現・京都大学名誉教授）をはじめ、研究室出身の先生方から研究発表会などの折りに温かいご助言をいただいた。さらに、西洋哲学史（中世）の川添信介先生には京大中世哲学研究会に温かく迎えていただいた。その他、発表の機会が与えられた学会および研究会の折りには、各分野でご活躍される先生方から深く省察を促されるご助言をいただいた。研究仲間や研究室の学友とは喧々諤々たるときも含めて、常日頃から激励を受けた。心から感謝を申し上げたい。

博士論文の試問は、キリスト教学専修の芦名定道先生、西洋哲学史（中世）専修の川添信介先生、宗教学専修の杉村靖彦先生に審査をお引き受けしていただいた。各先生から非常に鋭く有益なご批判をいただき、感嘆の念に襲われたことを思い出す。先生方のご意見を熟慮しつつ、本書では新たな論述を加えたつもりである。あらためてご論評していただくことができれば喜ばしいかぎりである。

本書が出版される運びとなったのは、幸いにも「京都大学平成二七年度総長裁量経費・卓越した課程博士論文の出版助成事業」による支援に与ることができたからである。多方面の方々のご助力によって、このような偉大な事業が継続されていることを想像する。深く感謝の意を表したい。また、京都大学学術出版会の西洋古典哲学をご専門とされる國方栄二先生には、全般的にご助力いただき、本書を出版するまで懇切にお導きいただいた。感謝を申し上げたい。

アウグスティヌス研究に辿り着くまで、多くの方々からご支援とご助力をいただいた。本書が私のはじめての学術書となることもあり、研究活動に入るまでにお世話になった方々にひとこと感謝を申し上げたいと思う。成蹊大学の尾崎義治先生（現・成蹊大学名誉教授）、東京大学先端科学技術研究センターの岸輝雄先生（現・東京大学名誉教授）および榎学先生にお世話になった。福島から上京した荒くれ者を学術的で文化的な方向へご指導していただいた。岸先生には多方面に渡り寛大なご配慮をいただいた。その他、若き日からの友人にはいつも支えられている。また、フラー・セミナリーでは、学問の方法はもとより生活一般に至るまで多くの先生方や学友にご助力をいただいた。さらに、留学から帰国した直後、東京阿佐ヶ谷の久遠キリスト教会の奨学生基金に与ることができ、物心ともにお支えいただいた。家内の出身である下関キリスト聖書教会、常日頃からお世話になる京都の長岡福音自由教会等の先生方をはじめ、多くの先輩方や友人から激励をいただいた。今、お世話になった、一人一人のお顔が心に浮かぶ。すべての方々に、深く感謝の意を表したい。

親族にもお礼を述べたいと思う。福島の両親は、蝸牛のごとく遅鈍な私の歩みにもかかわらず、物心両面から一貫して支えてくれた。両親の支援がなければ、私はここまで研究を続けてくることはできなかった。何をもってしても感謝を表しきれない。家内の実家である山口の両親には信仰の面から力強い励ましを受けた。神の前に膝を折って感謝したい。さらに、親族との交流ではその度毎に陽気な士気を受け取ることができ、私の研究活動にとって大きな励みとなった。最後に、家族に感謝したいと思う。家内は、私が挫折しそうなとき、何度となく希望をもって支えてくれた。娘と夢中になって遊ぶことは最高の気分転換となり、活発な娘は常に私に活力を与えてくれた。家族の温かい励ましがなければ、ここまで辿り着くことなど想像することもできない。今から思えば、思想研究への転向を試みたことで、多くの人々を私の挑戦に巻き込んでしまった。甚大な労苦を被ったのは、紛れもなく家族親族である。それにもかかわらず、無謀ともいえるチャレンジを身近で温かく見守ってくれた家族親族一同に、主にある感謝の気持ちを込めて、本書を捧げたいと思う。

人名索引

事項索引

[さ]

'Signs' and 'Words' ——Augustine's Biblical Hermeneutics

Hideyuki Sudo

SUMMARY

The aims of this study were to grasp the essence of Augustine's hermeneutics in *De doctrina christiana* (396/7), and to discuss the problem of language-mediated communication.

The first five chapters discuss the disparity of the language-mediated understanding method between *De magistro* (389/90) and *De doctrina christiana.* The theme that nothing is learned through signs is recognized in *De magistro*; on the other hand, the assertion that things are learned through signs (*res per signa discuntur*) is found in *De doctrina christiana.* This disparity cannot be explained by Augustine's consistent theory of sign (indicating structure 〈*signum*→*res*〉), but by a development in his theory of words (expressing structure 〈*cogitatio*→*verba*〉). This development is attributed to his gradual understanding of *verbum*, which is fully developed in *De trinitate*, and to the efficacy of delight as God's grace on testimony about God, discovered in *Ad Simplicianum* (396). According to *De doctrina christiana*, a speaker's intent can be conveyed to a listener in, not through, his words.

The last two chapters deal with the problem of a criterion for interpreting biblical text literally or figuratively, and the motivating function of biblical interpretation in the seven-stage progress of life.

For Augustine, biblical text should be interpreted toward a kingdom of love, for the benefit of God's community, and can be regarded as a discursive, not intuitive, language in which the intent of biblical writers can be conveyed through the delight of discovery in a figurative reading, motivating readers to advance from the third stage of *scientia* to the final stage of *sapientia*.

引用文献表

一次資料

Aristotelis. "Analytica priora (Αναλυτικων πρότερων)." Pages 198–530 in *Categories, On Interpretation, Prior Analytics*. The Loeb Classical Library (LCL) 325. Edited by Jeffrey Henderson. Cambridge and London: Harvard University Press, 1938.

———. "De anima (Περὶ Ψυχῆς)." Pages 8–202 in *On the Soul, Parva Naturalia, On Breath*. LCL 288. Edited by Jeffrey Henderson. Cambridge and London: Harvard University Press, 1957.

———. "De Interpretatione (Περὶ Ἑρμηνείας)." Pages 114–178 in *Categories, On Interpretation, Prior Analytics*. LCL 325. Edited by Jeffrey Henderson. Cambridge and London: Harvard University Press, 1938.

Augustinus. *Confessionum*. Corpus Christianorum, Series Latina (CCSL) 27. Edited by Lucas Verheijen. Turnhout: Brepols, 1990.

———. *Enarrationes in Psalmos* CI-CL. CCSL 40. Edited by D. Eligius Dekkers and Johannes Fraipont. Turnhout: Brepols, 1990.

———. *Epistolae*. Patrologiae Cursus Completus, Series Latina (PL) 33. Edited by Jacques-Paul Migne. Paris: Migne, 1865.

———. *Expositio quarundam propositionum ex epistola ad Romanos*. Pages 1–52 in Corpus Scriptorum Ecclesiasticorum Latinorum (CSEL) 84. Edited by Joannes Diujak. Vienna: Tempsky, 1971.

———. *De beata uita*. Pages 63–85 in CCSL 29. Edited by W. M Green. Turnhout: Brepols, 1970.

———. *De bono coniugali*. PL 40. Edited by Jacques-Paul Migne.

Paris: Migne, 1865.

———. *De dialectica.* Edited by Jan Pinborg. Dordrecht: D. Reidel Publishing Company, 1975.

———. *De diuersis quaestionibus ad Simplicianum.* CCSL 44. Edited by Almut Mutzenbecher. Turnhout: Brepols, 1970.

———. *De diuersis quaestionibus octoginta tribus.* Pages 9–249 in CCSL 44A. Edited by Almut Mutzenbecher. Turnhout: Brepols, 1975.

———. *De doctrina christiana.* Pages 1–167 in CCSL 32. Edited by J. Martin. Turnhout: Brepols, 1962.

———. *De duabus animabus.* PL 42. Edited by Jacques-Paul Migne. Paris: Migne, 1865.

———. *De fide et symbolo.* PL 40. Edited by Jacques-Paul Migne. Paris: Migne, 1865.

———. *De Genesi ad litteram.* PL 34. Edited by Jacques-Paul Migne. Paris: Migne, 1865.

———. *De Genesi contra Manichaeos.* PL 34. Edited by Jacques-Paul Migne. Paris: Migne, 1865.

———. *De immortalitate animae.* PL 32. Edited by Jacques-Paul Migne. Paris: Migne, 1877.

———. *De libero arbitrio.* Pages 211–321 in CCSL 29. Edited by W. M. Green. Turnhout: Brepols, 1970.

———. *De magistro.* Pages 157–203 in CCSL 29. Edited by Kl. D. Dauer. Turnhout: Brepols, 1970.

———. *De ordine.* Pages 87–137 in CCSL 29. Edited by W. M. Green. Turnhout: Brepols, 1970.

———. *De quantitate animae.* PL 32. Edited by Jacques-Paul Migne. Paris: Migne, 1877.

———. *De trinitate* (Libri I–XII). CCSL 50. Edited by W. J. Mountain. Turnhout: Brepols, 1968.

———. *De trinitate* (Libri XIII–XV). CCSL 50A. Edited by W. J. Mountain. Turnhout: Brepols, 1968.

———. *Sermones*. PL 38. Edited by Jacques-Paul Migne. Paris: Migne, 1865.

———. *Soliloquia*. PL 32. Edited by Jacques-Paul Migne. Paris: Migne, 1877.

———. *Retractationes*. CCSL 57. Edited by Almut Mutzenbecher. Turnhout: Brepols, 1984.

Empiricus, Sextus. *Against the Logicians* (*Adversus Mathematicos* VII, VIII). LCL 291. Edited by Jeffrey Henderson. Cambridge and London: Harvard University Press, 1935.

———. *Against the Physicists, Against the Ethicists* (*Aduersus Mathematicos* IX, X, XI). LCL 311. Edited by Jeffery Henderson, Cambridge and London: Harvard University Press, 1936.

Laërtius, Diogenes. *Lives of Eminent Philosophers* (*Βίοι καὶ γνῶμαι τῶν ἐν φιλοσοφίᾳ εὐδοκιμησάντων : Vitae Philosophorum*) II. LCL 185. Edited by Jeffrey Henderson. Cambridge and London: Harvard University Press, 1931.

Platon. *The Republic* (*Πολιτεία*) Vi–X. LCL 276. Edited by Jeffrey Henderson. Cambridge and London: Harvard University Press, 1935.

———. "Μενῶν." Pages 264–370 in *Laches, Protagoras, Meno, Euthydemus*. LCL 165. Edited by Jeffrey Henderson. Cambridge and London: Harvard University Press, 1924.

Plotinus. *Ennead* (*Enneades*) IV. LCL 443. Edited by Jeffrey Henderson. Cambridge and London: Harvard University Press, 1984.

一次資料（翻訳書）

引用翻訳書以外にも，翻訳時に参照した翻訳書を含む．

Aristote. *Catégories, De l'interprétation.* Translated by Jules Tricot. Paris : Librairie Philosophique J. VRIN, 2008.

Aristoteles. *Kategorien, Lehre vom Satz, Lehre vom Schluß oder Erste Analytik, Lehre vom Beweis oder Zweite Analytik.* Translated by Eugen Rolfes.

Aristotle. "De Interpretatione (On Interpretation)." Pages 40–61 in *The Basic Works of Aristotle.* Translated by Richard McKeon. New York : Random House, 1941.

———. *On Interpretation.* Pages 114–179 in LCL 325. Translated by Harold P. Cooke. Cambridge and London : Harvard University Press, 1938.

Agustín. *De la doctrina cristiana.* Pages 54–349 in Obras de San Agustín 15. Translated by Balbino Martín. Madrid : Biblioteca de Autores Cristianos, 1957.

Agostino. *La dottrina christiana.* Opere di Sant'Agostino VIII. Translated by Vincenzo Tarulli. Roma : Città Nuova Editrice, 1992.

———. *Le confessioni.* Translated by Carlo Vitali. Milano : RCS Libri, 1998.

———. *Le diverse questioni a Simpliciano.* Pages 263–389 in Opere di Sant'Agostino VI/2. Translated by Giancarlo Ceriotti. Roma : Città Nuova Editrice, 1995.

Augustin. *Confessions.* Translated by Louis de Mondadon. Paris : Éditions Pierre Horay, 1982.

———. *Le Maître, Du libre arbitre, La musique.* Oeuvres de Saint Augustin 6. Translated by François-Joseph Thonnard. Paris :

Desclée de Brouwer, 1952.

———. *La doctrine chrétienne.* Oeuvres de Saint Augustin 11/2. Translated by Madeleine Moreau. Paris : Institut d'Études Augustiniennes, 1997.

———. *Les deux livres à Simplicien sur diverses questions*, et al. Oeuvres de Saint Augustin 10. Translated by J. Boutet. Paris : Desclée De Brouwer et Cie, 1952.

Augustine. *Against the Academicians and the Teacher.* Translated by Peter King. Indianapolis and Cambridge : Hackett Publishing Company, 1995.

———. *Conefessions.* Translated by Henry Chadwick. New York : Oxford University Press, 1991.

———. "Confessions." Pages 29–333 in *Confessions and Enchiridion.* Translated by Cook Outler. Louisville and London : Westminster John Knox Press, 1955.

———. *De dialectica.* Translated by B. Darrell Jackson. Dordrecht : D. Reidel Publishing Company, 1975.

———. *De Doctrina Christiana.* Edited and Translated by R. P. H. Green. Oxford : Clarendon Press, 1995.

———. *Eighty-three Different Questions.* The Fathers of the Church : A New Translation 70. Translated by David L. Mosher. Washinton, D. C. : The Catholic University of America Press, 1977.

———. *Expositions of the Psalms* 99-120. The Works of Saint Augustine III/19. Translated and notes by Maria Boulding. New York : New City Press, 2003.

———. *Letters* (Epistulae) *1–99.* The Works of Saint Augustine II/1. Translated and notes by Roland Teske. New York : New

City Press, 2001.

———. *Letters* (Epistulae) *100–155*. The Works of Saint Augustine II/2. Translated and notes by Roland Teske. New York : New City Press, 2003.

———. *Letters* (Epistulae) *156–210*. The Works of Saint Augustine II/3. Translated and notes by Roland Teske. New York : New City Press, 2004.

———. "The Literal Meaning of Genesis." Pages 153–506 in *On Genesis*. The Works of Saint Augustine I/13. Translated and notes by Edmund Hill. New York : New City Press, 2002.

———. "Of Free Will (*De Libero Arbitrio*)." Pages 102–217 in *Augustine : Earlier Writings*. Translated by J. H. S Burleigh. Norwich : SCM Press, 1953.

———. *On Christian Doctrine*. Translated by J. F. Shaw. New York : Dover Publications, 2009.

———. *On Christian Doctrine*. Translated by D. W. Robertson. New Jersey : Prentice Hall, 1997.

———. "On Genesis : A Refutation of the Manichees." Pages 23–102 in *On Genesis*. The Works of Saint Augustine I/13. Translated and notes by Edmund Hill. New York : New City Press, 2002.

———. *On the Free Choice of the Will, On Grace and Free Choice, and Other Writings*. Translated by Peter King. Cambridge : Cambridge University Press, 2010.

———. *On the Trinity : Books 8–15*. Translated by Stephen McKenna. Cambridge : Cambridge University Press, 2002.

———. "Propositions from the Epistles to the Romans." Pages 1–49 in *Augustine on Romans*. Translated by Paula Fredriksen

Landes. Atlanta: Society of Biblical Literature, 1982.

———. *Revisions* (Retractationes). The Works of Saint Augustine. Translated and notes by Boniface Ramsey. New York: New City Press, 2010.

———. *Sermons 184–229Z*. The Works of Saint Augustine III/6. Translated and notes by Edmund Hill. New York: New City Press, 1993.

———. *Sermons 230–272B*. The Works of Saint Augustine III/7. Translated and notes by Edmund Hill. New York: New City Press, 1993.

———. *Teaching Christianity* (De Doctrina Christiana). The Works of Saint Augustine I/11. Translated by Edmund Hill. New York: New City Press, 1996.

———. *The Confessions*. The Works of Saint Augustine I/1. Translated by Maria Boulding. New York: New City Press, 1997.

———. "The Excellence of Marriage." Pages 27–61 in *Marriage and Virginity*. The Works of Saint Augustine I/9. Translated by Ray Kearney. New York: New City Press, 1999.

———. *The Greatness of the Soul, The Teacher*. Ancient Christian Writers 9. Translated by Joseph M. Colleran. New York and New Jersey: The Newman Press, 1950.

———. *The Retractations*. The Fathers of the Church: A New Translation 60. Translated by Mary Inez Bogan. Washinton, D. C.: The Catholic University of America Press, 1968.

———. "The Teacher (*De Magistro*)." Pages 64–101 in *Augustine: Earlier Writings*. Translated by J. H. S Burleigh. Norwich: SCM Press, 1953.

———. *The Trinity* (De Trinitate). The Works of Saint Augustine

I/5. Translated by Edmund Hill. New York: New City Press, 1991.

———. "The Trinity." Pages 17–181 in *Augustine: Later Works*. Translated by John Burnaby. Norwich: SCM Press, 1955.

———. "The Two Souls (*De duabus animabus*)." Pages 105–134 in *The Manichean Debate*. The Works of Saint Augustine I/19.

———. "To Simplician --- on Various Questions. Book I (*De Diversis Quaestionibus*)." Pages 370–406 in *Augustine: Earlier Writings*. Translated by J. H. S Burleigh. Norwich: SCM Press, 1953.

Augustinus. *Bekenntnisse*. Translated by Wilhelm Thimme. Düsseldorf and Zürich: Artemis & Winkler, 2004.

———. *De trinitate* (Bücher VIII–XI, XIV–XV, Anhang Buch V). Translated by Johann Kreuzer. Hamburg: Felix Meiner Verlag, 2001.

———. *Die christliche Bildung*. Translated by Karla Pollmann. Stuttgart: Philipp Reclam jun., 2002.

———. *Über das Glück*. Translated by Ingeborg Schwarz-Kirchenbauer and Willi Schwarz. Stuttgart: Philipp Reclam jun., 1982.

———. *Über den Lehrer*. Translated by Burkhard Mojsisch. Stuttgart: Philipp Reclam jun., 1998.

アウグスティヌス『キリスト教の教え』，アウグスティヌス著作集６，加藤武訳，東京，教文館，1988.

———『教師』，アウグスティヌス著作集２，199–278頁，茂泉昭男訳，東京，教文館，1979.

———『告白』，世界の名著16，山田晶訳，東京，中央公論社，一九七八年.

――――『告白（上・下）』，服部英次郎訳，東京，岩波書店，1976年.
――――『三位一体』，アウグスティヌス著作集28，泉治典訳，東京，教文館，2004年.
――――『至福の生』，アウグスティヌス著作集１，161–208頁，清水正照訳，東京，教文館，1979年.
――――『詩編注解（５）』，アウグスティヌス著作集20／I，中川純男・鎌田伊知郎・泉治典・林明弘訳，東京，教文館，2011.
――――『自由意志』，アウグスティヌス著作集３，17–234頁，泉治典訳，東京，教文館，一九八九年.
――――『創世記逐語注解』，アウグスティヌス著作集16・17，片柳栄一訳，東京，教文館，1994・1999年.
――――『魂の偉大』，アウグスティヌス著作集２，55–198頁，茂泉昭男訳，東京，教文館，1979.
――――『魂の不滅』，アウグスティヌス著作集２，11–53頁，茂泉昭男訳，東京，教文館，1979.
――――『秩序』，アウグスティヌス著作集１，209–325頁，清水正照訳，東京，教文館，1979年.
――――『二つの魂』，アウグスティヌス著作集７，11–57頁，岡野昌雄訳，東京，教文館，1979.
エンペイリコス，セクストス『学者たちへの駁論２（論理学者たちへの論駁）』，金山弥平・金山万里子訳，京都，京都大学学術出版会，2006年.
クリュシッポス『初期ストア派断片集２』，水落健治・山口義久訳，京都，京都大学学術出版会，2002年.
ラエルティオス，ディオゲネス『ギリシャ哲学者列伝（中）』，加来彰俊訳，東京，岩波書店，1989年.

二次文献（若干の参照文献を含む）

Alici, Luigi. "Introduzione generale II: I segni e il linguaggio." Pages XX–XL in *Opere di Sant'Agostino, La doctrina christiana.* Rome: Città Nuova Editrice, 1992.

Allard, G.-H. "L'articulation du sens et du signe dans le *De doctrina christiana* de s. Augustin." *Studia Patristica* 14 (1976): 377–388. Pages XX–XL in *Opere di Sant'Agostino, La doctrina christiana.* Rome: Città Nuova Editrice, 1992.

Ando, Clifford. "Augustine on Language." *Revue des Études Augustiniennes* 40 1/2 (1994): 45–78.

Arnold, Duane W. H., and Pamela Bright, eds. De doctrina christiana: *A Classic of Western Culture.* Notre Dame and London: University of Notre Dame Press, 1995.

Atherton, Catherine. *The Stoics on Ambiguity.* Cambridge: Cambridge University Press, 1993.

Ayers, Robert H. "Language Theory and Analysis in Augustine." *Scottish Journal of Theology* 29 (1976): 1–12.

———. *Language, Logic, and Reason in the Church Fathers: A Study of Tertullian, Augustine, and Aquinas.* Hildesheim and New York: Georg Olms Verlag, 1979.

Babcock, William S. "Augustine's Interpretation of Romans (A. D. 394–396)." *Augustinian Studies* 10 (1979): 55–74.

———. "*Caritas* and Signification in *De doctrina christiana* 1–3." Pages 145–163 in De doctrina christiana*: A Classic of Western Culture.* Edited by D. W. H. Arnold and P. Bright. Notre Dame and London: University of Notre Dame Press, 1995.

———, trans. "Tyconius: *The Book of Rules.* Atlanta: Scholars Press, 1989.

Baldwin, Charles Sears. *Medieval Rhetoric and Poetic* (*to 1400*) : *Interpreted from Representative Works*. New York : The Macmillan Company, 1928.

Baratin, Marc. "Les origines stoïciennes de la théorie augustinienne du signe." *Revue des Études Latines* 59 (1981) : 260–268.

Bettetini, Maria. "Agostino d'Ippona : i segni, il linguaggio." Pages 207–272 in *Knowledge through Signs : Ancient Semiotic Theories and Practices*. Edited by Giovanni Manetti. Bologna : Brepols, 1996.

Boissier, Gaston. "La conversion de saint Augustin." *Revue de Deux Mondes* 85 (1888) : 43–69. Repr. Pages 339–379 in *La fin du paganism : Étude sur les dernières luttes religieuses en Occident au quatrième siècle*. Paris : Hachette et Cie, 1891.

Bouchard, Guy. "La conception augustinienne du signe selon Tzvetan Todorov." *Recherches augustiniennes* 15 (1980) : 305–346.

Bourke, Vernon J. *Augustine's View of Reality*. Villanova : Villanova Press, 1964.

Bright, Pamela. "Biblical Ambiguity in African Exegesis." Pages 25–32 in De doctrina christiana : *A Classic of Western Culture*. Edited by D. W. H. Arnold and P. Bright. Notre Dame and London : University of Notre Dame Press, 1995.

Brown, Peter. *Augustine of Hippo : A Biography*. New ed. Berkeley and Los Angeles : University of California Press, 1967, 2000.

Brunner, Peter. "Charismatische und methodische Schriftauslegung nach Augustins Prolog zu De doctrina christiana." *Kerygma und Dogma* 1 (1955) : 59–69, 85–103.

Burnaby, John. *Amor Dei : A Study of the Religion of St. Augustine*. Norwich : Cantebury Press, 1938.

Burns, J. Patout. "Delighting the Spirit: Augustine's Practice of Figurative Interpretation." Pages 182–194 in De doctrina christiana: *A Classic of Western Culture*. Edited by D. W. H. Arnold and P. Bright. Notre Dame and London: University of Notre Dame Press, 1995.

———. *The Development of Augustine's Doctrine of Operative Grace*. Paris: Études Augustiniennes, 1980.

Burnyeat, M. F. "Wittgenstein and Augustine *De Magistro*," *The Aristotelian Society* 61 (1987): 1–24.

Byers, Sarah. "The Meaning of *Voluntas* in Augustine," *Augustinian Studies* 37 2/2 (2006): 171–189.

Cary, Phillip. *Inner Grace: Augustine in the Traditions of Plato and Paul*. New York: Oxford University Press, 2008.

———. *Outward Signs: The Powerlessness of External Things in Augustine's Thought*. New York: Oxford University Press, 2008.

Colish, Marcia L. *The Stoic Tradition from Antiquity to the Early Middle Ages: II. Stoicism in Christian Latin Thought through the Sixth Century*. Leiden: E. J. Brill, 1990.

Courcelle, Pierre. *Recherches sur les «Confessions» de saint Augustin*. Paris: E. de Boccard, 1950.

Cranz, F. Edward. "The Development of Augustine's Ideas on Society before the Donatist Controversy." *The Harvard Theological Review* 47 4/4 (1954): 255–316.

Crosson, Frederick J. "The Structure of the *De magistro*." *Revue des Études Augustiniennes* 35 1/2 (1989): 120–127.

Dawson, David. "Sign Theory, Allegorical Reading, and the Motions of the Soul in *De doctrina christiana*." Pages 123–141 in De doc-

trina christiana: *A Classic of Western Culture.* Edited by D. W. H. Arnold and P. Bright. Notre Dame and London: University of Notre Dame Press, 1995.

Drucker, Jason P. "Teaching as Pointing in 'The Teacher'." *Augustinian Studies* 28 2/2 (1997): 101–132.

Duchrow, Ulrich. *Sprachverständnis und biblisches Hören bei Augustin.* Tübingen: J. C. B. Mohr, 1965.

———. "" Signum " und " superbia " beim jungen Augustin (386–390)." *Revue des Études Augustiniennes* 7 4/4 (1961): 369–372.

———. "Zum Prolog von Augustins De Doctrina Christiana." *Vigiliae Christianae* 17 (1963): 165–172.

Eco, Umberto. *Semiotica e filosofia del linguaggio.* Trino: Einaudi, 1984, 1996.

Eden, Kathy. *Hermeneutics and the Rhetorical Tradition: Chapters in the Ancient Legacy and Its Humanist Reception.* New Haven and London: Yale University Press, 1997.

Eggersdorfer, Franz Xaver. *Der heilige Augustinus als Pädagoge und seine Bedeutung für die Geschichte der Bildung.* Freiburg im Breisgau: Herdersche Verlagshandlung, 1907.

English, Edward D., ed. *Reading and Wisdom: The* De Doctrina Christiana *of Augustine in the Middle Ages.* Notre Dame and London: University of Notre Dame Press, 1995.

Ferretter, Luke. "The Trace of the Trinity: Christ and Difference in Saint Augustine's Theory of Language." *Literature and Theology* 12 3/4 (1998): 256–267.

Fitzgerald, Allan D., et al., eds. *Augustine through the Ages: An Encyclopedia.* Grand Rapids and Cambridge: William B. Eerdmans Publishing Company, 1999.

Flasch, Kurt. *Logik des Schreckens : Die Gnadenlehre von 397*. Frankfurt : Dieterich'sche Verlagsbuchhandlung, 1990.

Fleteren, Frederick Van. "Augustine's Ascent of the Soul in Book VII of the Confessions : A Reconsideration." *Augustinian Studies* 5 (1974) : 29–71.

———. "Mysticism in the Confessiones --- A Controversy Revisited." Pages 309–336 in *Collectanea Augustiniana. Augustine : Mystic and Mystagogue*. New York : Peter Lang, 1994.

———. "Principles of Augustine's Hermeneutic : An Overview." Pages 1–32 in *Augustine : Biblical Exegete*. Edited by Frederick Van Fleteren and Joseph C. Schnaubelt ; New York : Peter Lang, 2001, 2004.

———. "St. Augustine, Neoplatonism, and the Liberal Arts : The Background to *De doctrina christiana*," Pages 14–24 in De doctrina christiana : *A Classic of Western Culture*. Edited by D. W. H. Arnold and P. Bright. Notre Dame and London : University of Notre Dame Press, 1995.

Fredriksen, Paula. "*Expositio quarundam propositionum ex epistula apostoli ad Romanos*." Pages 345–346 in *Augustine through the Ages : An Encyclopedia*. Edited by Allan D. Fitzgerald et al. Grand Rapids and Cambridge : W. B. Eerdmans, 1999.

Gadamer, Hans-Georg. *Hermeneutik I : Wahrheit und Methode*. 7th ed. Tübingen : Mohr Siebeck, 1960, 2010.

Grech, Prospero. "Introduzione generale IV : Principi ermeneutici di Sant'Agostino nel «*De Doctrina Christiana*»." Pages LXI–LXXII in *Opere di Sant'Agostino, La Doctrina Christiana*. Rome : Città Nuova Editrice, 1992.

Hannam, Walter A. "*Nodo unitatis et caritatis :* The Structure and Ar-

gument of Augustine's *De doctrina christiana*." *Florilegium : Carleton University Annual Papers on Classical Antiquity and the Middle Ages* 15 (1998) : 145–165.

Harrison, Carol. *Rethinking Augustine's Early Theology : An Argument for Continuity*. New York : Oxford University Press, 2006.

Hill, E. "*De doctrina christiana :* A Suggestion." *Studia Patristica* 6 (1962) : 443–446.

Jackson, B. Darrell. "Introduction." Pages 1–75 in *Augustine, De dialectica*. Edited by Jan Pinborg. Translated and notes by B. D. Jackson. Dordrecht : D. Reidel Publishing Company, 1975.

———. "The Theory of Signs in St. Augustine's *De doctrins christiana*." *Revue des études augustiniennes* 15 1/2 (1969) : 9–49.

Johnson, Douglas W. "*Verbum* in the early Augustine (386–397)." *Recherches Augustiniennes* 8 (1972) : 25–53.

Jonas, Hans. *Augustin und das paulinische Freiheitsproblem : Eine philosophische Studie zum pelagianischen Streit*. Göttingen : Vandenhoeck & Ruprecht, 1965.

Jordan, Mark D. "Words and Word : Incarnation and Signification in Augustine's *De Doctrina Christiana*." *Augustinian Studies* 11 (1980) : 177–196.

Kannengiesser, Charles. "The Interrupted *De doctrina christiana*." Pages 3–13 in De doctrina christiana : *A Classic of Western Culture*. Edited by D. W. H. Arnold and P. Bright. Notre Dame and London : University of Notre Dame Press, 1995.

Kato, Takashi. "*Sonus et Verbum : De doctrina christiana* 1.13.12." Pages 87–94 in De doctrina christiana : *A Classic of Western Culture*. Edited by D. W. H. Arnold and P. Bright. Notre Dame and London : University of Notre Dame Press, 1995.

Kelly, Louis G. "Saint Augustine and Saussurean Linguistics." *Augustinian Studies* 6 (1975): 45–64.

Kennedy, George A. *Classical Rhetoric and its Christian and Secular Tradition from Ancient to Modern Times.* 2nd ed. Chapel Hill and London: University of North Carolina Press, 1999.

Kevane, Eugene. "Augustine's *De doctrina christiana:* A Treatise on Christian Education." *Recherches Augustiniennes* 4 (1966): 97–133.

———. "Paideia and Anti-Paideia: The *Prooemium* of St. Augustine's *De doctrina christiana.*" *Augustinian Studies* 1 (1970): 153–180.

Kirwan, Christopher. *Augustine: The Arguments of the Philosophers.* London and New York: Rouledge, 1989, 1991.

Lierde, Canisius van. "Teaching of St. Augustine on the Gifts of the Holy Spirit from the Text of Isaiah 11: 2-3." Pages 5–110 in *Collectanea Augustiniana. Augustine: Mystic and Mystagogue.* Translated by Joseph C. Schnaubelt and Frederick Van Fleteren. New York: Peter Lang, 1994. Original title, *Doctrina sancti Augustini circa dona Spiritus Sancti ex textu Isaiae XI 2–3* (published in 1935).

Long, A. A. "Stoic Linguistics, Plato's *Cratylus*, and Augustine's *De dialectica.*" Pages 36–55 in *Language and Learning: Philosophy of Language in the Hellenistic Age.* Edited by Dorothea Frede and Brad Inwood. Cambridge: Cambridge University Press, 2005.

———. "Language and Thought in Stoicism." Pages 75–113 in *Problems in Stoicism.* Edited by A. A. Long. London and Atlantic Highlands: The Athlone Press, 1971.

Long, A. A., and D. N. Sedley. *The Hellenistic Philosophers 1 : Translations of the Principal Sources with Philosophical Commentary.* Cambridge : Cambridge University Press, 1987.

———. *The Hellenistic Philosophers 2 : Greek and Latin Texts with Notes and Bibliography.* Cambridge : Cambridge University Press, 1987.

Louth, Andrew. "Augustine on Language." *Literature and Theology* 3 2/3 (1989) : 151–158.

Mackey, Louis H. "The Mediator Mediated : Faith and Reason in Augustine's "De Magistro"." *Franciscan Studies* 42 (1982) : 135–155.

Madec, Goulven. "Analyse du *De magistro.*" *Revue des Études Augustiniennes* 21 (1975) : 63–71.

———. "Christus, scientia et sapientia nostra. Le principe de coherence de la doctrine augustinienne." *Recherches Augustiniennes* 10 (1975) : 77–85.

———. *Saint Augustin et la philosophie.* Paris : Institut d'Études Augustiniennes, 1996.

Malatesta, Michele. "*Dialectica, De.*" Pages 271–272 in *Augustine through the Ages : An Encyclopedia.* Edited by Allan D. Fitzgerald et al. Grand Rapids and Cambridge : W. B. Eerdmans, 1999.

Manetti, Giovanni. "Introduction : The Concept of the Sign from Ancient to Modern Semiotics." Pages 11–40 in *Knowledge through Signs : Ancient Semiotic Theories and Practices.* Edited by Giovanni Manetti. Bologna : Brepols, 1996.

Markus, R. A. *Signs and Meanings : World and Text in Ancient Christianity.* Liverpool : Liverpool University Press, 1996.

———. "St. Augustine on Signs." *Phronesis* 2 1/2 (1957) : 60–83. Repr. "Augustine on Signs." Pages 71–104 in *Signs and Meanings : World and Text in Ancient Christianity*. Liverpool : Liverpool University Press, 1996.

Marrou, Henri-Irénée. *Saint Augustin et la fin de la culture antique.* 4th ed. Paris : Éditions E. de Boccaed, 1958.

Mayer, Cornelius Petrus. *Die Zeichen in der geistigen Entwicklung und in der Theologie Augustins.* II. Teil. Würzburg : Augustinus-Verlag, 1974.

———. "« Res per signa ». Der Grundgedanke des Prologs in Augustins Schrift *De doctrina christiana* und das Problem seiner Datierung." *Revue des Études Augustiniennes* 20 1/2 (1974) : 100–112.

Miyatani Yoshichika. "Grundstruktur und Bedeutung der Augustinischen Hermeneutik in *De doctrina christiana.*" *Kwansei Gakuin University Annual Studies* 22 (1973) : 1–14.

Morgan, Edward. *The Incarnation of the Word : The Theology of Language of Augustine Hippo*. London : T&T Clark International, 2010.

Nash, Ronald H. *The Light of the Mind : St. Augustine's Theory of Knowledge*. Lima : Academic Renewal Press, 2003.

O'Donnell, James J. "*Doctrina christiana, De.*" Pages 278–280 in *Augustine through the Ages : An Encyclopedia.* Edited by Allan D. Fitzgerald et al. Grand Rapids and Cambridge : W. B. Eerdmans, 1999.

Pépin, Jean. "A propos de l'histoire de l'exégèse allégorique : l'absurdité, signe de l'allégorie." *Studia Patristica* 1 (1957) : 395–413.

———. *Saint Augustin et la dialectique*. Villanova: Villanova University Press, 1976.

Poland, Lynn M. "Augustine, Allegory, and Conversion." *Literature and Theology* 2 1/2 (1988): 37–48.

Pollmann, Karla. "Augustine's Hermeneutics as a Universal Discipline!?." Pages 206–231 in *Augustine and the Disciplines: From Cassiciacum to Confessions*. Edited by Karla Pollmann and Mark Vessey. New York: Oxford University Press, 2005.

Portalié, Eugène. *A Guide to the Thought of Saint Augustine*. Translated by Ralph J. Bastian. Chicago: Henry Regnery Company, 1960.

Press, Gerald A. "The Content and Argument of Augustine's *De Doctrina Christiana*." *Augustiniana* 31 (1981): 165–182.

———. "The Subject and Structure of Augustine's *De Doctrina Christiana*." *Augustinian Studies* 11 (1980): 99–124.

Ripanti, Graziano. "L'allegoria o l'" intellectus figuratus " nel *De doctrina christiana* di Agostino." *Revue des Études Augustiniennes* 18 2/2 (1972): 219–232.

Rist, John M. *Augustine: Ancient through baptized*. Cambridge: Cambridge University Press, 1994.

Schäublin, Christoph. "*De doctrina christina:* A Classic of Western Culture?" Pages 47–67 in De doctrina christiana: *A Classic of Western Culture*. Edited by D. W. H. Arnold and P. Bright. Notre Dame and London: University of Notre Dame Press, 1995.

Sedley, David. "Aristotle's *De Interpretatione* and Ancient Semantics." Pages 87–108 in *Knowledge through Signs: Ancient Semiotic Theories and Practices*. Edited by Giovanni Manetti. Bologna:

Brepols, 1996.

Sieben, Hermann-Josef. "Die «res» der Bibel. Eine Analyse von Augustinus, *De doctr. Christ.* I–III." *Revue des Études Augustiniennes* 21 (1975): 72–90.

Simon, Derek. "*Ad Regnum Caritatis*: The Finality of Biblical Interpretation in Augustine and Ricoeur." *Augustinian Studies* 30 1/2 (1999): 105–127.

Simone, Raffaele. "Semiologia Agostiniana." *La Cultura, Rivista trimestrale diretta da Guido Calogero* 7 (1969): 88–117.

Stead, G. Christopher. "Augustine's «De Magistro»: a philosopher's view." *Signum Pietatis: Festgabe für Cornelius Petrus Mayer OSA zum* 60. *Geburtstag* [Cassiciacum 40; Würzburg, 1989.

Stein, Robert H. "What is *Redaktionsgeschichte*?" *Journal of Biblical Literature* 88 (1969): 45–56.

Steinhauser, Kenneth B. "Codex Leningradensis Q. v. I. 3: Some Unresolved Problems." Pages 33–43 in De doctrina christiana: *A Classic of Western Culture*. Edited by D. W. H. Arnold and P. Bright. Notre Dame and London: University of Notre Dame Press, 1995.

Stock, Brian. *Augustine the Reader: Meditation, Self-Knowledge, and the Ethics of Interpretation.* Cambridge and London: The Belknap Press of Harvard University Press, 1996.

TeSelle, Eugene. *Augustine the Theologian.* London: Burns and Oates, 1970.

Teske, Roland J. "Augustine, the Manichees and the Bible." Pages 208–221 in *Augustine and the Bible.* Edited by Pamela Bright. Notre Dame: University of Notre Dame Press, 1986.

———. "Criteria for Figurative Interpretation in St. Augustine."

Pages 109–122 in De doctrina christiana: *A Classic of Western Culture*. Edited by D. W. H. Arnold and P. Bright. Notre Dame and London: University of Notre Dame Press, 1995.

———. "*Libero arbitrio, De.*" Pages 494–495 in *Augustine through the Ages: An Encyclopedia*. Edited by Allan D. Fitzgerald et al. Grand Rapids and Cambridge: W. B. Eerdmans, 1999.

Todorov, Tzvetan. *Théories du symbole*. Paris: Éditions du Seuil, 1977.

Toom, Tarmo. *Thought Clothed With Sound: Augustine's Christological Hermeneutics in* De doctrina Christiana. Bern: Peter Lang, 2002.

Verbeke, Gérard. "Meaning and Role of the Expressible (λεκτόν) in Stoic Logic." Pages 133–154 in *Knowledge through Signs: Ancient Semiotic Theories and Practices*. Edited by Giovanni Manetti. Bologna: Brepols, 1996.

Verheijen, L. M. J. "Le De Doctrina Christiana de saint Augustin." *Augustiniana* 24 (1974): 10–20.

Voss, Bernd Reiner. *Der Dialog in der frühchristlichen Literatur*. München: Wilhelm Fink Verlag, 1970.

Watson, Gerard. "St. Augustine's Theory of Language." *The Maynooth review* 6 (1982): 4–20.

Wetzel, James. "*Simplicianum, Ad.*" Pages 798–799 in *Augustine through the Ages: An Encyclopedia*. Edited by Allan D. Fitzgerald et al. Grand Rapids and Cambridge: W. B. Eerdmans, 1999.

Williams, Rowan. "Language, Reality and Desire in Augustine's *De doctrina.*" *Literature and Theology* 3 2/3 (1989): 138–150.

赤木善光『信仰と権威』，東京，日本基督教団出版局，1971年．

池上嘉彦『記号論への招待』，東京，岩波書店，1984年.

上村直樹「魂の階梯論における聖書解釈——アウグスティヌス『マニ教徒に対する創世記註解』研究敍論」，『パトリスティカ——教父研究』第 9 号，2005年，64-85.

————「魂のはたらきとしての七階梯の上昇——アウグスティヌス『魂の大いさ』における魂論」，『哲学誌』（東京都立大学哲学会）第45号，2003年，1-16.

エーコ，ウンベルト『記号論と言語哲学』，谷口勇訳，東京，国文社，1996年.

片柳栄一『初期アウグスティヌス哲学の形成』，東京，創文社，1995年.

————「「相応しい呼びかけ　congrua uocatio」について」，神戸大学教養部紀要『論集』第43号，1989年，1-22.

加藤武『アウグスティヌスの言語論』，東京，創文社，1991年.

————「*De Doctrina Christiana* (II, vii, 9-12) における迂路について」，『立教大学研究報告〈人文〉』第44号，1985年，26-44.

金子晴勇『アウグスティヌスの人間論』，東京，創文社，1982年.

カント『カント全集17，論理学・教育学』，湯浅正彦・井上義彦・加藤泰史訳，東京，岩波書店，2001年.

茂泉昭男『アウグスティヌス研究——徳・人間・教育』，東京，教文館，1987年.

————『アウグスティヌス倫理思想の研究』，東京，日本基督教団出版局，1971年.

清水正照『アウグスティーヌス形而上学研究』，東京，錦正社，1968年.

須藤英幸「アウグスティヌス『教師論』（*De magistro*）における記号論」，『基督教学研究』第31号，2011年，103-116.

————「アウグスティヌス『三位一体論』における内的言葉」，『基督教学研究』第33号，2013年，105-125.

————「アウグスティヌス『シンプリキアヌスへ』における「相応し

き呼びかけ」(uocatio congruens) と自由意志」,『基督教学研究』第29号, 2009年, 91–103.

――――「アウグスティヌスにおける聖書解釈学とクライテリア」,『日本の神学』第51号, 2012年, 98–120.

――――「アウグスティヌスにおける聖書解釈学と生の展開」,『中世哲学研究―Veritas―』第31号, 2012年, 1–18.

――――「ストア学派の論理学とアウグスティヌス『問答法』における記号理論」,『基督教学研究』第32号, 2012年, 133–149.

――――「力のない言葉:アウグスティヌス『教師論』における意味理論」,『キリスト教学研究室紀要』第3号, 2015年, 19–34.

中川純男『存在と知』, 東京, 創文社, 2000年.

中畑正志「言語と内的なもの」,『人間存在論』第4号, 1998年, 23–46.

ニーグレン『アガペーとエロース』(I, II, III), 岸千年・大内弘助訳, 東京, 新教出版社, 1954, 1955, 1963年.

樋笠勝士「アウグスティヌスにおける「記号論」の問題――『教師論』及び『キリスト教の教え』におけるコミュニケーション論的志向性について」,『中世思想研究』第46号, 2004年, 37–54.

――――「「言葉の意味」について――St. Augustinus,『教師論』から『告白』へ」,『中世哲学研究―Veritas―』第20号, 2001年, 42–58.

マルー, H・I『アウグスティヌスと古代教養の終焉』, 岩村清太訳, 東京, 知泉書館, 2008年.

――――『古代教育文化史』, 横尾・飯尾・岩村訳, 東京, 岩波書店, 1985年.

水落健治「アウグスティヌス *De Dialectica* の著者問題をめぐって――研究史と若干の考察」,『明治学院大学キリスト教研究所紀要』第24号, 1991年, 1–29.

――――「アウグスティヌスにおける神認識への7つの霊的段階――その起源と成立について」,『途上』(思想とキリスト教研究会) 第

9号，1978年，29–51.

————「中期アウグスティヌスにおける聖書解釈の思想」，『中世思想研究』第19号，1977年，105–114.

山田晶『アウグスティヌスの根本問題——中世哲学研究　第一』，東京，創文社，1977年.

ロング，A. A.『ヘレニズム哲学——ストア派，エピクロス派，懐疑派』，金山弥平訳，京都，京都大学学術出版会，2003年.

著者略歴

須藤　英幸（すどう　ひでゆき）

京都大学文学研究科・文学部非常勤講師。

福島県生まれ。成蹊大学卒。東京大学大学院工学系研究科修士課程修了。2003年、Fuller Theological Seminary（米国），Master of Arts in Theology 修了。2008年、京都大学大学院文学研究科思想文化学専攻（キリスト教学）修士課程修了。2014年、同博士課程修了。京都大学博士（文学）。

専門は、キリスト教学、教父学（アウグスティヌス）、組織神学。

主な著作

"The Problem of Conversion in *Ad Simplicianum*: Augustine's Proposal of a Suitable Call (*vocatio congruens*) for the Human Condition," Patristica: *Journal of the Japanese Society for Patristic Studies*, Supplementary (vol. 3), 2011.
「アウグスティヌスにおける聖書解釈学と生の展開」『中世哲学研究―Veritas』第31号，2012年。
「アウグスティヌス『三位一体論』における内的言葉」『基督教学研究』第33号，2013年。

（プリミエ・コレクション　65）

「記号」と「言語」

――アウグスティヌスの聖書解釈学

2016年3月31日　初版第一刷発行

著　者　須　藤　英　幸
発行人　末　原　達　郎
発行所　京都大学学術出版会
京都市左京区吉田近衛町69
京都大学吉田南構内（〒606-8315）
電 話 075(761)6182
FAX 075(761)6190
URL http://www.kyoto-up.or.jp/
印刷·製本　亜細亜印刷株式会社

ISBN978-4-8140-0013-5　C 3310　定価はカバーに表示してあります